Gust Primschitz
Marion Unterkircher · Martin Assam

# Die 100 schönsten Familien-Wanderungen in Kärnten

2. überarbeitete Auflage

Impressum:



http://www.verlag.carinthia.com

Satz, Repro: m4! mediendienstleistungsgmbh & co kg, Klagenfurt
Druck: Carinthian Bogendruck GmbH, Klagenfurt
Kartenskizzen: Walter Liebhart, Klagenfurt

Alle Fotos: Marion Unterkircher und Martin Assam,
ausgenommen S. 189 von Gust Primschitz

Kärnten-Reliefkarte (Innenklappen):
© BEV – 2000, Vervielfältig mit Genehmigung des BEV – Bundesamtes für
Eich- und Vermessungswesen in Wien, Zl. 37 727 / 2000
Kärntner Landesregierung (Abteilung Landesplanung)

ISBN 3-85378-580-8

Gust Primschitz

# Die 100 schönsten Familien-Wanderungen in Kärnten

mit Fotografien von
Marion Unterkircher und Martin Assam

Verlag Carinthia

# Inhaltsverzeichnis


Liebe Wanderfreunde 9
Abkürzungsverzeichnis 14

1 Vom Tuffbad auf das Soleck 16
2 Untere Pfandlscharte und Glocknerblick 18
3 Um den Giramondopaß 20
4 Straßkopf in der Schobergruppe 22
5 Der Valentin-Gletscherlauf 24
6 Urige Hütte am Ederplan 26
7 Der Zirmsee und sein Spuk 28
8 Hochblüte in der Mussen 30
9 Vom Sadnig-Haus zum Mohar 32
10 Zirknitztal, Kegelesee, Zahlstein 34
11 Kleiner Pal im Plöckengebiet 36
12 Schobertörl in der Fragant 38
13 Hagener Hütte mit Ebeneck 40
14 Raggaschlucht, ein Naturschauspiel 42
15 Kaserer in der Hochtristen 44
16 Korntauern – Weg der Römer 46
17 Im Zick-Zack zum Auernig 48
18 Sattelnock über dem Gitschtal 52
19 Das einsame Hannover Haus mit Kleinem Ankogel 54
20 Durchs Nigglai zum Salzkofel 56
21 Gugga und Gartnerkofel am Naßfeld 58
22 Ein Nock mit Weißensee-Flair 60
23 Arlscharte und Arlhöhe 62
24 Garnitzenklamm bei Hermagor 64
25 Vom Riekentörl zum Großen Reißeck 66
26 Goldeck – Latschur – Weißensee 68
27 Poludnig, fast 2000 m hoch 70
28 Martennock 72
29 Von der Uqua zum Oisternig 74
30 Windische Höhe – Tschekelnock 78

| | | |
|---|---|---|
| 31 | Stubeck | 80 |
| 32 | Schivergnügen am Hirneck | 82 |
| 33 | Tschiernock und Ochsengeist | 84 |
| 34 | Eine Katschberg-Tour mit Fellen | 86 |
| 35 | Kennen Sie den Kobesnock? | 88 |
| 36 | Millstätter Alpe | 90 |
| 37 | Vom Nöringgraben aufs Stileck | 92 |
| 38 | Laußnitzhöhe und Teuerlnock | 94 |
| 39 | Villacher Alpe (Dobratsch) | 96 |
| 40 | Hohe Pressing | 98 |
| 41 | Das Dörerköpfl | 100 |
| 42 | Gemütlich zum Glocknerblick mit Mirnock | 102 |
| 43 | Mirnock mit Rodelspaß | 104 |
| 44 | Gaipahöhe, Schwarzwand und Anderlesee | 106 |
| 45 | Kleiner und Großer Rosennock | 110 |
| 46 | Arkerkopf und Zunderwand | 112 |
| 47 | Der Priedröf könnte erzählen | 114 |
| 48 | Mühlenweg bei Kaning | 116 |
| 49 | Pfannseen und Pfannock | 118 |
| 50 | Mallnock von der Brunnach | 120 |
| 51 | Klölingnock | 122 |
| 52 | Dreiländerberg Königsstuhl | 124 |
| 53 | Feldpannalm – Wöllaner Nock | 126 |
| 54 | Moschelitze (Rodresnock) | 128 |
| 55 | Gregerlnock im Blütenmeer | 130 |
| 56 | Schoberriegel auf der Turrach | 132 |
| 57 | Gerlitzen | 134 |
| 58 | Die Schabreiter von Saureggen (Gruft) | 136 |
| 59 | Kaserhöhe vom Schwarzsee | 138 |
| 60 | Der Dieslingsee beim Eisenhut | 140 |
| 61 | Kleiner und Großer Speikkofel | 142 |
| 62 | Bertahütte und Mittagskogel | 144 |
| 63 | Die Ferlacher Spitze | 146 |
| 64 | Kruckenspitze und Ursulaquelle | 148 |
| 65 | Der Wintertalernock | 150 |
| 66 | Kalteben am Hochrindl | 152 |

67 *Im Mai auf dem Matschacher Gupf* 154
68 *Narzissen unterm Bärensattel* 158
69 *Der Sinacher Gupf* 160
70 *Höhenfeuer auf dem Kosiak* 162
71 *Zum Veitsberg über dem Glantal* 164
72 *Knapp 400 Höhenmeter zum Geißrücken* 166
73 *Erze im Singerberg?* 168
74 *Durch die wilde Tscheppaschlucht* 170
75 *Gemütlich zum Eselsattel* 172
76 *Wanderung zum Ferlacher Horn* 174
77 *Die Höllentore der Grebenzen* 176
78 *Matzen und Rosentalmarsch* 178
79 *Rundtour Huda jama – Koschuta* 180
80 *Weg vom Rummel – Mejnik* 182
81 *Zum Freiberg bei Zell-Pfarre* 184
82 *Hochobir, Simon-Rieger-Weg* 186
83 *Rundweg Kärntner Storschitz* 188
84 *Zirbitzkogel, der steirische Nachbar* 190
85 *„Brennpunkt" Goli vrh* 192
86 *Österreichs südlichster Punkt* 194
87 *Maria Dorn am Weg zur Oistra* 196
88 *Das Eiserne Kreuz am Gertrusk* 198
89 *Der Speikkogel mit den Sauöfen* 200
90 *Vom Klippitztörl zur Forstalpe* 202
91 *Genußtour zum Ladinger Spitz* 204
92 *Die Glocken von St. Leonhard* 206
93 *Die Topitza – ein Aussichtsberg* 208
94 *Reizvolle Tour zur Hochpetzen* 210
95 *Wandern ums Kleinalpl* 212
96 *Pomswasserfall auf der Koralpe* 214
97 *Ohne Lawinen zum Bärofen* 218
98 *Leicht und kurz: Weberkogel* 220
99 *Weinebene – Tor zum Schilcher* 222
100 *Die Roßhütte am Hühnerkogel* 224

*Register* 226

# Liebe Wanderfreunde!

Das Buch soll Sie bei der Auswahl der Tourenziele in Kärntens Bergen unterstützen und Ihnen und Ihren Begleitern, allen voran der Jugend, Freude, Erholung und Entspannung in der freien Natur mit all ihrer Schönheit und ihren Wundern bescheren.
Der Familienwanderführer hält Sommer- wie Wintertouren für Sie bereit und weist auf Sommer- oder Wintertauglichkeit hin. Die Schwierigkeiten der vorgeschlagenen Touren bewegen sich in der Regel zwischen **leicht** und **mittelschwer**; auf besondere Merkmale der Wege und Steige wird eingegangen.
Die ausgesuchten Wege können sich vorübergehend, manchmal auch längerfristig (z. B. nach Hochwasser, Vermurungen, Lawinenabgängen usw., vor allem aber auch durch neu geschaffene Forststraßen), ändern. Beachten Sie bitte auch den Umstand, daß sich eine als **leicht** ausgewiesene Tour bei Nebel, Niederschlägen, Vereisung und anderen Unbilden der Natur plötzlich als **sehr schwierig** oder sogar als **unbegehbar** herausstellen kann. Der Entschluß zur Umkehr fällt dann zwar schwer, ist aber für Ihre Sicherheit (und die Ihrer Anvertrauten) angebracht. Umkehren heißt Wiederkommen!
Im folgenden Abschnitt werden die alpinen Gefahren, kurz gestreift.

**Subjektive Gefahren**
Sie bestehen in der **Fehleinschätzung** der eigenen **Leistungsfähigkeit** (unterschätzen der auftretenden Schwierigkeiten und Überbewertung der Verfassung und des Könnens); der **Orientierungsgabe** (bei Nebel und schlechter Sicht neben dem Beherrschen technischer Hilfen wie Bussole, Kompaß, Höhenmesser, GPS via Satellitennavigation); der **Beobachtungsfähigkeit** (insbesondere der Wetterabläufe z. B. Gewittervorboten); der Bodenbeschaffenheit und des Zustandes der übrigen Teilnehmer.
Kinder behutsam (**nicht überfordern**) durch die Auswahl kurzer Ziele an die Schönheiten der Bergwelt heranführen und deren Interessen (Ziele, Gesteine und Formen, Pflanzen, Tiere, Hüttenstempel für Tourenbuch) wecken.

**Zeckenschutz**
Haben Sie auch daran gedacht, daß es durch den Biß der Zecken (Ixodoidae) zur Frühsommer-Meningoenzephalitis

(FSME) und auch zur Borreliose kommen kann. Die beste Maßnahme ist die vorbeugende Impfung, aber auch Kontrollen nach einer Tour oder eine Impfung gleich nach einem Zeckenbiß.

### Steinschlag

Erkennbar an Karen, Geröllhalden und losen Felsformationen, besonders gefährliche Stellen befinden sich an Erhöhungen im Kar (Sommer) oder an Rinnen.

Wird ein Stein losgetreten und besteht die Gefahr, daß er auf andere Personen herabstürzen könnte, sind diese durch **lautes Schreien** (Stein, Steinschlag) **sofort zu warnen,** damit sie sich rechtzeitig schützen können, schlimmstenfalls unter dem eigenen Rucksack.

### Bodennässe

Nasse Wurzelstücke sind glitschig und führen oft zu Stürzen. Steine in den Rinnsalen und die Uferbereiche von Wasserläufen können von einer Eis- oder Reifschicht überzogen sein. Vorsicht auch bei steilen Grashängen.

### Nebel

bringt Orientierungsprobleme. Nur gut gekennzeichnete Wege sind ratsam. Vergessen Sie den Rückweg nicht. Das richtige „Lesen“ einer Karte leistet große Dienste. Von Vorteil sind Höhenmesser und Bussole, sofern man sich damit auskennt.

### Schneefelder und Schneebrücken

Bei der Begehung dieser werden im Frühsommer die meisten Alpinunfälle mit Verletzungen bis zur Todesfolge verzeichnet, da die Festigkeit falsch beurteilt wird.

Im Randbereich eines Schneefeldes ist der Schnee noch weich, die Schuhsolen finden ausreichenden Halt, doch nach wenigen Metern ist es damit vorbei und auf der beinharten Oberfläche rutscht man weg.

Die Eisbrücken werden durch die sommerlichen Temperaturen auch von unten her durchweicht und brechen durch. Auf alte Spuren ist kein Verlaß!

### Sonneneinstrahlung

Die Sonneneinstrahlung (UV-Strahlen) ist im Gebirge selbst bei Nebel und Dunst um vieles höher als in den Niederungen. Blanke Hautstellen (vor allem Kopf, Gesicht, Nacken, Lippen und Ohren) sind daher mit Schutzcreme rechtzeitig zu versorgen. Die Verwendung von Schildkappen ist zweckmäßig. Ungeschützte Augen (Sonnenbrille) können an Schneeblindheit erkranken. Da hilft nur der Augenarzt und Schonung.

### Sonnenstich

Durch die Einwirkung der Sonnenstrahlen auf den ungeschützten Kopf und Nacken kann es zu einer Schädigung des Gehirnes kommen. Starke Kopfschmerzen und Übelkeit sind die Folge. Kopfbedeckung (vor allem bei Kindern) mitnehmen!

**Hitzschlag**

Die Körpertemperatur steigt wie bei einem Fieber an. Ursachen dafür sind zu enge und warme Kleidung bei zu geringer Flüssigkeitszufuhr, hohen Temperaturen und hoher Luftfeuchtigkeit und Windstille, die zu einem Wärmestau führen: erhöhter Puls, Kopfschmerzen, Schwindelgefühl, Ermattung und Erbrechen sind die Folge. Flüssigkeitszufuhr und Wasserduschen über Oberkörper helfen – die Tour ist sofort abzubrechen.

**Gewitter, Blitzschlag, Wettersturz**

Vorbeugen bedeutet, das Wettergeschehen ständig mitverfolgen und bei untrüglichen Anzeichen die nächstgelegene Schutzhütte aufsuchen bzw. den Rückmarsch antreten.

Vorzeichen: ruhige, unbewegte Luft bei drückender Schwüle und hoher Luftfeuchtigkeit am Morgen, Haufenwolkenbildung schon zur Mittagsstunde, rascher Temperaturrückgang und weiße Wolkentürme aus dunklen Schauerwolken und fernes Donnergrollen.

Die Entfernung eines Gewitters in km: Zeit (Sekunden) zwischen Blitz und Donner geteilt durch 3 (z.B.: 15 Sek. : 3 = 5 km).

Wenn es aber bereits zu örtlichen elektrischen Entladungen kommt, stehen die Haare „zu Berge“ und die Haut vermittelt ein Gefühl „wie von Spinnweben überzogen“, Metallgegenstände und nasse Schuhe surren; exponierte Stellen, selbst hochgestreckte Finger bekommen kalte, blaue Flämmchen (= Elmsfeuer). Jetzt ist Eile geboten, **die größte Sicherheit bietet eine Schutzhütte!**

Geraten Sie dennoch in ein Gewitter: Nicht in wasserführenden Rinnen (Strom leitend, Steinschlag, Muren) und von Rinnsal durchflossenen Überhängen oder Höhlen, nicht auf Graten und Gipfeln, nicht unter einzelstehenden Bäumen, nicht in der Nähe von Hochspannungsmasten oder Kirchtürmen und dann möglichst nur in kleinsten Gruppen in Kauerstellung unter dem Biwaksack oder der Regenpelerine das Gewitter abwarten.

Fast jedem **Wettersturz** geht ein starkes Fallen des Luftdruckes (Höhenmesser) voraus.

**Wind und Kälte**

Die Wärmeabnahme im Bergland beträgt im Normalfall für 100 Höhenmeter 0,5° bis 1° C, daraus kann die am Berg zu erwartende Temperatur annähernd bestimmt werden.

Empfunden wird die Kälte durch anfängliches Frösteln,

Kribbeln in den Fingern und Zehen, Schüttelfrost bis zur Bewußtlosigkeit.
Der wirksamste Schutz dagegen sind trockene, warme Kleidung (Handschuhe auch im Sommer), Bewegung und warme Getränke (kein Alkohol).

### Lawinengefahr, Schneebretter

Lawinen werden von einem Punkt aus talwärtsgleitend breiter und mächtiger; Schneebrettlawinen reißen von einem Hang flächenartig, bevorzugt auf Gleitschichten (Schwimmschnee, eingeschneiter Rauhreif, labilere Schichten im Unterbau) ab. Für die Entstehung von Lawinen und Schneebrettern sind viele Faktoren verantwortlich.
Hangrichtung, Hangneigung, Beschaffenheit des Bodens (Bewuchs), Schneebindung mit Boden, Schneedeckenaufbau, Windeinfluß und Temperatur.
Um Lawinenabgänge und damit Gefahren für Tourengeher zu vermeiden, sind die Kenntnis dieser Faktoren einerseits und die praktische Tourenerfahrung (Mitgehen mit Erfahrenen!) andererseits wichtigste Vorbedingung.
Die als **leicht** ausgewiesenen Touren bieten die Möglichkeit, sich vorsichtig mit diesen Herausforderungen vertraut zu machen und die Gefahren zu minimieren.
Flachere Hänge, Rücken und Grate, bereits stark durchfahrenes Gelände, gesetzte und durchfrorene Schneeschichten auf stabilem Untergrund (kein Schwimmschnee) sind zu bevorzugen.
Größere Neuschneemengen mit Windverfrachtungen und Schneebrett- sowie Wächtenbildung, bindungsloser Schwimmschnee, der in den unteren Schneeschichten durch die Bodenwärme entsteht, neben großer Hangneigung potenzieren die Gefahr.
Telefonischer Lawinenlagebericht für **Kärnten: Wilfried Ertl, 0 66 4/620 22 29, Amt d. Ktn. Landesregierung, Klagenfurt.**

### Ausrüstung

Kleidung mit Kälte- und Wärmeschutzkomponente, Wind und Feuchtigkeit abweisendes Übergewand (Anorak, Windjacke), festes, überknöchelhohes Schuhwerk mit Profilsohle, Mütze, Sonnenhut, Handschuhe (auch im Sommer), dickere kniehohe Strümpfe, Rucksack, kleines Verbandszeug zum Schutz von Schürfwunden sowie Blasen an den Füßen (Pflaster, „Compeedpflaster", Mullbinde, Leukoplast usw.) Biwaksack, zumindest aber Regenpelerine, Wanderkarten und Tourenskizze (Bussole, Höhenmesser), Wanderstöcke (Schistöcke, Teleskopstöcke), Ge-

tränke und Proviant, Signalpfeife, ev. Taschenlampe. Handy nur beschränkt einsetzbar.
Winter: Tourenausrüstung, Verschüttetensuchgerät (457 kHz), Schaufel, Lawinensonde.

**Alpines Notsignal**

Das alpine Notsignal wird mittels Winken, Schreien, Pfeifen, Taschenlampe und jede andere Sicht- bzw. Geräuschquelle.
**6 x in einer Minute** (also alle 10 Sekunden) abgesetzt. Nach einer **1-Minuten-Pause wird wiederholt, bis eine Antwort: 3 x in der Minute**, mit Pause wie oben, **erfolgt.**
Österreichweit ist die **Bergrettung** unter der **Rufnummer 140** erreichbar.

**Notruf Flugrettung:**
**Klagenfurt** 0 46 3/17 77
**Lienz** 0 48 52/17 77
**Steiermark** 0 31 6/17 77

Zeichengebung: **YES** bedeutet hier landen, wir brauchen Hilfe oder JA auf Fragen.
**NO** heißt hier nicht landen oder, wir brauchen keine Hilfe oder NEIN auf Fragen.
**YES = Y:** beide Arme nach oben. **NO = N:** ein Arm nach oben, den anderen nach unten.

**Noch eine Bitte ...**

Tour planen, Route an Hand des Führers festlegen, Tourenskizze vorbereiten. Erkundigungen (örtlicher Bergrettungsdienst – nicht Tel. 140, Gendarmerie, Hüttenwirte, Wettervorhersage, Lawinenwarndienste ...) einholen, Tourenziele und ungefähre Rückkunftszeit bei Verwandten, Unterkünften und diversen Stellen hinterlassen, Zwischenziele in aufliegenden Hüttenbüchern, Gipfelbüchern dokumentieren, Wettergeschehen beobachten, vor aufziehendem Gewitter rechtzeitig Schutzhütte aufsuchen, Kräfte richtig einteilen, Kinder nicht überfordern, anfangs lieber Kurztouren einlegen, genügend Flüssigkeit mitnehmen, da Wasser aus Bächen nicht immer trinkbar. Bei Gefahr Ruhe bewahren, möglichst zusammenbleiben und umkehren. Erste-Hilfe-Ausrüstung mitführen, Notruf und Alpines Notsignal einprägen.
Bei notwendiger Änderung von Tourenziel und Endpunkt unbedingt Unterkunftgeber, Verwandte rasch verständigen.

Ich wünsche allen Leserinnen und Lesern viel Freude und schöne Augenblicke an der wunderbaren und vielfältigen Landschaft Kärntens.

Berg Heil!

## Abkürzungen

| | |
|---|---|
| AV | Alpenverein |
| BRD | Bergrettungsdienst |
| bzw. | beziehungsweise |
| DAV | Deutscher Alpenverein |
| ehem. | ehemalig |
| Erw. | Erwachsene(-r) |
| ev. | eventuell |
| Gh. | Gasthaus |
| Ghf. | Gasthof |
| gj. | ganzjährig |
| km | Kilometer |
| nördl. | nördlich(-e, er, es) |
| Nr. | Nummer |
| ÖAV | Österreichischer Alpenverein |
| ÖK | Österreichische Wanderkarte (BEV) |
| östl. | östlich(-e, er, es) |
| ÖTK | Österreichischer Touristenklub |
| s. o. | siehe oben |
| Std. | Stunde(n) |
| STLRWW | Steirischer Landes-Rundwander-Weg |
| südl. | südlich(-e, er, es) |
| TVN | Österr. Naturfreunde (Touristenverein der Naturfreunde) |
| westl. | westlich(-e, er es) |
| Wh. | Wirtshaus |

## Symbolerklärung

Sommertour

Wintertour

Besondere Vorsicht

# 1 *Vom Tuffbad auf das Soleck*

■ ***Sommer:*** Etwa 3 km nördlich Wiesen, einer Ortschaft zwischen St. Lorenzen und Maria Luggau im oberen Lesachtal, liegt das Tuffbad. Die Tuffquellen, die Calcium-Magnesium-Sulfat-Mineralwasser schütten, sind schon lange überliefert. Die Luggauer Serviten-Patres hatten die aus porösem Tuffgestein sprudelnden Quellen vor mehr als 200 Jahren bei ihren Streifzügen durch die Natur entdeckt und mit Zustimmung des Hauses Porcia auch nutzen dürfen. Badefreude und Entspannung standen im Vordergrund, die Heilkraft des Wassers wurde erst viel später erkannt.

Aber nicht nur das Tuffbad im Radegunder Graben, sondern auch die Basilika und die Wassermühlen von Maria Luggau oder das sonnige St. Lorenzen sind besuchenswert. Wer sich hier in der Natur niederläßt, wird bald sehen, riechen und spüren, warum das Lesachtal mit seiner noch heilen Umwelt so einzigartig ist.

Alles wird von der wunderbaren Bergkulisse der Karnischen Alpen im Süden und den Ausläufern der Lienzer Dolomiten im Norden umrahmt. Nach den ersten herbstlichen Morgenfrösten wirkt die Landschaft wie in leuchtende Farben getaucht.

Die Wandertour nimmt beim Tuffbad ihren Ausgang und führt auf das 2221 Meter hohe Soleck. Dieser Anstieg eignet sich auch für die Besteigung des Riebenkofels (2386 m) als Draufgabe (1/2 Std.). Die Fortsetzung nach Südosten (Abstieg) führt aber über sehr steile und rutschige Grashänge.

■ ***Zufahrt:*** Bei Wiesen zweigt man von der Lesachtalstraße

*„Heumandln" im Lesachtal*

in den Radegunder Graben nach Norden ab. Im Bereich Tuffbad bestehen Parkmöglichkeiten.

■ ***Aufstieg:*** Auf der sanft ansteigenden Weide (Das Gatter bitte zumachen!) teilt ein Wegweiser die Touren ein. Hier wird der rechts zum Wildensenderbach führende Weg eingeschlagen, der auf einem Steg den Wildensenderbach überquert, dabei achte man stets auf die Markierungen Nr. 22. Auf einem schmalen Bergrücken gewinnt das Weglein rasch an Höhe, die Kehren scheinen kein Ende zu nehmen. Endlich wird freieres Gelände zu Füßen einer Felswand betreten, die Latschenhaine liegen bald zurück. Schnurstracks wird auf die Schneid zugehalten (Weggabelung links aufwärts), knapp darüber (nördlich) liegt der Gipfel.

■ ***Abstieg:*** Auf der Anstiegsroute wieder zum Tuffbad hinunter.

■ ***Winter:*** Hochalpin, schwierig!

**✓ kurz gesagt**

***Schwierigkeit*** Sommer mittelschwer, auch für geübtere Kinder, Trittsicherheit, Winter hochalpin, schwierig
***Dauer*** Aufstieg 2 1/2 Std., Abstieg 2 Std.
***Talort*** Wiesen bei St. Lorenzen im Lesachtal
***Ausgangspunkt*** Tuffbad im Radegunder Graben
***Stützpunkte*** keine
***Hinweise*** Tuffbad Wellnessbereich Erw. € 25,–/Kinder € 12,–, ☎ 0 47 16/ 62 20, Verkehrsverein Lesachtal ☎ 0 47 16/243
***Karte*** ÖK 1:50.000, Blatt 196 (Obertilliach)

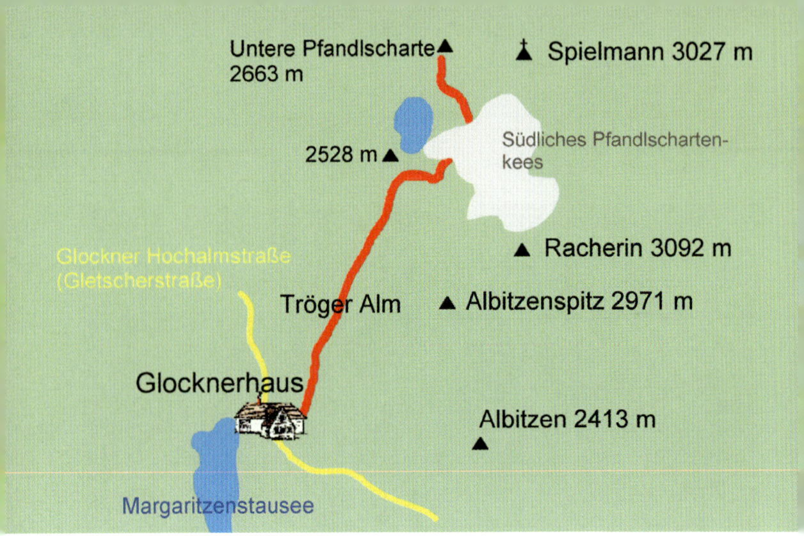


# 2 Untere Pfandlscharte und Glocknerblick

■ ***Sommer:*** 2001 feierte das Glocknerhaus an der Gletscherstraße sein hundertfünfundzwanzigstes Bestandsjahr. Die Sektion Klagenfurt des ÖAV hatte im Laufe der Jahrzehnte mehrere Um- und Zubauten vorgenommen, um dem Gast Unterkunft zu bieten. Heute ist es mehr Gaststätte als Schutzhaus und Alpinstützpunkt zur Erschließung der Bergwelt. Noch vor nicht viel mehr als 50 Jahren reichte das Pasterzeneis bis in den heutigen Margaritzen-Speicher! Unweit vom Gletscher-Lehrpfad schoben sich die gewaltigen Eismassen durch die enge Felspforte talwärts. So ist auch das Südliche Pfandlschartenkees nur mehr ein Abklatsch von dem, was zwischen Spielmann (3027 m) und Racherin (3092 m) an Eismasse einmal lagerte. Die Untere-Pfandlscharten-Tour berührt diesen Restgletscher, verzichtet aber ganz bewußt auf den weiteren Anstieg zum Hochtor über Spielmann und Brennkogel, da dieses hochalpine Unterfangen (Kletterstellen, Wetterabhängigkeit ...) Alpinisten vorbehalten bleiben soll. Aber bereits die kurze Begehung des Pfandlschartenkeeses wird einen Vorgeschmack dafür bereiten und zu erhöhter Vorsicht mahnen (Spalten, Lehmsumpf, Geröll usw.), anderenfalls sollte der Anblick ausreichen.

■ ***Zufahrt:*** Auf der mautpflichtigen Hochalpenstraße, Abschnitt Gletscherstraße bis vor das Glocknerhaus (2136 m) bzw. das Karl-Volkert-Haus daneben.

*Seine Majestät, der Großglockner*

■ ***Aufstieg:*** Nördlich des Parkplatzes (Markierungen) überwindet ein Steiglein die sanftgeneigten Grashänge der Tröger Alm. Blaue und weiße Farbtupfen an den Böschungen stammen von den vielen Enzian- und Margeritenblüten. Im lehmigen Boden über rutschigem Alteis wird zum eher flachen Gletscherauslauf abgestiegen und dieser vorsichtig überwunden (Vorsicht Spalten möglich). Am anderen Ufer im steinigen Gelände hinauf zum Schneewulst unterhalb der Scharte (2663 m), der noch einmal herausfordert!

■ ***Abstieg:*** Begleitet vom imposanten Panorama, das der Großglockner mit seinen Eisflanken gegenüber bietet, zurück.

■ ***Winter:*** Entlegen, hochalpin, Lawinen.

**✓ kurz gesagt**

***Schwierigkeiten*** Sommer leicht bis Seitenmoräne, dann für Kinder mitunter problematisch, Winter hochalpin (Lawinen)
***Dauer*** Seitenmoräne 1 1/2 Std., Scharte + 1 Std., Abstieg 2 Std.
***Talort*** Heiligenblut
***Ausgangspunkt*** Glocknerhaus
***Stützpunkte*** keine
***Hinweis*** Straßenmaut, ☎ 0 48 24/22 12
***Karte*** ÖK 1:50.000, Blatt 153 (Großglockner)

# 3 Um den Giramondopaß

■ ***Sommer:*** Zwischen der Eduard-Pichl-Hütte (1967 m) am Wolayer See und dem Hochweißsteinhaus (1867 m) unweit des Monte Peralba (Weißsteinspitze) liegt eine Tagesetappe des Kärntner Grenzweges. Der Variante über italienisches Gebiet ist unbedingt der Vorzug vor der österreichischen Strecke zu gegeben, denn diese holt beim Giramondopaß über Letterspitzhütte (Notunterkunft) – Obergaileralm – Schreibbachhöhe – Frohnalm und Hochweißsteinhaus zu einem Gewaltakt von 8 bis 9 (!) Stunden aus. Die „italienische" ist dagegen locker in der halben Zeit zu schaffen! Dabei wird das Hochtal am Rio Fleons durchstreift, das am Westende von einem Riegel versperrt wird, dem Öfner Joch (2011 m), und der kostet Schweiß!

■ ***Zufahrt:*** Hier liegt das Problem darin, wie man zum Fahrzeug zurückkommt (Zweitauto oder Abholer organisieren). Die Anreise erfolgt über die Plöckenpaß-Straße, von der nach dem Heldenfriedhof rechts zur Unteren Valentinalm eingebogen wird.

■ ***Aufstieg:*** Kurz noch zum Hüttenanstieg: Die Eduard-Pichl-Hütte ist über die Obere Valentinalm und das Valentintörl (2138 m) samt Abstieg zum Wolayer See in 2 1/2 bis 3 Stunden zu erreichen. Zweckmäßigerweise wird erst am nächsten Tag weitergewandert, so bleibt Zeit für eine Kurztour in der Umgebung, für beschauliche Stunden am Frauenkogel bei der Hütte mit dem Kriegerdenkmal oder einen Besuch bei der Lambertenghi-Hütte.

Der Weg verläßt die Pichl-Hütte eben, büßt aber bis zur Oberen Wolayer Alm fast 260 Höhenmeter ein. Gerölldurchsetzte Hänge und steile Kehren umgehen den Giramondo (1969 m). Nach dem Kreuzenjoch (2003 m, Wegtrennungen) sind die von der Kreuzen herabziehenden Geröllhänge zu durchqueren. Almböden setzen zur Oberen und Unteren Sissanis-Alm fort; bei der (Casera = Almwirtschaft) Fleons di sotto (Seilbahn) stößt man auf einen bequemen Güterweg. Enge Latschengassen in den steilen Grashängen verteidigen das Öfner Joch, dann ist es nur noch ein „Katzensprung" zum Hochweißsteinhaus.

■ ***Abstieg:*** Über die Ingridhütte zur Zollhütte und zum Zweit-Pkw Richtung St. Lorenzen im Lesachtal?

*Seekopf im Spiegel des Wolayer Sees*

■ ***Winter:*** Hochalpin, schwierig!

**✔ kurz gesagt**

***Schwierigkeit*** Sommer leicht, etwas Trittsicherheit, Ausdauer erforderlich, Winter schwierig
***Dauer*** Pichl-Hütte – Hochweißsteinhaus 4 1/2 Std., Abstieg Frohnbach-Graben 3/4 Std. (eventuell 2. Auto abstellen) über Ingridhütte bis Frohn 1 3/4 Std.
***Talort*** Kötschach-Mauthen
***Ausgangspunkt*** Eduard-Pichl-Hütte (ÖAV), Wolayer See, ☎ 0 53 56/730 64 bzw. 0 47 19/744
***Stützpunkte*** unterwegs keine, Hochweißsteinhaus ☎ 0 47 16/262
***Hinweis*** Grenzdokument mitführen!
***Karte*** ÖK 1:50.000, Blatt 196 (Obertilliach) u. 197 (Kötschach)

# 4 Straßkopf in der Schobergruppe

■ ***Sommer:*** Nähert man sich aus dem unteren Mölltal Winklern, ist ein langgezogener, nach Norden verlaufender Bergrücken erkennbar. Der Straßkopf (2401 m) oder Straßboden, wie ihn Einheimische und manche Karten nennen, gehört zur Schobergruppe im Nationalpark Hohe Tauern.

*Rodelspaß auf der Winkler Alm*

■ ***Zufahrt:*** Auf dem Iselsberg, bereits auf Osttiroler Seite zum Parkplatz (1315 m), 100 Meter vor dem Ghf. Schöne Aussicht.
■ ***Aufstieg:*** 1100 Höhenmeter über die Luggeralm, die Straganzalm (Schilder zur Roaner- und Winkler Alm; Nr. 7 + Abkürzung mit 7a) und den Geiersbichl (Weg 918) und danach über die Winkler- und Wachteralm auf dem nicht sehr ausgeprägten Südrücken sind zurückzulegen. Bei einem Wegweiser vor der Roaneralm wird der rechte Ast zur Winkler Alm (ÖAV-Hütte) eingeschlagen. Kürzer, dafür steiler, ist es von der Kirche St. Benedikt (1377 m) in Penzelberg zur Winkler Alm.
Der Rest ist durch einen Weidezaun vorgezeichnet.
Die freien Flächen erlauben prächtige Blicke auf Lienz vor dem Hintergrund der steil aufragenden Lienzer Dolomiten.
■ ***Abstieg:*** Zurück zum Ausgangspunkt.
■ ***Winter:*** Im Winter wird die Forststraße zu einer Rodelbahn umfunktioniert.
Die baumfreien Südhänge des Gipfels verheißen ein tolles Abfahrtsvergnügen; die Freude sollte aber nicht darüber hinwegtäuschen, daß nach ergiebigen Schneefällen und Windverfrachtungen mitunter auch mit Lawinen zu rechnen ist!

**✓ kurz gesagt**

***Schwierigkeiten*** leicht, auch im Winter mit vorgenannten Einschränkungen, Ausdauer erforderlich!
***Dauer*** St. Benedikt – Winkler Alm 1 1/2 Std., Ghf. Schöne Aussicht – Winkler Alm 2 1/2 Std., bis Gipfel = jeweils und 1 1/2 Std.; Rückweg: Kirche 2 Std. bzw. 2 1/2 Std. bis zum Gh.
***Talort*** Winklern
***Ausgangspunkte*** Ghf. Schöne Aussicht, Iselsberg bzw. Kirche am Penezelberg
***Stützpunkte*** Hütten auf Winkler und Roaner Alm, Sommerbetrieb
***Karte*** ÖK 1:50.000, Blatt 180 (Winklern)

# 5 Der Valentin-Gletscherlauf

■ ***Sommer:*** Eindrucksvolle Wanderung auf markierten Steigen zum Wolayer See und zur Eduard-Pichl-Hütte!

■ ***Winter:*** Alljährlich zum Winterausklang findet im Plöckengebiet der traditionelle Valentin-Gletscherlauf mit Mannschaften aus Österreich, Friaul und Slowenien statt. Gewertet werden Dreierteams (Bergrettungs- und Gästemannschaften extra gewertet) aller Altersgruppen, natürlich auch Kinder. Siegreich ist jene Mannschaft, die das vorgegebene Zeitlimit nicht überzieht und der Durchschnittszeit am nächsten kommt.

Die Mannschaften liefern einander stets spannende Kämpfe

*Verdiente Rast am Valentintörl*

und auch das Rahmenprogramm mit einer Kranzniederlegung am Heldenfriedhof und der Siegerehrung mit Grillerei (Untere Valentinalm) ist einen Besuch wert.

■ ***Zufahrt:*** Auf der Plöckenpaß-Straße zweigt kurz nach dem Heldenfriedhof eine rot markierte Forststraße nach rechts zur Unteren Valentinalm mit Gastwirtschaft ab.

■ ***Aufstieg:*** Der Aufstieg von der Unteren Valentinalm (1205 m) zur Oberen Valentinalm (1540 m), die zwischen den Türmen des Mooskofels im Norden und den Abbrüchen der Kellerwand im Süden liegt, vollzieht sich in westliche Richtung. Dann wird der Südost-Ausläufer des Rauchkofels bei Punkt 1730 Meter in einem Respektabstand umgangen. Schließlich wird das steiler werdende Gelände hinauf zum Valentintörl (2138 m) in westliche Richtung zurückgelegt. Wer die zusätzlichen 300 Höhenmeter nicht scheut und der Hohen Warte und dem Seekopf gegenüberstehen will, erreicht den Rauchkofel (2436 m) vom Törl aus, nördlich über eine schmale Rinne, die weiter oben von einer breiten Flanke abgelöst wird.
Hinweis: Sämtliche Schitouren in diesem Gebiet dürfen nur nach dem Abgehen der oft gigantischen Lawinen und nur bei sicheren Verhältnissen unternommen werden.

■ ***Abfahrt:*** Diese erfolgt entlang der Aufstiegsroute unter Einhaltung eines Sicherheitsabstandes zu den angrenzenden Felswänden (Steinschlag- und Lawinengefahr).

**✓ kurz gesagt**

***Schwierigkeit*** leicht bis mittelschwer
***Dauer*** Aufstieg bis Valentintörl 2 1/2 Std., bis Rauchkofel 3 1/2 Std.
***Talort*** Kötschach-Mauthen
***Ausgangspunkt*** Ghf. Untere Valentinalm, Familie Müllmann, ☎ 0 47 15/922 15
***Stützpunkte*** unterwegs keine
***Hinweis*** Valentin-Gletscherlauf, Veranstalter: Österr. Bergrettungsdienst Kötschach-Mauthen, Nennung am Start Auskünfte: Sepp Lederer, BRD und ÖAV ☎ 0 47 15/82 43 oder 0 67 6/359 41 83, Start 10 Uhr am Valentintörl
***Karte*** ÖK 1:50.000, Blatt 197 (Kötschach)

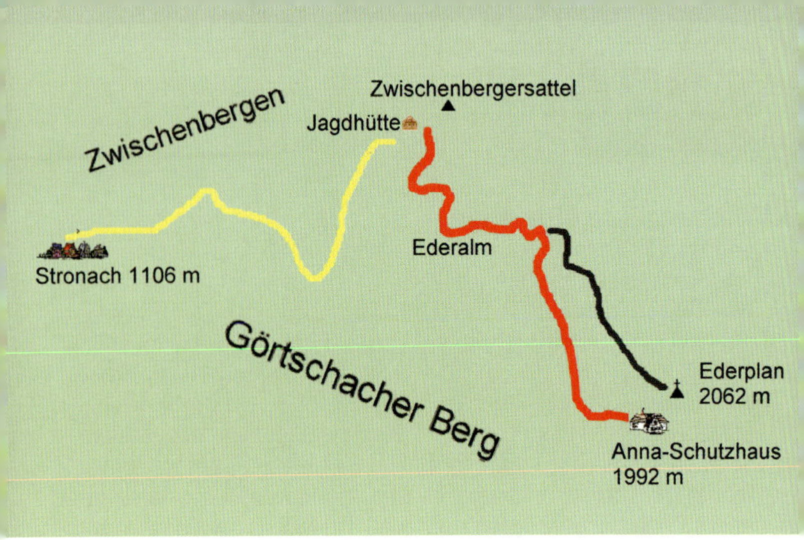


# 6 Urige Hütte am Ederplan

■ ***Sommer:*** Mit dem Ederplan, ihrem westlichsten Gipfel und dem Iselsberg davor, stellt die Kreuzeckgruppe die Verbindung zur Schobergruppe her. Bei Schönwetter ein Hit mit kurzweiligem Aufenthalt beim Gipfelkreuz, das im Jahr 1949 vom „Sigitzer" Josef Bödenler geschnitzt und von 112 Männern und Frauen hierhergeschleppt worden war. Bei Regen, Nebel oder gar Schneefall Grund genug, sich im Anna-Schutzhaus (1992 m) umzusehen und mit seinen guten Geistern, die diese urige Hütte in Schuß halten zu plaudern. Hier hatte also der später geadelte Franz Defregger, Landschafts- und Historienmaler und Professor an der Münchner Kunstakademie, 1882 eine Hütte bauen lassen, um darin mit seiner Familie die sommerliche Bergstille zu genießen. Später überließ der in Stronach am „Ederhof" Geborene dieses Refugium dem Österr. Touristenklub, der die Hütte nach und nach ausbaute. Zu Ehren der Gattin Defreggers trug die Hütte fortan den Namen Anna.

Sepp Mayerl, besser bekannt als der „Blasl-Sepp", renovierte die Hütte 1990 bis 1994 und machte sie zu einem gemütlichen Juwel am Ederplan.

■ ***Zufahrt:*** Gegenüber dem Gh. Dolomitenblick, auf der Südrampe des Iselsberges, zweigt der Zubringer nach Stronach (1106 m) und zum Lercherhof am Beginn der mautpflichtigen Almstraße ab.

■ ***Aufstieg:*** Gleich nach der Jagdhütte (Bildbaum, Fischteich), noch vor dem Parkplatz (500 m vor dem Zwischenberger Sattel) beginnt der rot-weiß markierte Weg (2), der über die

Ederalm (1641 m) zum Wasserhäusl bei den Hütten am Treffpunkt mit dem Weg (3), kurz unterm Anna-Schutzhaus, ansteigt. Zuvor wird aber's Lugenbankl passiert, romantischer Ort ewiger Schwüre! Zum Ederplan (2062 m), benannt nach dem „Eder", wo Defregger aufwuchs und der ebenen, also „planen" Hochfläche, sind es nur noch wenige Schritte.

■ ***Abstieg:*** Zur Abwechslung geht es diesmal auf dem Weg (3), einer Forststraße mit neugestalteten Abschneidern, wieder zum Jagdhaus hinunter.

■ ***Winter:*** Leicht, von der Ederalm, über Rücken zum Gipfel.

**✔ kurz gesagt**

***Schwierigkeit*** leicht
***Dauer*** Aufstieg 1 1/2 bis 2 Std., ab Stronach 3 Std., zurück 1 Std. bzw. 2 Std.
***Talort*** Lienz bzw. Winklern
***Ausgangspunkt*** 40 Meter nach Jagdhaus (1465 m)
***Stützpunkt*** Anna-Schutzhaus des ÖTK Dölsach, ☎ 0 48 52/64 100 oder 01/522 53 21
***Hinweis*** Weg (2) beginnt 40 Meter nach, Weg (3) endet 40 Meter vor der Jagdhütte; Maut: Pkw € 5,–
***Karte*** ÖK 1:50.000, Blatt 180 (Winklern)

*Herbst in der Kreuzeckgruppe*

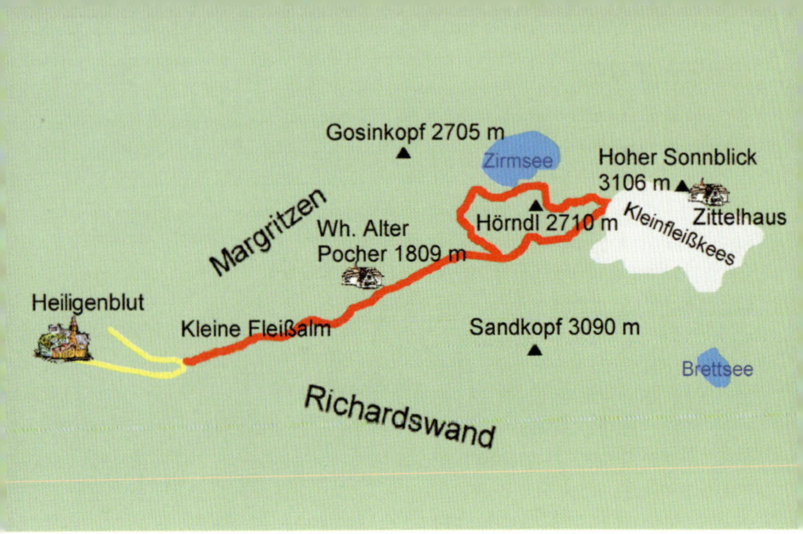


# 7 Der Zirmsee und sein Spuk

■ ***Sommer:*** Eine eigenartige Stille liegt über dem Hochtal. Sie begleitet den Besucher durch das Kleine Fleißtal über den 2529 Meter hoch gelegenen Zirmsee hinaus, nur unterbrochen vom Rauschen der Bäche. Die Rundtour berührt das Hörndl (2710 m), führt an den Rand des Kleinfleißkeeses und über die Seitenmoräne wieder talwärts.

Unübersehbare Abraumhalden geben Zeugnis davon, daß der kleine Alpensee in vergangenen Zeiten ein Zentrum des Goldbergbaues war.

Aber auch heute noch birgt die Gegend einige Geheimnisse, die nur Wenigen bekannt sind! Als

*Mit dem Bike bis zum Zirmsee*

der Zirmsee vor Jahren zum Staubecken wurde, mußte der malerische Seeabfluß einem Damm weichen. Im Berginneren sind dazu eine Schaltstation und eine Pumpstation durch eine beleuchtbare Straße miteinander verbunden.
Den Technikern, die die Anlagen warten, stehen moderne unterirdische Unterkünfte zur Verfügung. Im Winter stellt überhaupt nur ein Entlüftungsschacht die Verbindung zur Außenwelt her. Sind die Techniker fertig, verlöschen die Lichter wieder und der Spuk ist vorbei.

■ ***Zufahrt:*** Dem Vernehmen nach darf wieder bis zur Brücke, 15 Minuten vor dem Pocher, zugefahren werden. (Andernfalls: Lästige Parkplatzsuche im Winkel bei Fleißkehre)

■ ***Aufstieg:*** In Sichtweite des Wh. Alter Pocher (1807 m), das auch über ein kleines Museum mit Fundstücken aus dem ehemaligen Goldbergbau verfügt, wird die Kelag-Straße zum Talschluß hin (Markierung 159 und 102B) verlassen. In Kehren führt der Steig über Bachläufe und Felsbrocken in den östlichsten Teil des Margritzenbodens und nördlich (teilweise Straße) zum See.
Über Blockhalden und Schotter nun zum „Hörndl“, einem Felsenfinger, hinauf. Dann zeigt sich das Kleinfleißkees, darüber der hohe Sonnblick (3106 m) mit dem Zittelhaus und der meteorologischen Station (3105 m – eine Gletschertour, die nur mit entsprechender Erfahrung und Ausrüstung zu machen ist!) darüber. Sommerweg und Winteranstieg treffen am Gletscherrand (2820 m) aufeinander, sonst gibt es keine Gemeinsamkeiten.

■ ***Abstieg:*** Steigspuren und Markierungen auf dem Moränenrücken kennzeichnen den Abstieg.

■ ***Winter:*** Eine tolle Sache, nur für Erfahrene!

**✔ kurz gesagt**

***Schwierigkeit*** Sommer leicht bis mittel, auch für gehgewohnte Kinder, bei Schneelage usw. schwierig
***Dauer*** Zirmsee 2 1/2 bis 3 Std., Gletscherrand 1 weitere Std.
Abstieg: vom Zirmsee 2 Std., vom Gletscherrand über Moräne 2 1/2 Std.
***Talort*** Heiligenblut
***Ausgangspunkt*** Fleißkehre
***Stützpunkt*** Wh. Alter Pocher, ☎ 0 664/502 19 70 bzw. 0 48 25/62 66 (Fr. Fürstauer); nicht mehr durchgehend bewirtschaftet!
***Karte*** ÖK 1:50.000, Blatt 154 (Rauris)

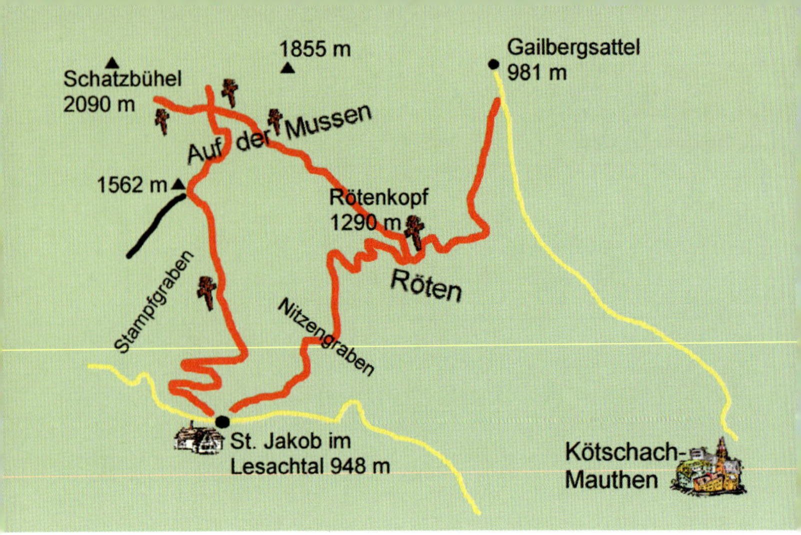


# 8 Hochblüte in der Mussen

■ ***Sommer:*** Bis Anfang Juli bleibt alljährlich Zeit, das Blütenmeer auf der Mussen zu bestaunen, dann werden Sense oder Mähbalken in die Halme fahren. Aus der halben Fläche der reichblühenden Almböden wird duftendes Heu gewonnen werden, die andere Hälfte soll im zweijährigen Rhythmus stehen bleiben, um die Arterhaltung zu gewährleisten. Auf einem kleinen Wiesenstück sind allein 140 Blütenpflanzen festgestellt worden. Zu saftiggelben Arnikablüten gesellen sich lila Alpenastern, Nelken jeder Duftnote und Rottönung, heimische Orchideen, wie Knabenkräuter und zur Blüte reifende Kohlröschen. Unübersehbar auch die leuchtend weißen Blüten der Trichterlilie. Der Türkenbund schickt sich dann gerade an, seine purpurnen „Pumphosen" zu entfalten, während am Rande des Weges eine knoblauchwürzige Bärlauchart mit ihren spitzen Blättern dahindöst. Über allem die vielen Schmetterlinge und das Gesummse der Insekten. Klima, Wasserhaushalt, Bodenbeschaffenheit und Lage haben hier über dem Lesachtal ein Naturwunder geschaffen.

■ ***Zufahrt:*** Der Ausgangspunkt beim Forstschranken (948 m) am Gailbergsattel entspricht höhenmäßig jenem von St. Jakob im Lesachtal (948 m).

■ ***Aufstieg:*** St. Jakob, 150 Meter östlich vor dem Gh. Zum Löwen beginnen die Forststraßen 225 und 226 unmittelbar neben der Landstraße. Der Direktanstieg zur Mussen nimmt auf der linken Seite seinen Anfang, zieht die ziemlich neue Forststraße aufwärts,

Traditionelle Mahd auf steilen Hängen

schneidet einmal durch einen Hohlweg zu einem Kreuz ab und setzt danach links fort. Wenn Markierungen fehlen, hält man sich ersatzweise an die Hauptrichtung Norden und trifft beim Kartenpunkt 1562 bereits in freierem Gelände, auf den Weg 224 aus Podlanig. Rechtshaltend sind die Blumenwiesen und später die Almkreuze der Mussen (2038 m) nicht zu übersehen.

■ ***Abstieg:*** Bei Rötenweg, Nr. 227, der gutmarkierte Steig führt quer durch die Wiesenhänge zum „Parkplatz" auf der Röten, und dann (Rundtour) westwärts in den Nitzengraben hinunter und mit kurzen Wiederanstiegen nach St. Jakob.

■ ***Winter:*** mittelschwer, Lawinengefahr.

**✓ kurz gesagt**

***Schwierigkeit*** Sommer leicht, Ausdauer bei Rundtour, Winter mittelschwer, Lawinengefahr
***Dauer*** Aufstieg 3 bis 3 1/2 Std., zurück 1 1/2 bis 2 Std., Rundtour 5 bis 6 Std.
***Talort*** Kötschach-Mauthen
***Ausgangspunkte*** Schranken/Forststraße zum Rötenkreuz oder Gh. Zum Löwen in St. Jakob im Lesachtal
***Stützpunkte*** keine
***Hinweis*** Kalte Quelle (+ 4°) nördlich Kreuz mit Bank bei kleiner Hütte (1800 m) – 10 Min.
***Karte*** ÖK 1:50.000, Blatt 197 (Kötschach)

# 9 Vom Sadnig-Haus zum Mohar

■ ***Sommer:*** Wie im Winter, sehr lohnend.

■ ***Winter:*** Ausgangspunkt für diese Schitour ist das 1876 Meter hoch gelegene, ganzjährig bewirtschaftete Sadnighaus.

Mit der vor einigen Jahren in den Fels gehauenen und durch Galerien gesicherten Straße wurde die Verbindung zwischen Mörtschach im Mölltal und der Vorderen und Hinteren Asten geschaffen. Die schmale Bergstraße, die beim AV-Schutzhaus endet, mußte der Natur in zäher Arbeit abgerungen werden. Weil es keine andere Möglichkeit gibt, ist man stets bemüht, diese Verbindung mit der Lebensader Mölltal den ganzen Winter über offenzuhalten. Und das ist hier im Hochgebirge kein leichtes Unterfangen! Da kann es schon vorkommen, daß die Bewohner der Asten einige Tage von der Außenwelt abgeschnitten bleiben.

Wenn Ihnen alle diese Umstände nicht den Angstschweiß auf die Stirn treiben, dann betrachten Sie diese Zeilen als Einladung. Dann sollten Sie sich auch nicht von den paar Schnee- und Eisresten auf der Fahrbahn abhalten lassen und das wildromantische Hochtal der Asten besuchen! Auch ohne schifahrerische Ambitionen ist die Asten ein Erlebnis. Das im Sommer von Leben erfüllte Astner Moor hält Winterschlaf. Den Schi- und Bergsteiger erwarten einige landschaftliche Überraschungen. Mit zunehmender Höhe wird die Aussicht umfassender und reicht schließlich vom Sadniggipfel und der Makernispitze (Magernigspitz) im Osten über den Stellkopf (2852 m) und den Hohen Sonn-

*Gipfel mit Glocknerblick*

blick (3106 m) im Norden bis hin zum Großglockner (3798 m) im Westen. Der König der Tauern macht es allerdings sehr spannend, denn er taucht erst in Gipfelnähe unvermutet hinter einer Felsnase auf.

■ ***Aufstieg:*** Die Hütte (jetzt wieder ÖAV) wird in nordöstlicher Richtung verlassen. Nach etwa zehn Minuten erfolgt bei vier Almhütten eine Richtungsänderung auf Nord bis Nordwest und über die Almböden wird das Göritzer Törl (2458 m) angepeilt. Bei geringer Schneelage und sicheren Verhältnissen wird auch ein ausgeprägter Bachgraben im Aufstieg begangen. Bei Lawinengefahr sind solche Rinnen jedoch sehr gefährlich. Kurz vor Erreichen des Göritzer Törls wendet man sich nach Südwesten und über felsendurchsetzte Geländestufen wird der Gipfel (2605 m) betreten.

■ ***Abfahrt:*** Sie verläuft beiderseits der Aufstiegsspur.

**✓ kurz gesagt**

***Schwierigkeit*** leicht bis mittel, nach Schneefällen und Schneeverfrachtungen mäßige Lawinengefahr
***Dauer*** Aufstieg 2 1/2 bis 3 Std., Abstieg 1 3/4 Std.
***Talort*** Mörtschach im Mölltal
***Ausgangspunkt*** Sadnig-haus (ÖAV), ☎ 0 48 25/200 50, ganzjährig geöffnet
***Stützpunkte*** keine
***Karte*** ÖK 1:50.000, Blatt 180 (Winklern)

# 10 Zirknitztal, Kegelesee, Zahlstein

■ ***Sommer:*** Weit droben im Mölltal, wenige Kilometer vor Heiligenblut, liegt Döllach, Talort und Ausgangspunkt in die Zirknitz, einem noch nicht überlaufenen Hochtal.

Beim Unter(en) Kaser (1563 m) vereinigen sich die Große und die Kleine Zirknitz mit ihren Schmelzwässern aus der Goldberggruppe – oder zumindest mit dem, was die Kraftwerksgruppe Fragant übrigläßt, denn sowohl der Kegelesee (2154 m) als auch der Großsee (2417 m) und die Große Zirknitz beim Schrallkaser (1756 m) sind „angezapft“ worden.

Dennoch blieb neben den Asphaltstraßen auch noch Platz für idyllische Wanderungen. Der Rundweg führt hinauf zum Kegelesee (Sie können einen Abstecher zum Großsee machen), über die Eckalmen und die Ochsnerhütte hinüber zum Zahlstein in der Großen Zirknitz und wieder zum Parkplatz zurück. Hinweisschilder sind – wie vielerorten in der Tauernregion – liebevoll und helfend angebracht, nur weicht die Bezeichnung einigemale von der Kartenbezeichnung ab. Also aufgepaßt! Am Zahlstein, einem Gesteinsbrocken, erfolgten seinerzeit die Abwaage der geschürften Gold- und Silbererze und die Entlohnung der Bergknappen.

Die Wanderung entlang der Großen Zirknitz gleicht einem Spaziergang durch einen riesigen Park. Der grasbewachsene Steig schlängelt sich durch ein Labyrinth von Gesteinsblö-

cken, über und über mit Almrausch bedeckt, dazwischen finden sich viele Bachläufe, die auf Gesteinsplatten zu durchwaten sind. Auch für Kinder ein Spaß!

■ ***Zufahrt:*** Mit dem Auto bis unter die Erlenwände.

■ ***Aufstieg:*** Unter(er)- und Rupetschkaser (1693 m) werden auf der Asphaltstraße (linke Abzweigung) erreicht. Dann muß tief Luft geholt werden. Der Weg beginnt sehr steil. Bei den Almrauschböden schließt der gemütlichere Teil an. Die Zirbenbestände nach dem Färberkaser werden beinahe eben durchwandert.

■ ***Abstieg:*** Auf der Anhöhe südwestlich des Kegelesees wird der obere Weg (am Hinweisschild im Aufstieg vorbeigekommen) eingeschlagen und nach dem Passieren einiger tischartiger Felsblöcke erblickt man auf den Eckalmen die Ochsnerhütte (Eckhütte, 2263 m).

Vom Zahlstein geht es am tosenden Wasser der Großen Zirknitz (Vorsicht!) schließlich talwärts (linkes Ufer bis zum Schrallkaser).

■ ***Winter:*** Schwierig!

**✓ kurz gesagt**

***Schwierigkeit*** Sommer leicht, auch für Kinder, Ausdauer erforderlich, Winter schwierig
***Dauer*** Parkplatz – Kegelesee 2 bis 2 1/2 Std., Großsee und zurück zusätzl. 1 Std.; Kegelesee – Zahlstein 1 1/2 Std., bis Parkplatz weitere 1 1/2 Std., Rundweg 5 bis 6 Std.
***Talort*** Döllach im Mölltal
***Ausgangspunkt*** Parkplatz Erlenwände
***Stützpunkte*** keine, Färberkaser im Sommer bewohnt
***Karten*** ÖK 1:50.000, Blatt 180 (Winklern) und Blatt 154 (Rauris)

*Almrauschböden im Zirknitztal*

# 11 Kleiner Pal im Plöckengebiet

■ ***Sommer:*** Zwischen 1915 und 1917 tobte der Gebirgskrieg im Plöckengebiet. Erbittert wurde um jede Position und beherrschende Höhe gerungen. Eigens errichtete Materialseilbahnen brachten Nachschub in die Höhenstellungen und halfen mit, die durch Lawinenabgänge verursachten Menschenopfer zu minimieren. Soldaten der österreichisch-ungarischen Armee und Italiener auf der anderen Seite der Front hausten in den Höhenstellungen und Postenständen vor allem in den Wintermonaten unter unsäglichen Entbehrungen.

Die Soldatenfriedhöfe im Bereich des Plöckenpasses sind stumme Zeugen dieser unheilvollen Zeit. Aus den einstigen Kriegsgegnern sind längst Freunde geworden! Dank der Initiative des ÖAV, Sektion Austria, und vor allem der „Dolomitenfreunde“, nicht zuletzt aber des Bundesheeres sind die Frontsteige in den Jahren 1975 bis 1978 in den Karnischen Höhenweg (Nr. 403 bzw. 03) miteinbezogen worden. Durch die Dolomitenfreunde werden die verfallenen Frontsteige in vielmonatigen Einsätzen wieder aufgebaut und erfüllen damit eine völkerverbindende Aufgabe in historisch bedeutsamer Gebirgslandschaft. Die Friedenswege oder Vie della pace laden zu einem Besuch ein! Der Kleine Pal (1867 m) ist vom Plöckenpaß (1357 m) aus in einer Halbtagestour zu bewältigen.

■ ***Zufahrt:*** Parkplätze beiderseits der Grenze.

■ ***Aufstieg:*** Gleich hinter dem ehemaligen italienischen Zollgebäude (links) beginnt

*Die Grenze zu Italien: Karnische Alpen*

der Wandersteig Nr. 401 (Markierungen), der um das Felsmassiv herumführt und dann auf der Südseite in vielen Kehren rasch an Höhe gewinnt. An einigen Stellen sollte man Kinder sicherheitshalber an die Hand nehmen (Verwendung einer Reepschnur ist zu empfehlen). Kurz vor dem Ziel ist bei nur spärlichem Lichteinfall ein Stollensystem zu durchqueren. Taschenlampe nicht vergessen.

■ ***Abstieg:*** Entweder gleich oder über die Maschinengewehrnase (schwierig) bzw. zur Haus Alm (mittel) talwärts.

■ ***Winter:*** Abzuraten!

**✔ kurz gesagt**

***Schwierigkeit*** Sommer leicht bis mittelschwer, stellenweise Trittsicherheit erforderlich, im Winter abzuraten

***Dauer*** Aufstieg 1 1/2 bis 2 1/2 Std., Abstieg 1 1/2 Std.

***Talort*** Kötschach-Mauthen

***Ausgangspunkt*** Plöckenpaß (Gaststätten)

***Stützpunkte*** keine

***Hinweise*** Reisepaß und Taschenlampe mitnehmen, Kriegsmuseum im Rathaus von Kötschach-Mauthen

***Karte*** ÖK 1:50.000, Blatt 197 (Kötschach)

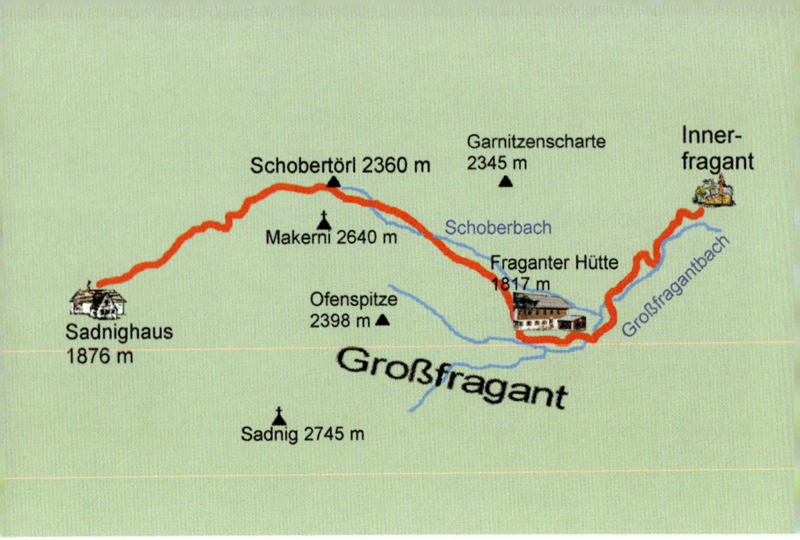


# 12 Schobertörl in der Fragant

■ ***Sommer:*** Das Schobertörl verbindet das Fragant Tal mit dem Hochtal der Asten im Westen ohne große Umschweife und gibt darüberhinaus noch den Schnittpunkt mit dem etwas langatmigen Steig über den Ochsentrieb und die Saustellscharte in die Wurten (Mölltaler Gletscher) ab. Für den Bergsteiger erfreulich: die Wege enden allesamt bei einladenden Schutzhütten oder umgekehrt, sie beginnen auch dort. Dabei weist die Fraganter Hütte das größte Manko auf, denn sie ist nur – wird vom „geheimen" Zubringer über die „Rollbahn" am Grafenberger Weg abgesehen – über Fußmärsche, speziell aus der Innerfragant (1074 m) zu erreichen. Eine Materialseilbahn übernimmt allerdings den Rucksacktransport, wenn der Wunsch danach besteht. Der Hüttenanstieg beginnt in der Ortschaft Innerfragant in einem Bachzwickel mit steilen Serpentinen. Erst nach dem Kartenpunkt 1435 Meter wird's gemütlicher und vom Russenkreuz sind es nur mehr wenige Schritte bis zum Schutzhaus.

■ ***Zufahrt:*** Aus dem Mölltal in Außerfragant abbiegen.

■ ***Aufstieg:*** Von der Fraganter Hütte (1817 m) weist ein Schild nach Norden zum Schoberbach, der im gemütlichen Anstieg über die Schweiger Alm und die Egger Alm die Wanderer begleitet. Das weite Schobertörl am Eingang in die Asten (und zum Sadnig Haus, 1876 m) ist das Fenster zu den Dreitausendern im Westen. Mit der im Süden über dem Törl (2360 m) thronenden Makernispitze (2640 m, auch Magernigspitz) wäre auch

*Auf dem Weg zum Schobertörl*

noch ein Gipfelsieg einzuheimsen, aber Schwindelfreiheit und Trittsicherheit sind hier Voraussetzung! Vor allem nach Niederschlägen ist der Steig sehr rutschig.

■ ***Abstieg:*** Weiter in die Wurten (stolze 5 Std.), Asten (Sadnig Haus, 1 1/2 Std.) oder zurück.

■ ***Winter:*** Beliebte Hochtour für Erfahrene.

**✔ kurz gesagt**

***Schwierigkeiten*** Sommer Hüttenzustieg und Törl leicht, Makerni für Geübte, Winter hochalpine Tour

***Dauer*** Tal bis Hütte 2 Std., Hütte bis Schobertörl 1 1/2 Std., Rückweg jeweils 1/2 Std. kürzer

***Talort*** Außerfragant

***Ausgangspunkt*** Fraganter Hütte, ÖAV Klagenfurt

☎ 0 47 85/396 bzw. 445, Familie Unterweger, Rucksacktransport

***Stützpunkte*** keine

***Karte*** ÖK 1:50.000, Blätter 180 (Winklern)

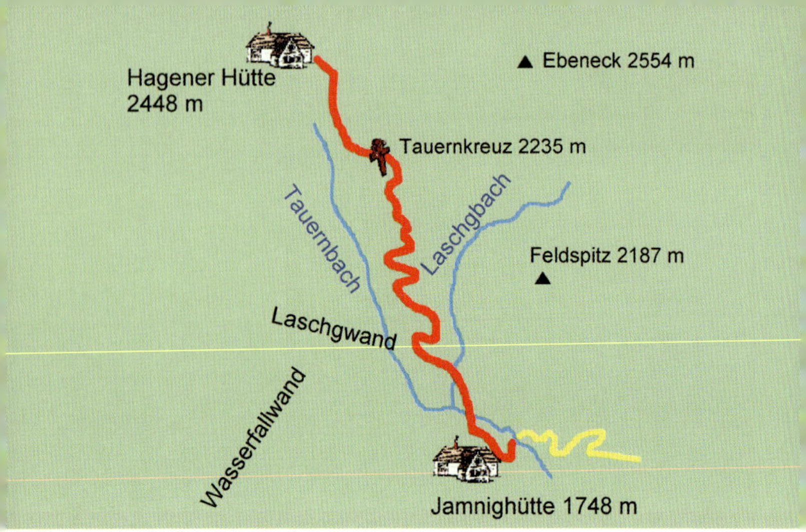


# 13 Hagener Hütte mit Ebeneck

■ ***Sommer:*** Markierte Route, im übrigen wie im Winter.

■ ***Winter:*** In den Tauern warten im Spätwinter (März/April) oft noch Firnfreuden auf Hartnäckige. Das ist nicht weiter verwunderlich, denn als Wetterscheide zwischen dem Süden und dem Norden bekommen diese Gegenden regelmäßig von beiden Niederschlagszonen etwas ab.

Das Wunschziel heißt Hagener Hütte (2448 m) in den Hohen Tauern, auf beherrschender Höhe zwischen Mallnitz und dem Gasteiner Naßfeld, am bereits in grauer Vorzeit benutzten Tauernübergang gelegen.

Vielleicht fehlt an ein paar Stellen bereits die zusammenhängende Schneedecke, und auch die Hütte hält zu dieser Zeit nur einen Winterraum offen, das Gebiet allein aber sollte bereits ausreichende Entschädigung für dieses kleine Ungemach bedeuten. Die Romatenspitze (auch Rameter Spitz, 2696 m, schwer), das Ebeneck (2554 m, mittel) oder der Geißlkopf (2974 m – auch Vorderer Gesselkopf, schwer) und die Feldseescharte (sehr schwer) bilden die unmittelbare Kulisse. Die Fernsicht geht weit hinaus in die Hohen und Niederen Tauern.

■ ***Zufahrt:*** Die Straße bis zum Parkplatz, 100 Höhenmeter unter der Jamnighütte, zweigt direkt im Ortskern von Mallnitz ab, ist aber nicht immer befahrbar: Rodelbahn!

■ ***Aufstieg:*** Nach der Holzbrücke führen einige Kurven zur Jamnighütte (1748 m 1/4 Std.). Genau 700 Höhenmeter ist die Distanz noch bis zum Ziel. Der Tauernbach wird auf einer

ausgewaschenen Brücke überquert, dann kommt man an den Fuß der Laschgwand, die in ihrem linken, flacheren Teil umgangen wird. Über die freien Almböden, stets rechts des Tauernbaches, wird schließlich das Tauernkreuz erreicht.
Zum Ebeneck wird hier die nordöstliche Richtung eingeschlagen (1 Std.).
***Abfahrt:*** Man hält sich am besten an die Aufstiegsspur. Größeren Genuß versprechen einige muldenartige Steilhänge am Tauernbach, aber Vorsicht! Hier herrscht Lawinengefahr und allzuleicht kann in einen der reißenden Bäche durchgebrochen werden!

**✓ kurz gesagt**

***Schwierigkeit*** Sommer leicht, auch für Kinder, im Winter mittelschwer, Lawinengefahr in Steilhängen und Gräben mitunter erheblich
***Dauer*** ab Parkplatz Hagener Hütte 2 1/2 bis 3 Std., Ebeneck 3 Std. Sommer/zurück 2 Std.
***Talort*** Mallnitz
***Hinweis*** Auskünfte (Befahrbarkeit): Gemeindeamt Mallnitz ☎ 0 47 84/255-11
***Ausgangspunkt*** Parkplatz Jamnigalm, 1650 m
***Stützpunkte*** Winterraum Hagener Hütte. Jamnighütte nur zeitweilig bewirtschaftet
***Karte*** ÖK 1:50.000, Blatt 155 (Markt Hofgastein) und ev. 181 (Obervellach)

*Der Geißlkopf (Gesselkopf) im Hochwinter*

# 14 Raggaschlucht, ein Naturschauspiel

■ ***Sommer:*** Die dunklen Schluchtwände stehen so eng beieinander, daß nur noch ein ganz schmaler Streifen dem Blau des Himmels gehört. Entlang der nassen, oft senkrechten Wände windet sich der Steig auf glitschigen Holzbohlen, gewinnt Steigungen auf „Hühnerleitern", um gleich darauf auf luftigen Brücken das brausende und tosende Darunter zu überqueren. Ein beeindruckendes Naturschauspiel, das hier hautnah erlebt werden kann!

Seit dem Jahr 1882 kann die Schlucht, die der Raggabach im Verlaufe von Jahrmillionen in den Felsen riß, begangen werden. 1978 zum Naturdenkmal erklärt, wurde der Raggaschlucht auch amtlicherseits der Stempel der Einzigartigkeit aufgedrückt. Auf einer Länge von 800 Metern überwinden die Stege und Leitern eine Höhendifferenz von 200 Metern, stellenweise richtiggehend hineingezwängt in die nur zwei bis drei Meter voneinander entfernten Felswände.

Begleitet von den kühlenden Schleiern eines Wasserfalles windet sich der Steig schließlich hinauf zur breiten Forststraße, auf der die Tour zur Raggaalm (1621 m) und darüberhinaus zur Teuchlscharte (2468 m) oder gar zum Polinik (2784 m) fortgesetzt werden kann. Aber das sind dann weitgesteckte (und beschwerliche) Ziele, fast zu weit für eine gewöhnliche Tagestour. Die Raggaalm (keine Bewirtung) reicht als Rastplatz und Wendepunkt sicher auch aus.

Die Höhenzüge links und rechts geben den Blick nur durch einen schmalen Zwickel über die Lassacher Seiten hinauf zum Ankogel frei.

■ ***Zufahrt:*** Bei Flattach im Mölltal wird zur Raggaschlucht abgebogen.

■ ***Aufstieg:*** Nach dem Ausstieg aus der Schlucht geht der Weg 325 am Rande der tief eingeschnittenen Raggaklamm weiter, passiert die Alm samt Wasserfall unter der Himmelswand, um dann in Kehren (Raggahütte) auf die muldenartige Raggaalm vorzustoßen. Neben einem halben Dutzend Wasserfällen werden auch üppige Himbeerschläge wiederholt zu Verschnaufpausen führen, – wetten?

■ ***Abstieg:*** Bitte oberhalb der Schlucht keine Steine lostreten, Besucher könnten gefährdet werden! Die Forststraße weist auf den letzten Metern ein großes Gefälle auf!

■ ***Winter:*** Sperre.

*Auf „Hühnerleitern" durch die Raggaschlucht*

### ✓ kurz gesagt

***Schwierigkeit*** Sommer leicht, Schlucht auch rutschig, Kinder mit Reepschnur um die Brust sichern, für kleinere Kinder ungeeignet, Winter gesperrt

***Dauer*** Schluchtweg 45 Min., Schlucht und Raggaalm 3 Std., Abstieg: 1 1/2 Std.

***Talort*** Flattach/Mölltal

***Ausgangspunkt*** Flattach-Schmelzhütten

***Stützpunkte*** keine

***Hinweis*** Eintrittspreise für die Schlucht Erw. € 5,– und Kinder € 2,50, ☎ 0 47 85/615 bzw. 333. Nach Hochwasser-Zerstörung wieder begehbar.

***Karte*** ÖK 1:50.000, Blatt 181 (Obervellach)

# 15 Kaserer in der Hochtristen

■ ***Sommer:*** Aus der Schulzeit ist wohl noch erinnerlich, daß Käse durch Ansäuerung der Milch mit Milchsäurebakterien gewonnen wird. Haben Sie aber gewußt, daß der Lab-Käse, im Aussehen vergleichbar etwa mit dem Tilsiter, aus Vollmilch unter Zugabe von „Lab" erzeugt wird? Dieses Lab-Ferment wird aus getrockneten, pulverisierten Kälbermägen, den Labmägen, gewonnen! Dabei wird die Milch erst auf 30° C erwärmt, dann ...

Alles weitere über die Gewinnung von Käse, die Behandlung von Buttermilch oder das

*Jause in der Kaserleiten*

Rühren und Ausformen der frischen Butter und die Kaserwirtschaft können Sie (allenfalls im August) bei der Roßbrunnhütte auf der Kaserleiten erfahren und auch gleich verschmausen.
Nicht nur kulinarische Abwechslung bietet diese Tour: Der Zweisee (auch Zwei Seen) – sein etwas höher gelegener winziger Bruder wird geflissentlich übergangen – bietet in seinen kühlen Fluten erfrischende Abkühlung.
Die Emberger Alm selbst hat sich zur Startrampe für Drachenflieger und Paragleiter mit eigenem Zubringerdienst entwickelt. Als Winterschigebiet ist die Gegend ohnehin bekannt.

■ ***Zufahrt:*** Die zwölf Kilometer lange Strecke von Greifenburg im Drautal bis auf die Emberger Alm (1755 m) ist mautfrei zu befahren.

■ ***Aufstieg:*** Die Marschrichtung ist überlegenswert. Die Reihenfolge, Buttermilch – Bad im kühlen Zweisee – Hochtristen bedeutet, den Weg nach Norden (Weghinweise „Zweisee“) einzuschlagen! Nach der Rast und einem Plausch bei Milch und Käse geht es gestärkt dahin!
Ab dem Wasserlauf im Winkel bei der Kaserhütte folgt (weißrote Streifen) ein stufenweiser Anstieg zum Zweisee (2237 m) und zum (leichten) Schwarzstein (2264 m). Das Zweiseentörl erreicht mit 2368 Metern bereits einen günstigen Startpunkt für die Hochtristen mit 2536 Metern. Ab hier wird allerdings, wie auch vom Süden her ab dem Rottörl, Trittsicherheit verlangt, denn der schmale Pfad überwindet Steilgelände mit felsigen Passagen.

■ ***Abstieg:*** Über das Rottörl und das Naßfeldtörl geht es mit kurzen Gegenanstiegen wieder zur Emberger Alm zurück.

■ ***Winter:*** Nur für Erfahrene!

**✓ kurz gesagt**

***Schwierigkeit*** Sommer leicht (Kinder) bis zum Schwarzenstein, ab Zweiseetörl bzw. Rottörl Trittsicherheit, Winter hochalpin
***Dauer*** bis Schwarzstein/Zweisee 2 bis 2 1/2 Std., Hochtristen insgesamt 3 bis 3 1/2 Std., Abstieg 2 Std.
***Talort*** Greifenburg/Oberdrautal (645 m)
***Ausgangspunkt*** Emberger Alm/Kreuzeckgruppe
***Stützpunkte*** Sennhütte in Kaserleiten oberhalb Emberger Alm. Auskunft Alpengasthof Sattlegger ☎ 0 47 12/796, Parkplätze
***Karte*** ÖK 1:50.000, Blatt 181 (Obervellach)

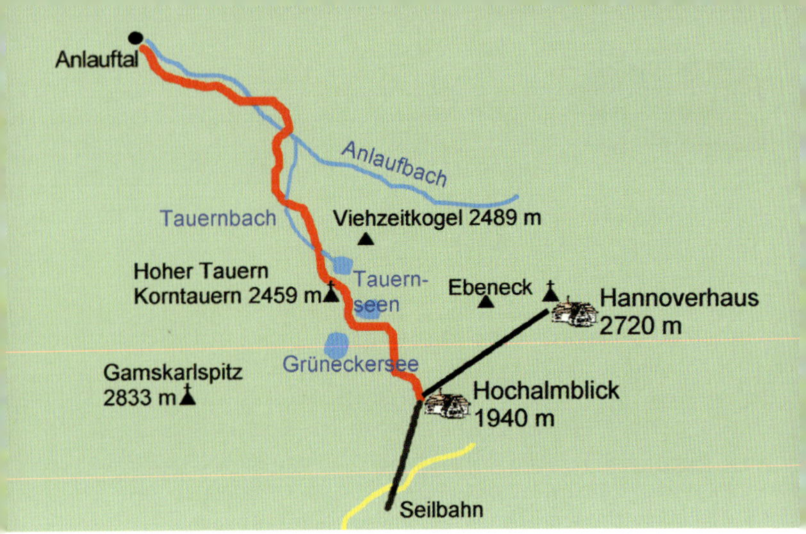


# 16 Korntauern – Weg der Römer

■ ***Sommer:*** Hoch über der Tauernbahn kam dem hochalpinen Übergang zwischen dem Mallnitzer Seebachtal und dem Gasteiner Anlauftal bereits in vorchristlicher Bronzezeit große Bedeutung zu, die bereits die Römer erkannten. Später, im Mittelalter und noch bis in das 19. Jahrhundert hinein, erfolgte durch das „Übertauern" meist ortsansässiger Säumer ein reger Warenaustausch. Speziell über den Hohen Tauern oder, gebräuchlicher, den Korntauern, wurden mit Pferden Wein, Seide und andere südländische Produkte nach Norden und im Gegenzug Salz aus dem Gasteiner und Halleiner Raum nach Kärnten und Friaul gebracht. An einigen Stellen sind auch jetzt noch Weganlagen als Zeugen vergangener Tage erkennbar. Heute zieht es Naturliebhaber und Bergwanderer in diese Höhen. In leichter, allerdings Ausdauer fordernder Wanderung wird der Alpenhauptkamm bezwungen.

■ ***Zufahrt:*** Postbus-Transfer vom Bahnhof Mallnitz zur Seilbahn, andernfalls Pkw-Rückholung (Zweitfahrzeug) einzuplanen.

■ ***Aufstieg:*** Mit der Seilbahn gelangt man mühelos zur Mittelstation (daneben die Hochalmblick-Hütte, 1940 m). Westseitig der Station gewinnt der Karrenweg sanft ansteigend an Höhe, trifft unterhalb des Kleinen Tauernsees bei 2290 Meter mit dem Göttinger Weg zusammen, der das Hannoverhaus mit der Hagener-Hütte verbindet. Nach dem See geht es über einen Geländerücken (Markierungen) nördlich zum Korntauern (2459 m) hinauf.

■ ***Abstieg:*** Die ersten paar Hundert Meter heißt es, den über Blockwerk und Steinplatten führenden Steig zu meistern. Ist einmal der Tauern(alpen)-bach zu erkennen, wird die morastige, von seichten Bächlein (ein Paradies für Kinder) durchzogene Moosfläche betreten. Ein langatmiger, dennoch abwechslungsreicher Abstieg auf Almböden am Rande eines über glatte Felsplatten dahinschießenden Wasserfalles folgt. In vielen Kehren wird der Hochwald zum Anlaufbach (1347 m) hinunter durchquert.

**✓ kurz gesagt**

***Schwierigkeit*** Sommer leicht bis mittel, Ausdauer nötig, im Winter sehr schwer
***Talort*** Mallnitz
***Stützpunkte*** keine, Gh. Hochalmblick (Mittelstation) zeitweilig offen
***Dauer*** Aufstieg 1 1/2 Std., Abstieg 3 bis 3 1/2 Std.
***Hinweis*** Transfer ab 12. Juli Bus Mallnitz bis Seilbahn, Bahnhof Mallnitz ☎ 0 47 84/632, Talstation Tauernbad Mallnitz ☎ 0 47 84/255 20
***Karte*** ÖK 1:50.000, Blatt 155 (Hofgastein)

Ein „Straßentippler“ (2,5 km) bleibt keinem erspart. Dann geht es erholsam mit der Bahn von Böckstein nach Mallnitz zurück.

■ ***Winter:*** Hochalpin, nur für Erfahrene, Lawinengefahr!

*Herbstfärbung im Hochgebirge*

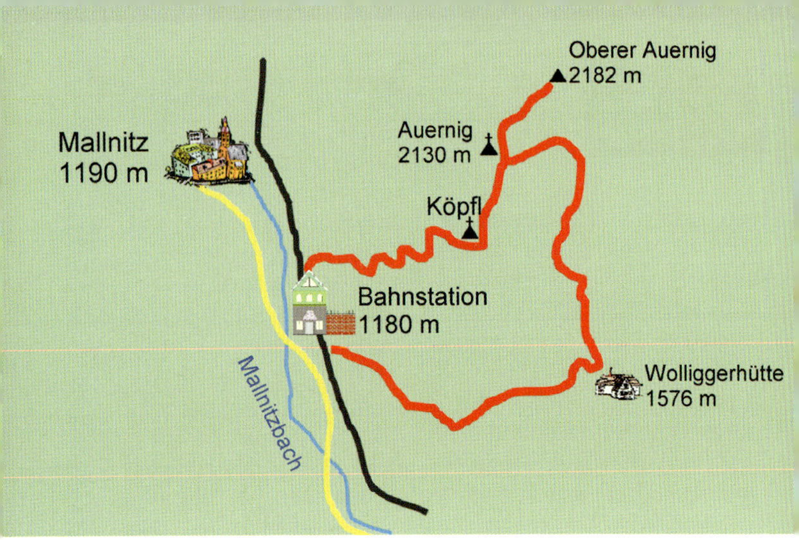


# 17 Im Zick-Zack zum Auernig

■ ***Sommer:*** Genaugenommen sind es zwei Auernige; gestaffelt auf dem Rücken zur Maresen Spitze. Ein oberhalb des Ortes, direkt über der Eisenbahnstation, in das Blau des Tages gezeichnetes felsiges Profil über schattigen, steilen Wäldern. Eine Herausforderung für Liebhaber steiler Aufstiege, eingebettet in den ebenso steilen Wald, mit dem Vorteil, bei jedem Schritt dem Ziel in 2130 bzw. 2182 Metern Höhe näher zu kommen.

■ ***Zufahrt:*** Vielleicht mit der Familie (Bahnermäßigung rechtzeitig beantragen) im Zug zur Tour?

■ ***Aufstieg:*** Vielleicht läßt der Fahrdienstleiter mit sich reden, denn der Aufstieg beginnt direkt

*Die Schufterei hat ein Ende …*

gegenüber der Bahnstation, andernfalls sollte es auch kein Problem werden, wenn der Bahnhof (1180 m) an seiner südseitigen Unterführung umgangen wird. Bei einem Wegweiser, gleich nach den Häusern (Weg 522), geht es im Zick-Zack dem Hochwald mit seinen alten Lawinensperren steil zu Leibe. Nach einem Wegweiser rechts hinauf zum Köpfl (1855 m, Zwoadwieskopf), wo sich der Wald lichtet und die Spannung steigt, denn der mit einem Kreuz ausgestattete Gipfel hat es mit seinem Auftritt nicht eilig. Dann aber, hier zieht ein Steiglein zur Wolliggerhütte hinunter, hat die Schufterei – bei eindrucksvollen Tiefblicken – bald ein Ende.

■ ***Abstieg:*** Über die Wolliggerhütte (1576 m, Weg 523) und einem Waldpfad mit abzweigenden Varianten (daher Hinweise „weiß-blau" beachten) führt der nicht mehr steile Rückweg wieder zur Unterführung beim Bahnhof.

■ ***Winter:*** Aufstieg und Abfahrt via Wolliggerhütte zum Auernig, üblicher aber zur Maresen Spitze (2916 m), östlich davon: Hochalpine Frühjahrstour für Erfahrene!

**✓ kurz gesagt**

***Schwierigkeiten*** Sommer leicht, aber steil, Kondition gefragt, beim Köpfl auf Kinder achten, Abrutschgefahr. Winter hochalpin
***Dauer*** Aufstieg 2 1/2 bis 3 Std., Abstieg über Wolliggerhütte 50 Min + zum Bahnhof 30 Min.
***Talort*** Mallnitz
***Ausgangspunkt*** bei Häusern gegenüber Bahnhof
***Stützpunkte*** Wolliggerhütte, Sommerbetrieb
☎ 0 47 84/444
***Karte*** ÖK 1:50.000, Blatt 181 (Obervellach)

*Seite 50/51*
*Im Herzen der Karnischen Alpen*

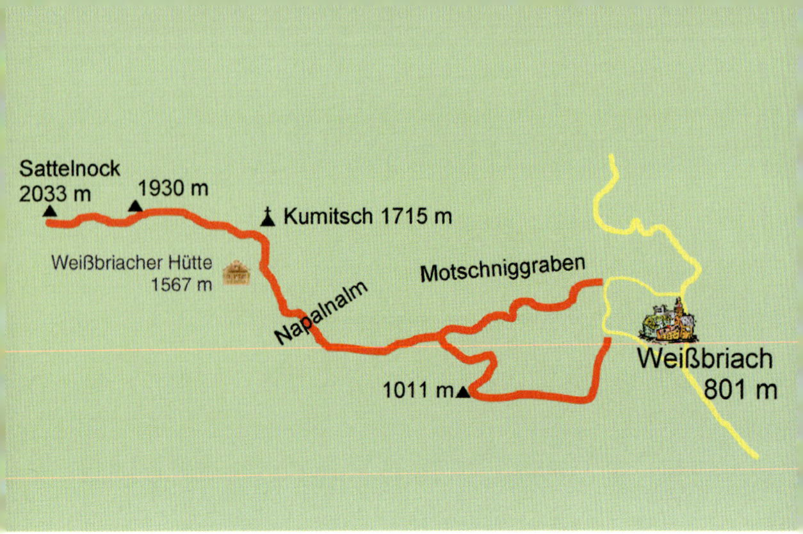


# 18 Sattelnock über dem Gitschtal

■ ***Sommer:*** Vor dem Anstieg zum Kreuzbergsattel und zur Weißensee-Furche liegt Weißbriach am malerischen Ende des Gitschtales. Westlich davon steigen die Gailtaler Alpen über 2000 Meter an und der Reißkofel (2371 m), dahinter der Jauken mit dem Spitzkofel (2223 m) und dem Torkofel (2276 m) können ihre Zugehörigkeit zu den (Südlichen) Kalkalpen nicht leugnen. Das helle, wildzerfurchte Kalkgestein steht über den dunkelgrünen bis ins Violette getönten Wäldern. Im Höhenzug finden sich zwei durch einen kleinen Sattel voneinander getrennte Nocke, deren etwas höherer 2033 Meter mißt. Dieser Sattelnock ist eine Überraschung für sich: Tiefgestaffelt reihen sich rundum Gipfel an Gipfel, wohin der Blick auch schweifen mag. Selbst der Triglav macht seine Aufwartung, da dürfen Wischberg und Montasch westlich davon nicht fehlen. Der Blick fällt aber auch in das sonnenüberflutete Gitschtal oder auf das dunkle Grün des Weißensees mit seinen hellen Ufern.

■ ***Zufahrt:*** Direkt vor dem Gh. Egger (Telefonzelle) beginnt der Reißkofelweg mit der Nr. 229.

■ ***Aufstieg:*** Der Weg steigt langsam an, durchstreift dabei Waldgassen und überquert nicht weniger als neunmal Forststraßen, wobei die hilfreich angelegten Holzstege nicht weniger rutschig sind als die nassen Wurzeln und das Laub darüber. Nach der dritten

*Das dunkle Grün des Weissensees*

Überquerung wird der Weg 243 (Möselweg) in jenen zur Napalnalm eingebunden. Bis zur Napalnalm (1567 m) mit der Hütte des ÖAV und geologischen Übersichtstafeln ist es leicht, danach aber, im Anstieg zum Gudrun-Felsen, einer Aussichtskanzel mit Tisch und Bank und darüberhinaus zum Kumitschkreuz (1715 m) und zum Sattelnock ist Trittsicherheit Voraussetzung, besonders bei den schmalen Auftritten in einem abschüssigen Felskar. Ungut, weil irreführend, sind auch deutliche Steigspuren oberhalb der Hütte, wo der Weg in den Wald eintaucht. Hier kommt es leicht zu „Verhauern", mit später Einsicht zur Umkehr aus dem unwegsamen Steilgelände. Nur rund 20 Meter nach der Zaunstiege geht es dagegen halbrechts weiter an den Fuß der Kalkwände!

■ ***Abstieg:*** Die Schönheit der Landschaft rund ums Gitschtal rechtfertigt manche längere Pause.

■ ***Winter:*** Wenig geeignet, Pisten in Weißbriach.

**✓ kurz gesagt**

***Schwierigkeit*** bis zur Napalnalm leicht, danach Trittsicherheit erforderlich
***Dauer*** Napalnalm 1 1/2 Std., Gipfel 3 Std., Abstieg 1 bzw. 2 Std.
***Talort*** Hermagor
***Ausgangspunkt*** Telefonzelle bei Gh. Egger am Nordwestrand von Weißbriach
***Stützpunkt*** Weißbriacher Hütte, Napalnalm, ÖAV: ☎ 050 100/315 17 bzw. 0 42 86/232 (304)
***Karte*** ÖK 1:50.000, Blatt 198 (Weißbriach)

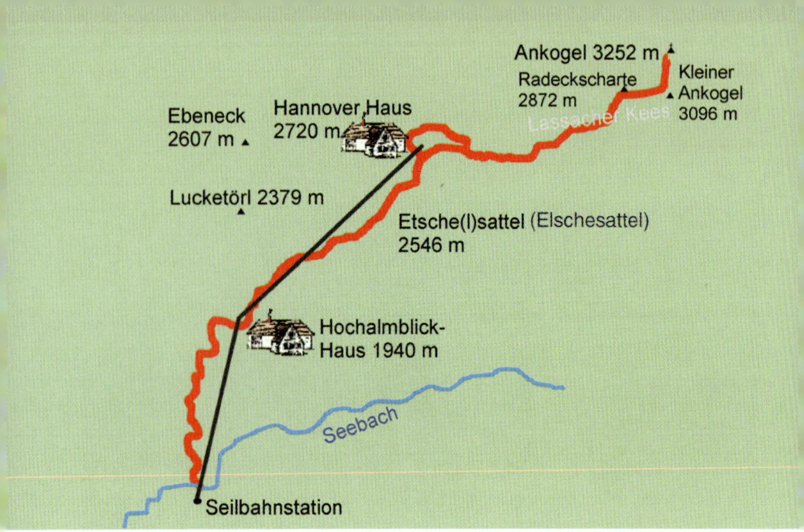


# 19 Das einsame Hannover Haus mit Kleinem Ankogel

■ ***Sommer:*** Der einfallende Nebel, der über den Graten und Karen brodelt, verdeckt zusehends die Mittagssonne und der aufkommende kalte Wind sind untrügliche Zeichen eines nahenden Gewitters!

Glücklicherweise trifft man in dieser exponierten Lage (2720 m) eine Schutzhütte an. Die Wasserknappheit ist ein Problem dort und zwingt dazu, jeden Regentropfen aufzufangen. Dann gibt es die Trans-

*Carving am Ankogel*

**✔ kurz gesagt**

***Schwierigkeit*** Sommer leicht, auch für Kinder mit Ausdauer, Kleiner Ankogel: mittelschwer, Gefahr bei Vereisung und Nebel, Radeckscharte sehr schwer
***Dauer*** Tal – Hochalmblick 1 1/2 Std., bis Hannover Haus 3 1/2 bis 4 1/2 Std., Abstieg bis Hochalmblick 1 1/2 Std., bis Tal 2 1/2 Std., Arnoldhöhe – Kleiner Ankogel 2 Std., retour 1 1/2 Std.
***Talort*** Mallnitz
***Ausgangspunkt*** Seilbahn, Tal- oder Bergstation ☎ 0 47 84/632 bzw. 0 47 85/ 81 10
***Stützpunkte*** Hannover Haus (DAV) ☎ 0 66 4/161 93 67 bzw. 0 48 26/ 398; Gastw. Hochalmblick ☎ 0 47 84/ 219
***Karte*** ÖK 1:50.000, Blatt 155 (Hofgastein)

portkosten und die Saison-Pausen im Seilbahnbetrieb. Ist es zwischen der Bergstation und der AV-Schutzhütte nur ein „Katzensprung“, sind es ohne Seilbahn vom Stapitzer See herauf rund 1500 Höhenmeter! Ohne solide Kondition läuft da nicht viel. Diese Umstände schlagen sich in den Besucherzahlen nieder.
Als eine der höchstgelegenen Schutzhütten der Tauern ist sie auch Schnittstelle zwischen den hochalpinen Tauernwegen (Göttinger zur Duisburger-Hütte, Goslarer zu Großelend Scharte und Osnabrücker-Hütte, Celler zur Celler-Hütte, Mindener nach Böckstein). Dann auch Ausgangspunkt zur Besteigung des 3252 Meter hohen Ankogels über das Lassacher Kees, die Radeckscharte (sehr schwere Frühjahr-Schitour) – und den Kleinen Ankogel (3096 m).

■ ***Zufahrt:*** Parkplatz Talstation (1280 m).

■ ***Aufstieg:*** Entlang von rot-weiß-roten Markierungen zum Hochalmblick-Haus (1940 m, Mittelstation), dann nordöstlich weiter zum Elschesattel (2546 m, auch Etschelsattel) und schließlich zur Arnoldhöhe im Norden darüber. Zum Kleinen Ankogel wird der Goslarerweg Richtung Osten aufgenommen, der beim Wegweiser nächst dem Lassacher Kees (Gletscherrest im oberen Teil eventuell vereist) zur Radeckscharte und zu den Felsplatten im restlichen Aufstieg zum „Kleinen“ wieder verlassen wird.

■ ***Abstieg:*** Hüttenbesuch und Rückweg wie dargestellt. Die Besteigung des Großen Ankogels ist Erfahrenen vorbehalten, da sehr ausgesetzt, steil und brüchig.

■ ***Winter:*** Pistenbetrieb!

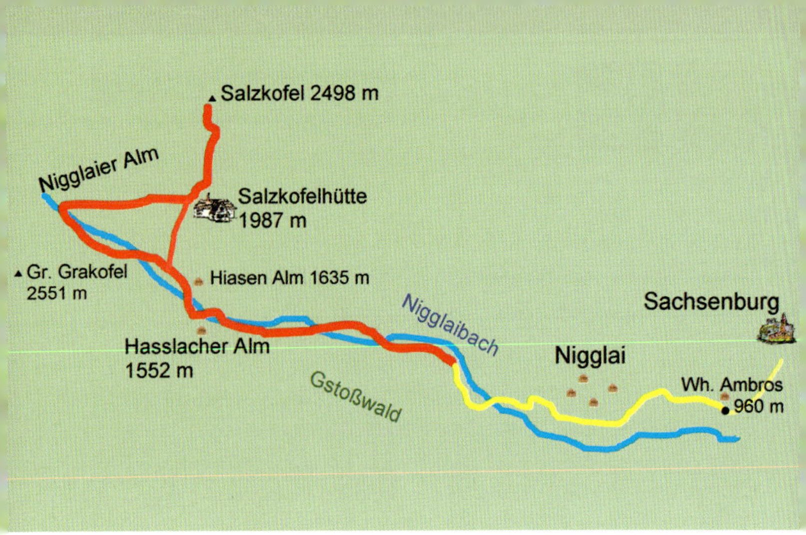


# 20 Durchs Nigglai zum Salzkofel

■ ***Sommer:*** Mit den Zugängen zur Salzkofelhütte der ÖAV-Sektion „Steinnelke" verhält es sich nicht so einfach: Stundenlang ist der Anstieg von Möllbrücke (Sachsenweg) über den steilen Knoten. Auch der Kreuzeck-Schrägaufzug aus dem Mölltal verkehrt selbst in der Hauptsaison nicht täglich, und der Nigglai-Graben im Südosten verfügt über eine Forststraße, wo ein Schranken auf das Ende der Befahrbarkeit verweist (Ausnahme: zur Gipfelmesse im August, bis zum „E-Werk" erlaubt).

So betrachtet verlebt die Salzkofelhütte, zwischen dem Mölltal und dem Drautal in der Kreuzeck-Gruppe ein Schattendasein. Was hatte der Salzkofel eigentlich mit Salz zu tun? Einiges: Die Lampersberger-Wirtin in Sachsenburg erinnert sich, daß dort einstmals von den „Saliterern" Viehsalz durch Erhitzen des glimmerhaltigen Gesteins und Auslaugen mit Wasser gewonnen wurde ...

■ ***Zufahrt:*** Nach der Draubrücke und der Bahnübersetzung biegt im Westteil Sachsenburgs die Zubringerstraße zum (ehem.) Wh. Ambros ins Nigglaital ab. Der Schranken, bald nach dem Ambros, beendet die Anfahrt. Bis zum „E-Werk" (ca. 1250 m) fehlen etwa 3,5 km.

■ ***Aufstieg:*** Die bequeme Forststraße wird bei der Hasslacher Alm mit einer Stegbrücke vertauscht; ein Steig führt gemütlich zur Hiasen Alm (1635 m) und zur Ambros Alm

(1714 m). In kurzhakigen steilen Kehren durch den Mäuerle Wald kann die lange (flachere) Schleife über die Nigglaier Alm eingespart werden. Ein kaltes Bründl und die bescheidene Salzkofelhütte (1987 m) sind die nächsten Lichtblicke und Ziele.
Östlich der Schutzhütte beginnt der Gipfelweg 341, der sich vom Sachsenweg 344 (Möllbrücke bzw. Bergbahn Kolbnitz) löst. Im oberen Teil wird man an plattigen Stellen (die letzte Hürde ist mit einem Sicherungsseil bestückt) mit den Händen zupacken müssen, zuviel verlangt der Salzkofel (2498 m) aber dennoch nicht.
Eine umfassende Aussicht bildet den Hintergrund für ein erholsames Verweilen unterm Gipfelkreuz

**✔ kurz gesagt**

***Schwierigkeit*** Sommer leicht, im Gipfelbereich Trittsicherheit, im Winter sehr schwer
***Dauer*** Schranken bis Wehranlage 3/4 Std., Wehranlage bis Schutzhütte 2 1/2 Std., Gipfel weitere 1 1/2 Std. Abstieg zur Hütte 1 Std., zum Pkw noch 1 1/2 Std.
***Talort*** Sachsenburg/Drautal
***Ausgangspunkt*** (Ambros) Schranken
***Stützpunkte*** Salzkofelhütte, ÖAV, 1987 m
***Karten*** ÖK 1:50.000, Blatt 181 (Obervellach) und ev. 182 (Spittal/Drau)

- ***Abstieg:*** Wieder ins Nigglai.
- ***Winter:*** Nur für Erfahrene!

*Die Hütte rückt in greifbare Nähe*

# 21 Gugga und Gartnerkofel am Naßfeld

■ ***Sommer:*** Gugga, Garnitzenberg und Gartnerkofel, erweitert um den Auernig im Grenzkamm zu Italien und die Kammleiten am Westaufschwung (mit Klettergarten für Kletterbegeisterte) des Gartnerkofels können mit einer einzigen Tour verbunden werden, die aber Ausdauer voraussetzt. Abwechslungsreich ist die Teilstrecke Auernig (1863 m) über den Garnitzenberg (1951 m) zur Gugga (1945 m) in jedem Fall, und bei Trittsicherheit sogar ein luftiges Erlebnis.

■ ***Zufahrt:*** Bis zum Paß (ehem. Zollamt).

■ ***Aufstieg:*** Gleich an der Grenze (1530 m) beim Hotel Krieber führt eine Fahrstraße aufwärts. Bereits bei der ersten Straßengabelung (mit Parkplatz) geht es das Steiglein rechts aufwärts recht forsch und manchmal auch naß an, dann wird es bei einer Abzweigung eben und der Auernig am „Grenzpflock 84“ mit Glocke ist geschafft. Mit kurzem Ab und Auf werden der Garnitzenberg (1951 m) überschritten, die Gugga (1945 m) links umgangen und das Kreuz auf dem Sattel (1856 m) erreicht. Von diesem Sattel sind es zum Paß hinunter nur ca. 300 Höhenmeter. Hinauf zur Bergstation des FIS-Liftes (1980 m) etwa 120 Höhenmeter und zum Gartnerkofel (2195 m) weitere 235 Höhenmeter.

■ ***Abstieg:*** (Variante mit Kammleiten) Auf dem bezeichneten Steig ab FIS-Lift (Wegweiser zum „Gartner“, Pistengelän-

*Früh übt sich …*

de) kurz unter das Kühweger Törl und an diesem vorbei zur Kammleiten (mit Gipfelkreuz, 1998 m). Abstieg zur Watschiger Alm mit Fortsetzung zum Paß über den „10er“.

■ ***Winter:*** Pistenbereich; Kammleiten, Gartnerkofel.

**✓ kurz gesagt**

***Schwierigkeiten*** Sommer leicht, etwas Trittsicherheit; bei Gugga kurze Sicherungs-Stelle, Winter Gartnerkofel mittel bis schwer (Lawinen!), Kammleiten leicht bis mittel (Lawinen möglich)
***Dauer*** Auernig 1 1/2 Std., Gugga, Sattel +1 Std., Gartnerkofel + 1 1/4 Std., Abstieg 1 1/2 Std., Kammleiten + 30 Min.
***Talort*** Hermagor
***Ausgangspunkt*** Grenzübergang
***Stützpunkte*** Watschiger Alm (Saisonbetriebe)
***Karte*** ÖK 1:50.000, Blatt 198 (Weißbriach)

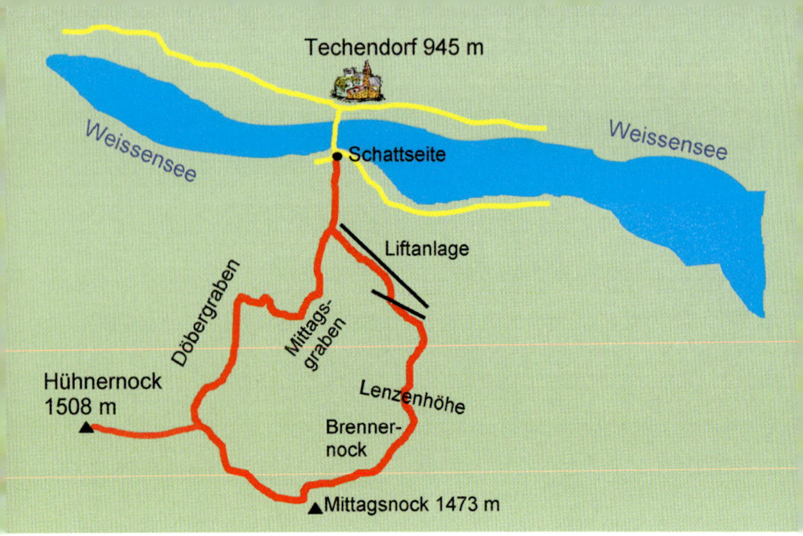


# 22 Ein Nock mit Weißensee-Flair

■ ***Sommer:*** Die Region Weißensee ist 1995 für ihre nachhaltigen Bemühungen um den sanften Tourismus mit dem Europäischen Preis für Tourismus und Umwelt ausgezeichnet worden. Ein ausgewogenes Verhältnis zwischen touristischen Notwendigkeiten und bodenständiger Bewirtschaftung dieses traumhaft schönen Landstriches waren die Pfeiler für diese Belohnung.

Daß die möglichst ursprüngliche Erhaltung der Natur rund um den Weißensee ernstgenommen wird, ist augenscheinlich und wohltuend. Der See, im Winter Garant für Eislauffreuden, wird von ausgedehnten unverbauten Uferstreifen gerahmt. Aus den vielfarbigen Markierungen der mehr als 140 km Wanderwege ist abzulesen, mit welcher Hingabe diese Wege betreut werden. Die Rundtour über den Mittagsnock auf der Schattseite besticht durch ihre Ausblicke auf den See mit seinem tiefgrünen Wasser.

■ ***Zufahrt:*** Techendorf, Ortsteil Schattseite, wird aus dem Oberdrautal bei Greifenburg oder aus dem Gitschtal über den Kreuzbergsattel erreicht.

■ ***Aufstieg:*** Auf der Forststraße (weiß-rot-weiß), gegenüber den Liftanlagen, wird rechts des Gerinnes (ca. 960 m) bis zur Abzweigung des „Weststeiges" angestiegen. Wo es geht, weicht der Anstieg (weiß-blau-weiß) den Forststraßen aus, überquert diese auf schmalen Wegen, durchschreitet zwei enge Gräben und gewinnt gemütlich

die Abzweigung zum Hühnernock (im Westen, 1508 m). Bis hierher ist etwas Schnee auch nicht hinderlich.
Ostwärts fortsetzend wird eine Forststraße kurz berührt, dann führt der Steig über eine schmale und luftige Felsschuppe, die auch umgangen werden kann. Erst die nächste größere Erhebung ist dann der Mittagsnock (1473 m), der gegen das Gitschtal mit den beachtlichen Abstürzen einer Karstlandschaft aufwartet.

■ ***Abstiegs-***(Variante): Weiß-blau-weiß mittelsteil zu Knüppelstiegen und Forststraße hinunter, danach um Brennernock und Lenzenhöhe im Osten herum zur Kreuzung „Schuler's Hochwiesen“, kurz links auf Straße, dann durch Wald zur Schi-Piste und auf dieser im Auslauf links (Westen) zum Pkw.

■ ***Winter:*** Abzuraten. Pistenbetrieb angrenzend!

**✓ kurz gesagt**

***Schwierigkeit*** Sommer und Winter leicht, Schuppe und Gipfel – Trittsicherheit,
***Dauer*** Aufstieg 2 1/2, zurück 1 1/2 Std.;
Rundtour 4 bis 4 1/2 Std.
***Talort*** Techendorf am Weißensee
***Ausgangspunkt*** Forststraße Mittagsgraben
***Stützpunkte*** keine
***Hinweis*** Auskünfte
☎ 0 47 13/222 00
***Karte*** ÖK 1:50.000, Blatt 198 (Weißbriach)

*Ganzjährige Aufstiegshilfe zur Naggler Alm*

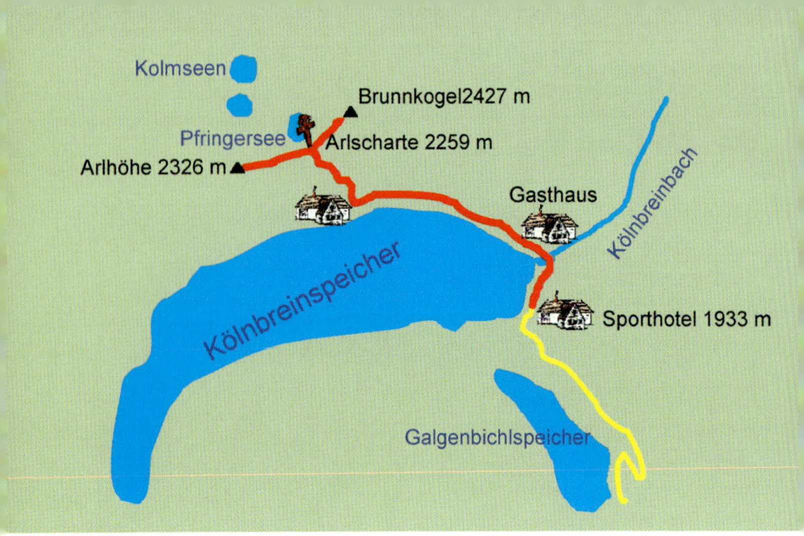


# 23 Arlscharte und Arlhöhe

■ ***Sommer:*** Durch die bevorzugte Lage rund 400 Meter über der Staukrone des Kölnbreinspeichers im Maltatal, wird der Besucher in die Lage versetzt, von den Hochtälern, Vergletscherungen und wilden Bergeshöhen visuell Besitz zu ergreifen. Die markante Spitze über steilen Gletscherflanken im Osten ist dem Hafner (3076 m) zuzuordnen. Im Süden thront die Hochalmspitze (3360 m) über dem Großelendskees mit seiner Preimlscharte und am westlichen Horizont gleißt das Kleinelendkees mit Ankogel (3252 m). Rechts davon liegt die Tischlerspitze (3002 m). Bei guter Sicht sind weit im Norden das Hagen- und Tennengebirge erkennbar. Eine auf der Arlhöhe angebrachte Kupferscheibe mit Richtungskerben erleichtert das Erkennen und Zuordnen der Gletscher und Gipfel. Allerdings weicht diese Rosette von der Norm ab: 400 statt 360 Einheiten unterteilen den Kreis und stiften einigermaßen Verwirrung. Die Nordrichtung ist von Kundigen sicherheitshalber nachträglich an richtiger Stelle eingeritzt worden.

■ ***Zufahrt:*** Auf der Hochalmstraße wird am Silo des Sporthotels vorbei bis zum Schotterparkplatz (mit Gastwirtschaft) am Kölnbreinbach gefahren.

■ ***Aufstieg:*** Er vollzieht sich bis zur Gedenkstätte auf der Straße Richtung Osnabrücker Hütte. Dann geht es ins Gelände und auf Natursteintreppen Meter um Meter höher, wobei der Besuch der Jägersteighütte für den Rückweg aufgespart wird. Wegweiser und Kreuz zieren die Arlscharte (2259 m) auf dem Übergang vom Malta- ins Arltal. Heimkehrer

*Kölnbreinsperre im Maltatal*

aus dem Zweiten Weltkrieg, die der Gefangenschaft entkommen und heil über die Berge in die Heimat flüchten konnten, hatten aus Dankbarkeit dieses Kreuz mit Inschrift gestiftet. Zur Arlhöhe (2326 m) im Westen ist es nicht weit. Über steile Schrofen kann auch der Brunnkogel (2427 m) unmittelbar an der Scharte erstiegen werden.

■ ***Abstieg:*** Für den Besuch der Gedenkstätte an die beim Bau des Kraftwerkes zwischen 1971 und 1978 verunglückten 24 Männer sollte Zeit bleiben.

■ ***Winter:*** Straßensperre, hohe Lawinengefahr, sehr schwierig!

## ✓ kurz gesagt

***Schwierigkeit*** Sommer Arlhöhe leicht, Brunnkogel mittelschwer, abschüssige Schrofen, Winter gesperrt
***Dauer*** Parkplatz – Arlscharte 1 1/2 bis 2 Std. Gipfel jeweils noch 15 Min.
***Talort*** Gmünd
***Ausgangspunkt*** Parkplatz nördl. Kölnbreinsperre
***Stützpunkt*** Jägersteighütte (1981 m) am Weg 512
***Hinweis*** Malta-Hochalm-Straße ☎ 0 47 32/28 51-0 oder 0 47 33/ 296 bzw. Tauerntouristik: ☎ 0 47 83/25 04. Ermäßigung für Kärntner und Gäste; Hütten und Straße von Mai bis Oktober geöffnet
***Karte*** ÖK 1:50.000, Blatt 155 (Hofgastein) und 156 (Muhr)

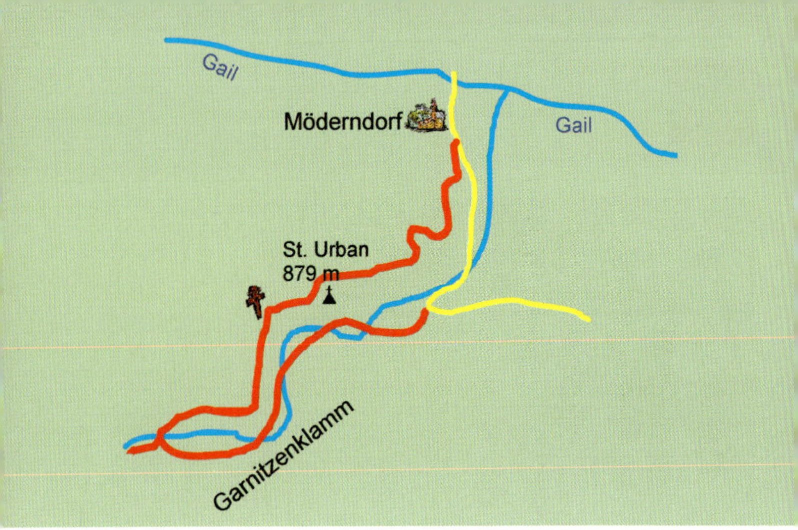


# 24 Garnitzenklamm bei Hermagor

■ ***Sommer:*** Die Garnitzenklamm südlich von Hermagor ist einen Besuch wert! Auf gesicherter Weganlage, stellenweise auf schmalem Steig, im steten Wechsel von Licht und Schatten, erlebt man hautnah die Gischten und das Brodeln des zu Tal stürzenden Wassers des Garnitzenbaches. Tümpfe und ins Gestein geschliffene Nischen und Wasserrinnen, dann wieder schäumende Wasserfälle unter luftigen Holzbrücken zeugen von der Urgewalt des Wassers.
Zahlreiche Schautafeln (Geo-Trail) veranschaulichen die Gesteinsschichtungen und geben Auskunft über die Entstehung und das Alter der die Klamm einschließenden Wände.
Bei einer empfehlenswerten Rundtour wird die Klamm auf ihren ersten beiden Teilstrecken genossen, der Rückweg erfolgt dann auf der linken Schluchtbegrenzung mit beeindruckenden Tiefblicken über die zum Teil senkrecht abfallenden Wände. Kinder mit Ausdauer und Trittsicherheit können mitgenommen werden. Vorsichtshalber sind sie aber an zahlreichen Stellen an der Hand zu führen oder, besser noch, mit einer Reepschnur zu sichern.
Auch der Höhenrücken im Bereich der St. Urban(i)-Kapelle sollte zur Vorsicht mahnen, weil nur wenige Schritte abseits des gekennzeichneten Weges tödliche Absturzgefahr droht! Trotz allem, eine schöne, luftige Rundtour!

■ ***Zufahrt:*** Von Hermagor über die Gailbrücke nach Mödern-

*Geo-Trail übers Kühweger Törl*

dorf und direkt an der ersten Kehre (Eggeralm-Straße) zum Parkplatz (610 m) am Schluchteingang.

■ ***Aufstieg:*** Die Garnitzenklamm ist in vier Abschnitte unterteilt, die bis hinauf zur Kühwegeralm (4 Std.) oder zum Naßfeld (5 bis 7 Std.) durchwandert werden können; zwei Teilstrecken genügen aber auch! Nach mehrmaligem Uferwechsel wird eine Unterstandhütte und direkt darunter eine den Bach überspannende Brücke erreicht.

■ ***Abstieg:*** Am jenseitigen (linken) Ufer ist der Steig hin zum Schluchtrücken fast eben angelegt. Bedingt durch das Gefälle des Garnitzenbaches steht man bald hoch über der zerklüfteten Schlucht. Über St. Urban(i) – stets die Markierungen beachtend – stößt der erst wenig, später steiler abfallende Weg südlich von Möderndorf wieder auf die Asphaltstraße und nach 700 Metern (Süden) ist der Ausgangspunkt geschafft.

■ ***Winter:*** Gesperrt!

**✔ kurz gesagt**

***Schwierigkeit*** Sommer leicht, aber Trittsicherheit erforderlich, Kinder sichern, Steilufer, Winter s. o.
***Dauer*** Rundtour 2 1/2 Std., mit Kindern 3 bis 3 1/2 Std.
***Talort*** Hermagor
***Ausgangspunkt*** Möderndorf, Klammkehre beim Gh. Zur Garnitzenklamm, ☎ 0 42 82/20 84
***Stützpunkte*** auf Rundtour keine
***Hinweis*** Öffnungszeiten und Eintrittspreise ☎ 0 42 82/20 43
***Karte*** ÖK 1:50.000, Blatt 199 (Hermagor)

# 25 Vom Riekentörl zum Großen Reißeck

■ ***Sommer:*** Bereits die Auffahrt mit den Schrägaufzügen und die anschließende Fahrt mit der Stollenbahn durch den mehr als zwei Kilometer langen Tunnel zum Sporthotel Reißeck (2244 m) ist ein eindrucksvolles Erlebnis. In weniger als einer Stunde wird dabei mühelos ein Höhenunterschied von 1517 Metern überwunden. Die hochalpine Lage bedeutet aber auch, daß nur mit entsprechender Ausrüstung an die Touren herangegangen werden darf. Dazu zählt selbst im Sommer ein ausreichender Kälteschutz (Anorak oder Windbluse, Handschuhe, Wollmütze). Die Route auf den höchsten Gipfel der gleichnamigen Gebirgsgruppe führt durch eine großartige Hochgebirgslandschaft und findet auf dem kleinen Gipfelplateau des Großen Reißecks (2965 m) ihren Höhepunkt. Die Tour ist leicht, erfordert nur ein kleines Maß an Trittsicherheit; setzt aber doch eine gute Kondition voraus, denn schließlich sind fast 3000 Meter Seehöhe keine Kleinigkeit.

■ ***Zufahrt:*** Mit Bahn oder Pkw bis zum Parkplatz an der Talstation.

■ ***Aufstieg:*** Die beiden Mühldorfer (Stau-)Seen sind durch einen Wanderweg verbunden. Den gilt es zu erreichen, wobei die Markierungen 510, manchmal auch 575 helfen. Etwas absteigend fehlen nur wenige Meter zum Wasserspiegel des Kleinen Mühldorfer Sees bis der Pfad zum Riekentörl (2525 m) ansteigt. Nach dem

*Großartige Ausblicke entlang des Weges*

Törl wird der nach rechts zu Blockhalden führende Steig 562 eingeschlagen. Die Markierungen sind hier zeitweilig sehr verwittert und bei Nebel gibt es womöglich Probleme. Sobald man auf den Weg 561 trifft, der die Obere Mooshütte beim Hochalmsee mit der Rubenthaleralm über die Kalte-Herberg-Scharte (2712 m) verbindet, wird es steiler. Über grobes Blockwerk aus Gneis und schrofige Geländeabsätze wird der Gipfel erstiegen. In das „Berg Heil" mischt sich sicher die Begeisterung über die Aussicht auf die umliegenden Tauernspitzen, aber auch auf die vielen Bergseen.

■ ***Abstieg:*** Bei schönem Wetter fällt die Trennung schwer, die Zwänge des Fahrplanes setzen aber Grenzen.

■ ***Winter:*** Hochalpin, schwierig; Kein Bahnbetrieb!

**✓ kurz gesagt**

***Schwierigkeit*** Sommer leicht, stellenweise Trittsicherheit – Ausdauer, Winter hochalpin
***Dauer*** Aufstieg 3 Std., Abstieg 2 bis 2 1/2 Std.
***Talort*** Kolbnitz/Mölltal
***Ausgangspunkt*** Sporthotel Reißeck ☎ 0 47 83/24 20-0 bzw. Reißeckhütte (ÖAV, 2287 m) 500 m östl. davon ☎ 0 66 4/412 85 71
***Stützpunkte*** keine
***Hinweis*** Reißeck-Bahnen: (nur mehr Sommerbetrieb, Mai bis Sep.) ☎ 0 47 83/ 24 10 und 0 47 83/21 11 Tourismusverkehrsamt: ☎ 0 47 83/20 50-75
***Karte*** ÖK 1:50.000, Blatt 182 (Spittal/Drau)

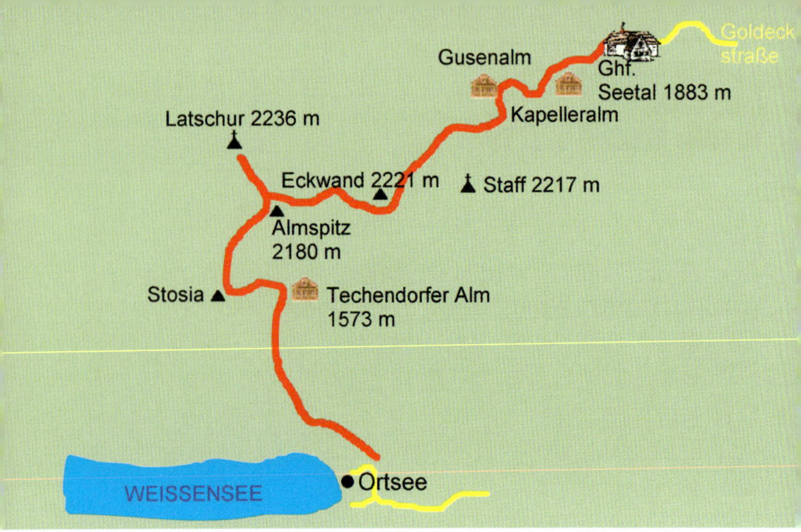


# 26 Goldeck – Latschur – Weißensee

■ ***Sommer:*** Der Latschur (2236 m) zwischen dem Oberdrautal und dem Weißensee, kann von drei Seiten bestiegen werden. Abwechslungsreich ist die Tour vom Goldeck (Parkplatz Seetal – 1883 m) mit Überschreitung der „Eckwand" und dem Abstieg zum Weißensee. Das hat den Vorteil, daß neben dem Bergsteigen auch der Badespaß nicht zu kurz kommt und auf die Gipfelschinderei die Abkühlung in den Fluten des Weißensees folgt. Eine mannschaftsdienliche Seele, die das

*Labestation Techendorfer Alm*

## ✔ kurz gesagt

***Schwierigkeit*** Sommer leicht bis mittel, etwas Trittsicherheit, Winter schwierig
***Dauer*** Goldeck – Latschur 3 1/2 Std. – Weißensee 2 Std.
***Talort*** Feistritz/Drau
***Ausgangspunkt*** Goldeckstraße, Parkplatz Seetal
***Stützpunkte*** Gusenalm, Sennhütten Sommerbetrieb
***Hinweis*** Mautstraße Goldeck: Ktn.-Pkw/ Gäste/fremd: € 10,–/ € 11,–/ € 12,–
☎ 0 47 61/296
***Karte*** ÖK 1:50.000, Blatt 199 (Hermagor)

Fahrzeug vom Goldeck ans Ostufer (Mösel) des Weißensees bringt, muß allerdings gefunden werden. Wenn die Bestechung mit einer Schiffsrundfahrt als Pausenfüller nicht greift, bleibt keine Wahl.
Von den Höhen betrachtet, zeigt sich der Weißensee von seiner dunkelgrünen Farbe, die an seichteren Stellen ins Smaragdfarbene bis Weißgrüne wechselt. Schuld an dieser auffälligen Einrahmung sind die Kalkablagerungen. In erdgeschichtlicher Urzeit wurden Meeresböden, bestehend aus Muschelresten und anderem kalkhaltigen Getier, zu diesen respektablen Höhen aufgefaltet, und durch Verwitterung gelangten Kalkteilchen in den See. Dort bleiben sie auch, denn der „weiße" See verfügt über keine nennenswerten Zu- oder Abflüsse.

■ ***Zufahrt:*** Über Feistritz/Drau und Zlan wird der westlichste Punkt der Goldeckstraße erreicht.

■ ***Aufstieg:*** Der Höhenverlust von rund 200 Metern über die Gusenalm ist unvermeidlich. Dann geht es unter den Abstürzen des Staff vorbei nach Südwesten und in einer trogartigen Mulde aufwärts. Die Richtung wird über den Wegweiser hinaus beibehalten (links zum Staff – 2217 m). Langsam löst sich der Steig aus der Mulde und weglos wird die Eckwand (2221 m) betreten. In den steilen Geröllhalden des Almspitzes ist der weitere Weg (Nordwesten) zu erkennen. Es schaut wilder aus als es tatsächlich ist! Etwas Trittsicherheit verlangt aber dieser Abschnitt wie auch der Abstieg vom Almspitz zur Stosia schon.

■ ***Abstieg:*** Zum Almspitz (2180 m) mit seinen ausgefallenen Kalkgebilden ist es ein Spaziergang. Auf der Techendorfer Alm (1573 m – blau-weiße Markierung) gibt es eine Labestation mit Bründl. Nach vielen Windungen mit herrlichen Ausblicken auf den See und einer Unterstandshütte (1300 m) wird ausgedörrt der Talboden erreicht. Die kühlen Fluten – und auch der Pkw? – warten bereits!

■ ***Winter:*** Hochalpin, schwierig.

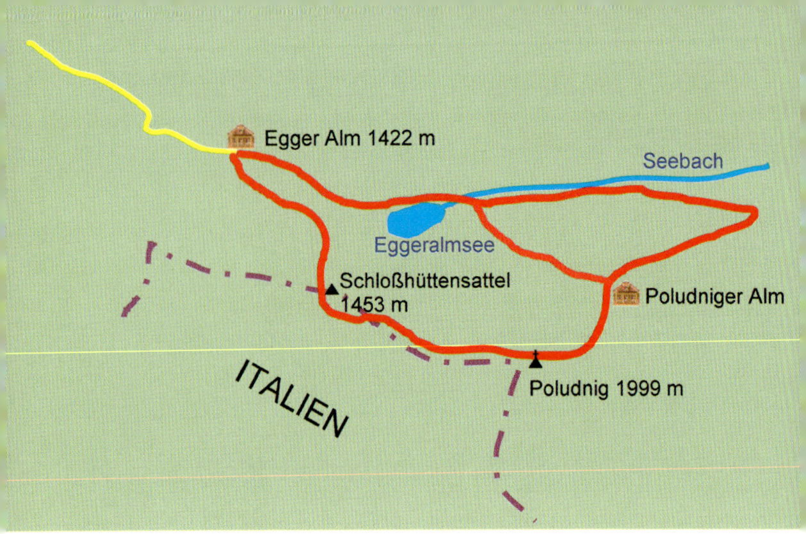


# 27 Poludnig, fast 2000 m hoch

■ ***Sommer:*** Auf den ersten Blick bietet die Egger Alm (1422 m) ein Bild der ländlichen Idylle. Doch etwas stört das gewohnte Bild: Die Landkarte weist den See als „per." aus, was darauf hinweist, daß der See nur zu gewissen Zeiten, eben periodisch, Wasser enthält, andernfalls wälzen sich Pferde genüßlich in seiner Lehmkruste.

Schuld an dieser Trockenheit sind die geringen Schneemengen im Spätwinter und die ausbleibenden massiven Niederschläge im Frühjahr.

Sieht man also von dieser „Kleinigkeit" ab, sind die Egger-, Dellacher- und Poludniger Almen ideale Wanderziele selbst für die Kleinsten, auch mit der Möglichkeit, Tiere (vorsichtig) anzufassen. Dazu Almwirtschaft und Käse und Butter aus eigener Produktion – insgesamt ein Wanderparadies.

■ ***Zufahrt:*** Am südlichen Ortsende von Hermagor Richtung Möderndorf (Garnitzenklamm) und dann 14 Kehren zur Egger Alm hinauf (Parkplatz 350 Meter davor).

■ ***Aufstieg:*** Laut Karte hat der Poludnig die Zweitausendmeter-Marke gerade um einen läppischen Meter verpaßt. Großzügiger ist man da schon auf einheimischer Seite: 2000 Meter prangen von den Hinweisschildern. Was soll's, mit dem Gipfelkreuz wären es ein paar Zentimeter mehr.

Zwischen den ersten Hütten zweigt auf der Egger Alm eine Straße zum Schloßhüttensattel nach Südosten ab, um dann auf Höhe der alten Mauthäuschen (Markierungen rot-weiß bzw. schwarz-weiß) den Westrücken

*Biologiestunde in der Praxis*

des Poludnig anzupeilen. In ungezählten Kehren, teils auf italienischem Boden, kommt der Gipfel mit seinem Kreuz näher, dabei ist der Steig selbst der beste Wegweiser.

■ ***Abstieg:*** Jener zur Poludniger Alm ist nicht ganz so leicht wie der Aufstieg. Steile Wiesen am Rande des Steiges stellen ein Gefahrenmoment dar. Von der Poludniger Alm, die mit Gasthaus und Sennerei zum Verweilen einlädt, gibt es eine direkte Verbindung zum See hinunter. Bei einem langgezogenen Stall beginnen die roten Punkte (sind in älteren Karten jedoch nicht verzeichnet).

■ ***Winter:*** Gemeinsam mit ungeräumter Straße lohnend.

**✓ kurz gesagt**

***Schwierigkeit*** Sommer Westrücken leicht, über Poludniger Alm Achtung abschüssige Stellen, Winter leicht bis mittel

***Dauer*** Aufstieg 1 1/2 bis 2 Std., Abstieg zur Poludniger Alm 30 Min., bis zur Egger Alm insg. 1 3/4 bis 2 1/4 Std.

***Talort*** Hermagor

***Ausgangspunkt*** (Mautstraße) Egger Alm, Gaststätten und Sennbetrieb

***Stützpunkte*** bei Rundtour – Poludniger Alm und Dellacher Alm, Sommer-Sennbetrieb

***Hinweis*** Reisedokumente mitführen

***Karte*** ÖK 1:50.000, Blatt 199 (Hermagor)

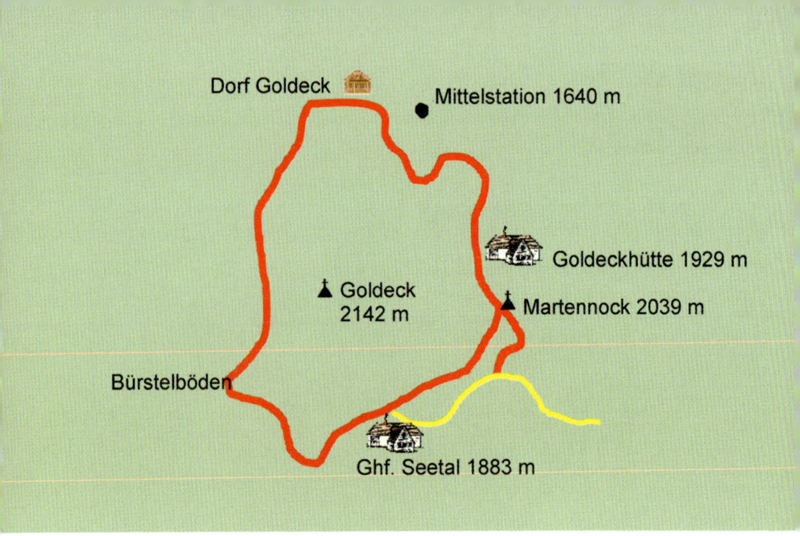


# 28 Martennock

■ ***Sommer:*** Wohin mit dem Gipfelkreuz? Keine Sorge, die Frage ist längst entschieden: Seit 1969 ziert den Martennock (2039 m), 1200 Meter östlich des Goldecks, das über 18 Meter hohe Kreuz, das ursprünglich dem Goldeck zugedacht war. Und die Umstände, die dazu führten, tragen heitere Züge bis in unsere Tage.

Die Zeit hatte dem alten Holzkreuz auf dem Goldeck (2142 m) schon so arg zugesetzt, daß es bereits mehr verschandelte als zierte. Beherzte Männer unter der Führung von Franz Terkl beschlossen 1968, dem weithin sichtbaren Gipfel ein neues, würdevolleres Kreuz zu verpassen. Es sollte sich durch Größe und Schönheit auszeichnen.

Der Kunstschmiedemeister Peter Winkler war von der Idee, auf dem Hausberg der Spittaler ein geschmiedetes Kreuz zu errichten, sofort begeistert. Mit dem ORF und dessen handfesten Einwänden im Hinblick auf die zu erwartende Verschlechterung der Sendequalität durch Ablenkungen tauchten aber unerwartete Schwierigkeiten auf.

Die Arbeiten gingen dennoch weiter. Terkl, Dr. Walzl und Bähringer holten den Stahl in Krieglach, mit der Goldeckbahn und auf Tragtieren wurden Baustoffe herangeschleppt, die Fundamente für das mehr als vier Tonnen schwere Kreuz wurden aus dem Boden gesprengt. Das Bundesheer (mit Oberst Walter Steinwender) half kräftig mit und im Herbst 1969 fand die feierliche Einweihung eines der größten Gipfelkreuze Österreichs statt.

■ ***Zufahrt:*** Aus dem Unterdrautal bei Feistritz/Drau wird über Zlan und die Goldeckstraße zum Parkplatz Seetal (1883 m) gefahren. Leichter aufs Goldeck kommt man nur noch mit der Seilbahn.

■ ***Aufstieg:*** Es steht nur ein kurzer Fußmarsch bevor, vielleicht trägt das aber dazu bei, die Lust an Bergtouren bei Unschlüssigen zu wecken? Der gekennzeichnete Steig führt vom Parkplatz Seetal nach Nordosten leicht ansteigend über die Böden zum Martennock. Bei Nebel aufpassen. Über die Bürstelböden, das Dorf an der Mittelstation (1640 m) und den Nordanstieg (Goldeckhütte, 1929 m) könnte das erweiterte Auslangen gefunden werden.

**✓ kurz gesagt**

***Schwierigkeit*** leicht
***Dauer*** „Seetal" – Gipfel und zurück 2 Std., Rundtour „Mittelstation, Nordseite" 3 bis 3 1/2 Std.
***Talorte*** Spittal bzw. Feistritz/Drau
***Ausgangspunkt*** Parkplatz Seetal (Goldeckstraße)
***Stützpunkte*** Gh. Seetal, Goldeckhütte 0 66 4/ 42 0 35 74 bzw. 0 34 65/ 27 11, beides Saisonbetriebe
***Hinweis*** Mautstraße Goldeck (siehe Tour 26)
☎ 0 47 61/296, Seilbahn
☎ 0 47 62/286 40
***Karte*** ÖK 1:50.000, Blatt 182 (Spittal/Drau)

■ ***Abstieg:*** Auf dem Weg zum Seetal werden die Schichtungen des Staff, gegenüber, auffallen.

■ ***Winter:*** Kurz, lohnend, kaum Lawinengefahr.

*Schattenwanderer*

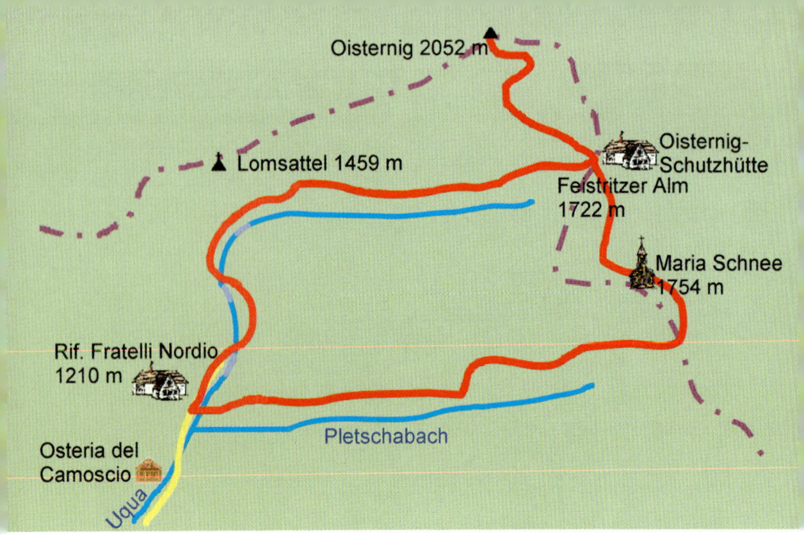


# 29 Von der Uqua zum Oisternig

■ ***Sommer:*** Die Feistritzer Alm (1722 m), hochgelegener Ausgangspunkt zur Gipfelbesteigung, kann von Feistritz an der Gail (Fahrweg 481 beginnt am Fuße des Kirchenhügels) aus auch mit dem Pkw auf relativ guter Straße erreicht werden. Dies nur für den Fall, daß dem Rundweg ab dem Rifugio Fratelli Nordio (Schutzhaus der Brüder Nordio) zum Gipfel mit Rückkehr über Maria Schnee und den Pleccia-Graben nichts abgewonnen werden sollte.

■ ***Zufahrt:*** Von Ugovizza im Kanaltal führt eine schmale und kurvenreiche Straße entlang des Wildbaches Uqua in das gleichnamige Hochtal, kommt an der Osteria del Camoscio (Gemse) vorbei und endet beim Fratelli-Schutzhaus.

■ ***Aufstieg:*** Bis unter den Lomsattel hält sich der Weg 597 erst rechts, dann links an den Wildbach, bis in waldigen Kehren der Steig 403 links zum Lomsattel abzweigt. Fortan verläuft auch der Weitwanderweg 03 bis zur Feistritzer Alm auf dieser Trasse. Bei den höchstgelegenen Häusern beginnt der Gipfelanstieg, der nordwestwärts in die steilen Wiesenhänge und in einigen Kehren, zuletzt westwärts zu einem martialischen Bauwerk unterm Gipfel (2052 m) führt. Aufmerksamen werden auch die Bunker und einstigen Karrenwege aus geschichteten Steinen, die im Ersten Weltkrieg dem Nachschub kriegswichtiger Güter dienten, nicht verborgen bleiben.

■ ***Abstieg:*** Über Maria Schnee, der Kapelle auf der Anhöhe

*Kufenstechen am Pfingstmontag in Feistritz im Gailtal*

südlich der Oisternig-Schutzhütte wird zum Grenzstein 315-P (Wendepunkt nach Westen) abgestiegen. Geländestufen und ebene Waldpassagen führen im Pletschagraben zum Ausgangspunkt an die Uqua hinunter.

■ ***Winter:*** Lawinengefahr, mittelschwer bis schwer.

**✓ kurz gesagt**

***Schwierigkeit*** Sommer leicht, im Winter mittel bis schwer
***Dauer*** Nordio-Hütte (1210 m) bis Feistritzer Alm 1 1/2 bis 2 Std., Gipfelweg 3/4 Std., Abstieg Pleccia(Pletscha)-Graben 1 1/2 Std.
***Talort*** Ugovizza/Kanaltal
***Ausgangspunkt*** Rifugio Fratelli Nordio, bewirtschaftet
***Stützpunkte*** Oisternig-Schutzhütte, Sommerbetrieb, Auskünfte Gemeindeamt Feistritz/Gail, ☎ 0 42 56/24 64-0
***Hinweis*** Grenzdokument mitführen
***Karte*** ÖK 1:50.000, Blatt 199 (Hermagor)

*Seite 76/77: Wolayersee in den Karnischen Alpen (siehe Tour 3)*

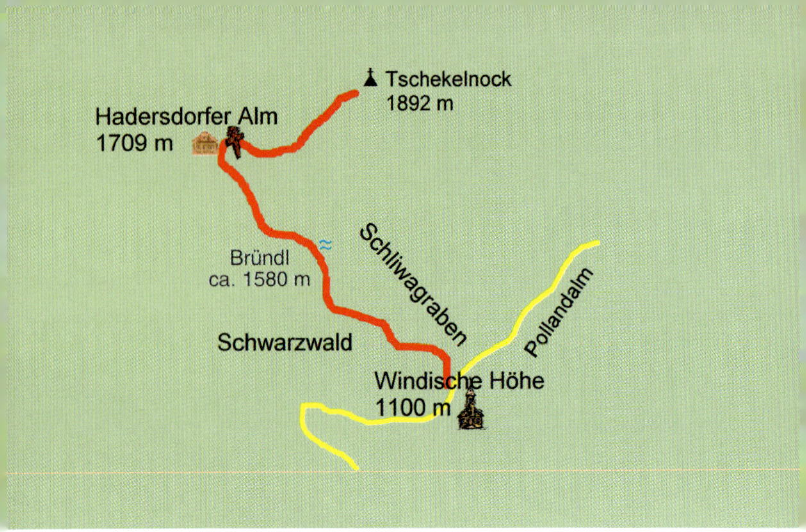


# 30 Windische Höhe – Tschekelnock

■ ***Sommer:*** Frühling in der Kreuzen und auf der Windischen Höhe!

Im Vergleich zu den Tauerntälern wirkt hier alles bescheidener und überschaubarer, und auch die Übergänge vom Drautal ins Gailtal stellen zumindest im Sommer kein Problem dar. Im Winter dagegen ist das Klima auch hier richtig alpin; zu großen Schneemengen gesellen sich dann arktische Temperaturen, die Mensch und Natur formen.

Die Bezeichnung Windische Höhe gibt Auskunft über die Siedlungstätigkeit der slowenischsprachigen Bevölkerungsteile in dieser Gegend, aus der sich ein bodenständiges Volkstum, das der Winden oder Wenden entwickelte, und seine Eigenart gegenüber dem Slowenisch heutiger Prägung bewahrte. Diese die Jahrhunderte überdauernden Berührungspunkte und die Verbundenheit der Windischen mit der deutschstämmigen Bevölkerung Kärntens waren auch der Garant für die Einheit des Landes in schweren Zeiten.

Wer hier mit offenen Augen durch die Landschaft schreitet, wird gleich an den Straßenrändern rot-violette Blütenstände heimischer Orchideen (Knabenkraut) entdecken. Im Gipfelbereich recken langstielige Echte Aurikeln (Petergstamm) ihre gelben Blütenköpfe aus den dicken, grünen, samtig anmutenden Blättern. Aber auch die Weiträumigkeit des mittleren Gailtales mit seiner karnischen

*Im Reigen der Gailtaler Alpen*

Bergkette im Süden zeigt Wirkung.

■ ***Zufahrt:*** Die Windische Höhe (1100 m) verbindet Feistritz/Drau und das Drautal mit dem Gailtaler Raum um Hermagor.

■ ***Aufstieg:*** Etwa 100 Meter nördlich der Kirche auf der Windischen Höhe beginnt der Anstieg zum Tschekelnock (1892 m). Der Weg kreuzt bzw. berührt mehrmals Forststraßen. Dabei ist auf die oft mehrere Dutzend Meter versetzte Fortführung auf der anderen Straßenseite zu achten, was allzu leicht übersehen wird (bitte die Markierungen beachten, insbesondere ca 100 m oberhalb eines Bründls). Bei der Hadersdorfer Alm (Hütte, Holzkreuz – 1709 m) biegt der Steig abrupt nach rechts ab, um später über den Südwest-Rücken an den steileren Gipfelaufbau heranzukommen.

■ ***Abstieg:*** Auf der Anstiegsroute zurück.

■ ***Winter:*** Nicht empfehlenswert.

**✓ kurz gesagt**

***Schwierigkeit*** Sommer leicht, mittelsteil, Winter s. o.
***Dauer*** Aufstieg 2 1/2 Std. Abstieg 1 1/2 bis 2 Std.
***Talort*** Feistritz/Drau bzw. St. Stefan/Gail.
***Ausgangspunkt*** Windische Höhe, 100 m nördl. Kirche, Gaststätten vorhanden
***Stützpunkte*** keine
***Karte*** ÖK 1:50.000, Blatt 199 (Hermagor)

# 31 Stubeck

■ **Sommer:** Die Tour zum Stubeck ist ein idealer Halbtagesausflug.

■ **Winter:** Das Stubeck wird auf Grund seiner zentralen Lage in einige Touren in diesem Gebiet miteingebunden. Einmal gibt es die Überschreitung zum Hirneck (2218 m), die im Winter mit einer Superabfahrt nach Rennweg aufwartet. Dann den Übergang zur Zickeralm mit der nicht leichten Sternspitze (2497 m) oder die Torscharte mit dem Böseneck. Dazu noch weiter im Westen das Reitereck und das Faschaunereck.

*Auch für Snowboardtouren geeignet*

■ ***Zufahrt:*** Gleich hinter dem Nordtor des idyllischen Ortskerns von Gmün wird die Straße nach Unter- und Oberkreuschlach eingeschlagen. Grundsätzlich folgt man dabei den Wegweisern zur Sonnenalpe Stubeck und schließlich auch noch jenen zur Frido-Kordon-Hütte. Die Straße wird im oberen Abschnitt zur Winterszeit als Rodelbahn genutzt: Schneeketten mitnehmen und auf die „Kufenflitzer" aufpassen! Parkraum gibt es bei der Hütte.

■ ***Aufstieg:*** Zuerst hinauf zum Schlepplift, an den Rand der Schipiste. Endlich wird baumfreies Gelände betreten und der im Norden aufragende Höhenrücken, der den Gipfel nur vortäuscht, wird gewonnen. Jetzt erst ist der Gipfel (2370 m) zu erkennen, sodaß der weitere Anstieg vorgegeben ist. Die nach rechts abfallenden Geländeteile, insbesondere in Gipfelnähe sind dabei auszusparen. Der Aufstieg vollzieht sich auf dem Höhenrücken, mehr oder weniger entlang eines Weidezaunes.

■ ***Abfahrt:*** In genießerischer Manier werden die Schwünge über die Moosstritzen zur Kordon-Hütte (1647 m) gezogen. Hier begegnet man auch Pistenraupen vollbepackt mit Rodelfahrern, die sich den Abfahrtsspaß ohne besondere Anstrengung ergattern. (Mondscheinpartien als letzter Schrei.)

**✓ kurz gesagt**

***Schwierigkeit*** leicht, kaum Lawinengefahr
***Dauer*** Aufstieg 2 bis 2 1/2 Std., Abstieg 1 1/2 Std.
***Talort*** Gmünd
***Ausgangspunkt*** Kordon-Hütte, beinahe ganzjährig bewirtschaftet, ☎ 0 47 33/528 bzw. 0 47 32/23 25
***Stützpunkte*** keine
***Karte*** ÖK 1:50.000, Blatt 182 (Spittal an der Drau)

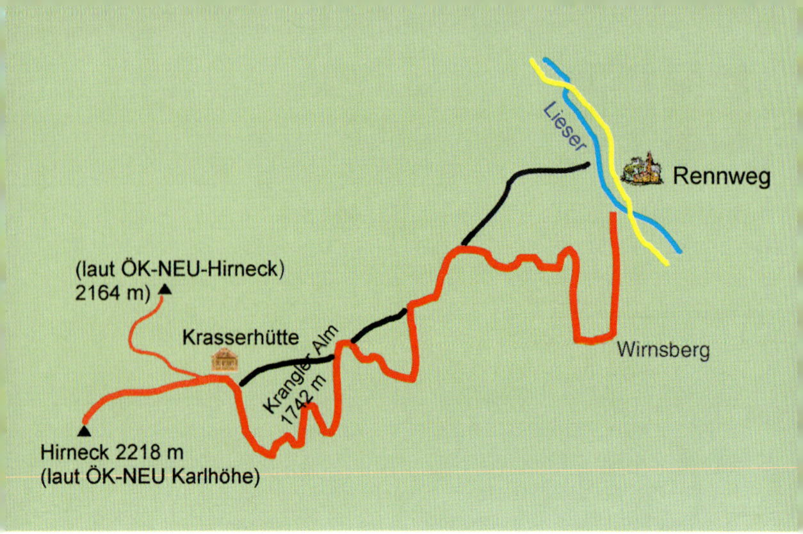


# 32 Schivergnügen am Hirneck

■ ***Sommer:*** Von Rennweg auf der Straße nach Wirnsberg.

■ ***Winter:*** Dort, wo die Lieser das Pöllatal verläßt und dem Süden zustrebt, liegt Rennweg am historischen Alpenübergang zum salzburgischen Lungau. Bis über die Römerzeit hinaus reicht die Bedeutung dieses Alpenpasses zurück. Vielen Menschen wurden Straße und Gegend zum Schicksal. Selbst vor Napoleons plündernden Soldaten blieb das Gebiet um Rennweg nicht verschont.

In seinen „Kärntner Sagen" erzählt Matthias Maierbrugger vom alten Postmeister Heiß der die vom kaiserlichen Hof in Wien zur Linderung der Nöte überwiesenen Gelder selbst einsteckte und so der notleidenden Bevölkerung vorenthielt. Nach wenigen Jahren segnete der alte Heiß das Zeitliche, konnte aber nirgends seine Ruhe finden. Als Schimmelgeist irrte er in der Gegend umher und brachte Unruhe in die Ställe, da er anderen Rössern sogar das Futter wegfraß. Erst als er von einem erfahrenen Pfarrer in die Kirche von St. Georgen verbannt wurde, fand er seine letzte Ruhe. In jener Kirche, die beim Anstieg zum Hirneck über die Böden des Wirnsberges am gegenüberliegenden Berghang auszumachen ist.

■ ***Zufahrt:*** Rennweg heißt die heutige Devise.

■ ***Aufstieg:*** Gleich in der Nähe des Fleiß-Hauses kann die noch jugendliche Lieser auf schmalen, etwas baufälligen Stegen überschritten werden. Bei schlechter Schneelage fährt man aber besser bis zu den Gehöften am Wirnsberg. Dann leiten sanftgeneigte Wiesen und

Forstwege in lichten Wäldern hinauf zur Krangler Alm (Markierungen). Im freier werdenden Gelände kommt man an der Krasserhütte vorbei. Hier sollte man nicht gänzlich unbekümmert seine Spuren ziehen und doch lieber die wenigen erhabenen Geländepunkte aufsuchen. Das Hirneck (2218 m) überrascht durch seine herrliche Aussicht. Die Blicke schweifen über ein Meer von Gipfeln, tiefeingeschnittene Täler und weite Almen. Jenseits des Wolfsbachgrabens ist die 2497 Meter hohe Sternspitze mit ihrer klassischen Südabfahrt zum Greifen nahe. Weiter im Westen prangt das auch nicht zu verachtende Reitereck (2790 m).

■ ***Abfahrt:*** Entlang der Aufstiegsspur. Bei sicheren Verhältnissen kann aber auch zur Zicker Alm und in den Wolfsbachgraben abgefahren werden.

*Zwei Spuren im Schnee*

**✓ kurz gesagt**

***Schwierigkeit*** Sommer und Winter leicht, Lawinengefahr eher gering, Abfahrt Wolfsbachgraben lawinengefährdet und schwer
***Dauer*** Rennweg bis Gipfel 3 1/2 Std., zurück (Sommer) 2 Std.
***Talort*** Rennweg
***Ausgangspunkt*** Lieserstege in Rennweg bzw. Bauernhäuser am Wirnsberg
***Stützpunkte*** keine
***Karte*** ÖK 1:50.000, Blatt 156 (Muhr) und 157 (Tamsweg), Gipfel in neuer ÖK vertauscht

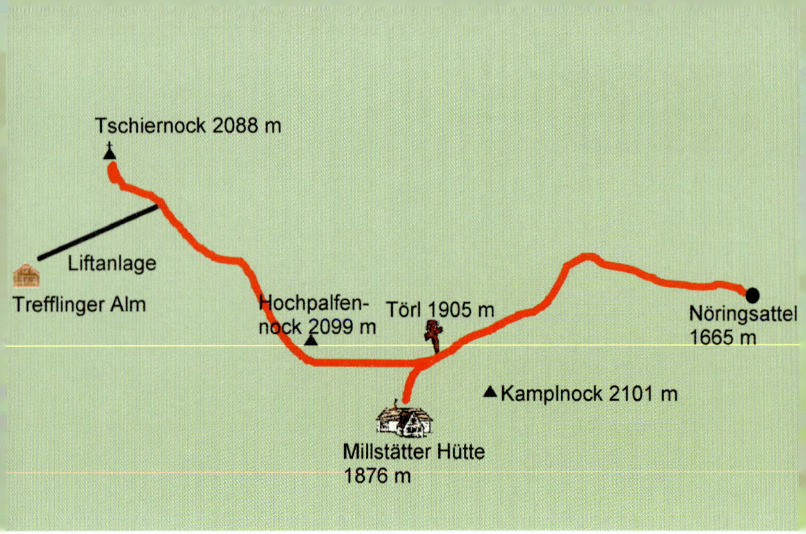


# 33 Tschiernock und Ochsengeist

■ ***Sommer:*** Eine im wahrsten Sinnes des Wortes „aussichtsreiche“ Wanderung am Eingang ins Liesertal ist die Tour vom Nöringsattel (1665 m) auf den Tschiernock (2088 m). Zwischen dem Hochpalfennock (2099 m) und dem Ziel berührt der Blick den zu Füßen liegenden Millstätter See. In einer Rundschau werden die Gailtaler Alpen, die Kreuzeck- und Reißeckgruppe wie auch die Kuppen der Nocke förmlich aufgesogen.

Vielleicht beflügelten die heulenden Stürme in längst vergangenen Tagen die Phantasien. Eine Sage, die sich um die Gegend am Fuße des Tschiernocks rankt, trägt sogar heitere Züge: Denn der für das Menschenauge unsichtbare „Ochsengeist“ bestrafte lärmende Fuhrwerke! Er stiftete unter Ochsengespannen Verwirrung, und nicht selten versanken dann Gespann und Wagen im Millstätter See. Die Bauern waren sehr auf der Hut, schmierten die Achsen und scheuten Nachttransporte.

Eines Nachts aber fuhr ein Ochsenpaar von Treffling talwärts, als die Achsen in einer Kurve erbärmlich quietschten. Der Fuhrmann wurde abgeworfen, und das Gespann, vom Ochsengeist getrieben, versank nach wilder Fahrt im See. Heute hätte der Ochsengeist wohl einiges zu tun.

■ ***Zufahrt:*** Nördlich von Radenthein stellt eine Schotterstraße letztendlich die Verbindung zum Nöringsattel her.

Alexanderhütte auf der Millstätter Alpe

■ ***Aufstieg:*** Der rot-weiß-rot markierte Weg 41 geht die ersten Höhenmeter recht flott an, dann aber folgt gemütliches Gelände in lichten Wäldern. Erst beim Kreuz auf dem Törl (1905 m) folgt der nächste Aufschwung (rot-weiß, Nr. 191) zum Hochpalfennock. Vom Palfen an verläuft der Weg auf dem Rücken links der wenigen Felsburgen. Um Enttäuschungen vorzubeugen: Der Tschiernock ist von der Hansbaueralm (Treffling) aus mit einem Sessellift spielend zu bewältigen.

■ ***Abstieg:*** Direkt unter dem Palfennock liegt die Millstätter Hütte, AV-Sektion Millstatt.

■ ***Winter:*** Leicht bis mittel.

**✓ kurz gesagt**

***Schwierigkeit*** Sommer leicht
***Dauer*** bis Törl (bzw. Hütte) 1 Std., Hochpalfennock + 30 Min. und Tschiernock + 1 Std., Abstieg v. Hütte 45 Min., v. Tschiernock insges. 2 Std.
***Talort*** Radenthein
***Ausgangspunkt*** Nöringsattel
***Stützpunkt*** Millstätter Hütte (1876 m, bis mind. 10. Okt. bewirtschaftet, Faschauner ☎ 0 47 66/22 34
***Hinweis*** kurzer Abstecher zum Kreuz nahe Kamplnock (2053 m – 20 Min. v. Törl)
***Karten*** ÖK 1:50.000, Blatt 182 (Spittal/Drau) und 183 (Radenthein)

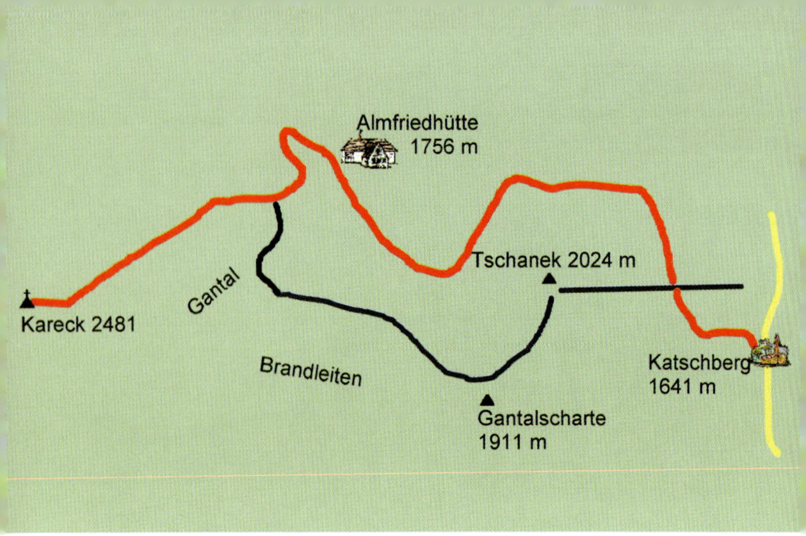


# 34 Eine Katschberg-Tour mit Fellen

■ ***Sommer:*** Vom Gh. Almfried (1756 m) nach Markierungen weiter zur Kehre, am alten Stollen vorbei und den anfangs breiten Rücken zum Gipfel.

■ ***Winter:*** Eine abwechslungsreiche Schitour führt in die herrliche Katschberg-Region, die nicht nur dem Pisten-Fan wunderbare Erlebnisse zu bieten hat.

■ ***Zufahrt:*** Von Spittal/Drau kommend ist vor Rennweg das Kareck (2481 m) bereits erkennbar: eine beachtenswerte Felsnase mit nach Süden und Südwesten gerichteten Steilabbrüchen. Liegt auf den Wiesen des Saraberges noch Schnee, wäre diese Abfahrtsvariante auch möglich. Im Sommer kann von der Paßhöhe noch weiter Richtung Gh. Almfried gefahren werden.

■ ***Aufstieg:*** Die Talstation des Tschaneckliftes wird nach einer kurzen Pistenrutscherei erreicht. Vom Tschaneck (2024 m) erfolgt die Abfahrt in südwestliche Richtung in leichtem Gelände zur Gontalscharte (auch Gantalscharte) und, ohne viel an Höhe zu verlieren, in einem weiten Bogen im schütteren Wald zu den Almhütten am Fuße des Kareck-Ostrückens.

Jetzt erst werden Steigfelle montiert und nach einem kurzen Aufschwung wird oberhalb der Almfriedhütte der Ostrücken des Karecks erreicht. Auf dem nach und nach steiler und schmäler werdenden Gratrücken geht es bergan. Nach etwa zwei Stunden ist das Gipfelkreuz erreicht. An den umliegenden Bergen des Mur- und

Zederhaustales wie auch an den Radstädter Tauern und den Gipfeln des Pöllatales sowie der Hafnergruppe kann sich das Auge an einer Traumlandschaft erfreuen.

■ ***Abfahrt:*** Die Schiabfahrt erfolgt entlang der Aufstiegsroute. Vom Befahren des sehr steilen, direkt vom Gipfel in das Gontal hinabziehenden Pitzkares, ist dringend abzuraten. Bei fortgeschrittener Tageserwärmung oder nach Schneefällen herrscht hier akute Lawinengefahr!

Die Gontalscharte wird nach einem kurzen Gegenanstieg erreicht. Auf der Scharte angelangt, hält man sich links an den Südausläufer des Tschanecks (Richtung Osten) angelehnt und meidet die Lawinenverbauungen und das darunter liegende Gelände. Nach Umgehung dieses Tschaneck-Ausläufers stößt man – ohne Höhenverluste – auf die Lifttrassen (Berghaus Gamskogelhütte oder nach Saraberg).

*Pulvertraum*

**✓ kurz gesagt**

***Schwierigkeit*** Sommer leicht, Winter mittelschwer
***Dauer*** Aufstieg 2 1/2 Std., Sommerabstieg 1 1/2 Std.
***Talort*** Rennweg
***Ausgangspunkt*** Paßhöhe bzw. Parkplatz vor Gh. Almfried
***Stützpunkte*** Gh. Almfried, Pritzhütte, Gamskogelhütte (1851 m)
***Hinweis*** Auskünfte Schilifte Katschberg, ☎ 0 47 34/447 51 bzw. 82 02
***Karten*** ÖK 1:50.000, Blatt 156 (Muhr) und 157 (Tamsweg)

# 35 Kennen Sie den Kobesnock?

■ ***Sommer:*** Dieser wenig bekannte Gipfel (seltener Kabesnock) liegt am Talschluß der Bleiberger-Furche und beherrscht die umliegenden Höhen. Abwechslungsreiche Anstiege führen zu seinem, über steilen Kalkschrofen prangenden Gipfelkreuz.

Ein mittelsteiler Steig führt aus Erlachgraben (ca. 900 m) über die Wertschacher Alm (1565 m) und über den Südwestrücken zum Gipfel (1820 m). Drei Stellen, eine davon quert einen karartigen Steilhang, erfordern besondere Vorsicht und Trittsicherheit. Kinder mit Geherfahrung gehören hier dennoch an die sichere Hand (ein Seilstück wäre vorteilhaft), bei Nässe stellen die stufenartigen Steinrippen eine zusätzliche Gefahrenquelle dar. Vorsicht!

Der Kobesnock kann auch in einer Rundtour erwandert werden. Dann erfolgt der Abstieg über die schwierigere Ostseite, die eine kurze Stahlseilsicherung und einige schmale, abschüssige Stellen aufweist und eine gehörige Portion Trittsicherheit verlangt. Der Zebernock (1555 m), ein großes Felsenfenster, der Ostrücken des Sattlergrabens und die Reste der Seilbahn- und Tagbauanlagen der BBU-Zeche Fuggertal sind weitere Stationen (diese Bingen der BBU nicht betreten). Über einen unmarkierten Waldweg und das Gehöft Maurer schließt sich der Kreis der Tour.

■ ***Zufahrt:*** Bei den letzten Häusern im Erlachgraben (Bleiberg-Kreuth) ist Endstation.

■ ***Aufstieg:*** Die Markierungen (rot-weiß-rot, Nr. 298/288, sowie weiß-grün-weiß) setzen

bereits früh ein und sind unübersehbar, nur im Bereich des Forstlehrpfades (Heuhütte) fehl(t)en welche. Nach einigen Güterweg-Serpentinen ist der Steig wieder bestens gekennzeichnet. Nach 1 1/2 Std. wird ein Bildbaum und nach insgesamt 1 3/4 Std. eine Quelle gleich unter der Wertschacher Alm erreicht.
Die im Osten erkennbare Gipfelwand soll nicht abschrecken, denn der Steig holt nach links aus, und nach 45 Minuten ist der Gipfel erreicht wo von Sprossenbänken aus der Rundblick genossen wird. Sagenhaft ist der Anblick der im Frühling zu Tausenden blühenden Echten Aurikeln (Petergstamm, geschützt), die in den Kalkabstürzen ihre ideale Nahrungsgrundlage finden.

**✓ kurz gesagt**

***Schwierigkeit*** Sommer leicht bis mittel, Trittsicherheit an heiklen Stellen, Rundtour schwierig, im Winter abzuraten
***Dauer*** Erlachgraben – Gipfel 2 1/2 bis 3 Std., Gipfel – Tal 2 bis 2 1/2 Std., Rundtour 5 bis 6 Std., **Variante:** Windische Höhe (leicht) Gipfel 2 1/2 Std.
***Talort*** Bleiberg-Kreuth
***Ausgangspunkt*** Erlachgraben
***Stützpunkte*** Hütte auf Wertschacher Alm mit Sommerbetrieb
***Karte*** ÖK 1:50.000, Blatt 200 (Arnoldstein), bei Variante auch Blatt 199 (Hermagor)

■ ***Abstieg:*** Entlang der Aufstiegsroute mit Vorsicht bei den heiklen Stellen.
■ ***Winter:*** Abzuraten!

*Alpen-Champagner*

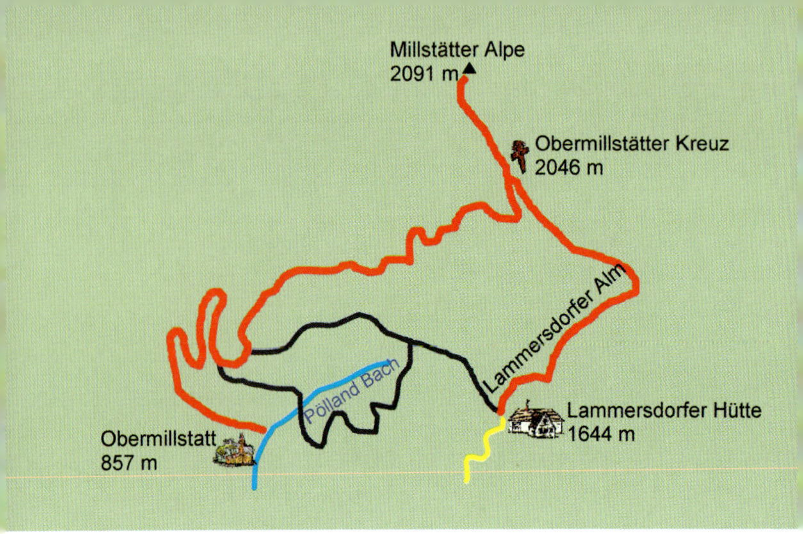


# 36 Millstätter Alpe

■ ***Sommer:*** Die Millstätter Alpe ist der Inbegriff für den Magnesitabbau in Europa. Durch Erhitzen des abgebauten Magnesits auf 800 Grad entsteht das Magnesiumoxyd, das zur Herstellung hochhitzebeständiger Auskleidungen in Industrieöfen verwendet wird.

Diese Vorgänge bleiben dem Bergwanderer freilich verborgen. Im Gipfelbereich allerdings dürften die zahlreichen murmelgroßen kugelförmigen, dunkelbraunen Steine Interesse wecken: taube (verunreinigte) Granate. Von der Lammersdorfer Hütte (1644 m) aus besteht die Möglichkeit zu einer Kurztour. Die Hütte ist über eine Mautstraße erreichbar.

Die längere Rundtour beginnt bei einem Parkplatz oberhalb von Obermillstatt, berührt in einem nach Westen ausholenden Bogen die Ebene Gries und lehnt sich an die Hauptaufstiegsrichtung Nordosten an.

Diese Tour dürfte für Wanderer mit pfadfinderischem Geschick und der Neigung zu schweißfordernden Leistungen maßgeschneidert sein.

■ ***Zufahrten:*** Von Dellach über Sappl und Lammersdorf zur Lammersdorfer Hütte (Kurztour), oder nach Obermillstatt und den Markierungen 55 folgend bis zu einem gekennzeichneten Parkplatz.

■ ***Aufstieg*** – **Kurztour:** Vom Gh. Lammersdorfer Hütte aus ist die gleichnamige Alm leicht über einen Wanderweg zu erreichen, der zum Obermillstätter Almkreuz (2046 m) und zum Gipfel (2091 m) fortgesetzt werden kann (Weg 57).

**Rundtour:** Die erste Zeit auf asphaltierter Straße und nach

*Millstätter Alpe nördlich des gleichnamigen Sees*

den letzten Gehöften und einem Gatter auf einer Forststraße dahin, wobei die Markierung 55 beizubehalten ist. Nach etwa einer Stunde ist an einer Kreuzung der links aufwärts führende Weg einzuschlagen. Auf der Ebene Gries (1528 m) wird eine neuere Forststraße berührt, die während des weiteren Aufstieges einige Male gequert wird. Vom Almkreuz ist der Gipfel der Millstätter Alpe fast eben zu erwandern.

■ ***Abstieg:*** Bis zur Lammersdorfer Alm wird die südöstliche und nach einem Wegweiser die südwestliche Richtung zur Lammersdorfer Hütte eingeschlagen. Direkt unter der Hütte wird ein Zaun übersetzt; die Wege mit den Kennzeichnungen 56, 55 (länger) und 56 (kürzer) führen ins Tal.

■ ***Winter:*** Mittelschwer für Erfahrene. Lawinengefahr!

**✓ kurz gesagt**

***Schwierigkeit*** Kurztour Sommer leicht, auch für Kinder; Rundtour Ausdauer, Winter mittelschwer, Lawinengefahr
***Dauer*** Kurztour: Almkreuz und Gipfel 1 1/2 Std., retour 1 Std.; Rundtour: 5 1/2 Std.
***Talort*** Dellach bzw. Millstatt am Millstätter See
***Ausgangspunkte*** Lammersdorf; Obermillstatt
***Stützpunkt*** Lammersdorfer Hütte auf Mautstraße von Lammersdorf aus erreichbar, Maut: € 5,–/Pkw
***Karte*** ÖK 1:50.000, Blatt 183 (Radenthein)

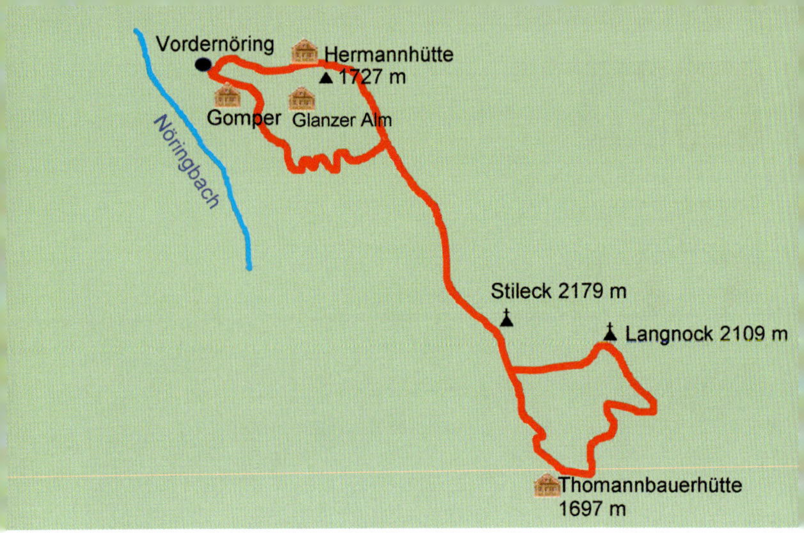


# 37 Vom Nöringgraben aufs Stileck

■ ***Sommer:*** Variante: Mit dem Pkw vom Sattel zur Thomannbauerhütte (1697 m), dann nach Nordwesten markiert zum Stileck (2179 m) hinauf und über Langnock (2109 m) und Lamprechtalm(-Hütte) zum Ausgangspunkt.

■ ***Winter:*** Eigentlich sollte diesem Berggipfel ein zweites „l" zuerkannt werden. Er hätte es verdient, denn die Ruhe ist hier sprichwörtlich. Dazu die „Nöring", ein einsames Tal, ein Graben, aber auch eine Verbindung zwischen dem Liesertal und Radenthein.

Links und rechts der Straße hinauf zum Nöringsattel drängen sich steile Wiesen und bis an die Straße reichende Waldstreifen. Darüber thront das Stileck, wenig bekannt, wenig begangen. Auf dem nach Nordwesten fallenden, breiten Almrücken bleibt der Pulverschnee weit länger als anderswo erhalten und staubende Schwünge belohnen den Tourenfahrer. Der windausgesetzte Gipfelaufbau zwingt dagegen förmlich zu rassiger Fahrt auf hartgepresstem Schnee. Nur an wenigen Stellen wird er durch sogenannte „Windgangeln" unterbrochen. Auch der Schlußteil der Abfahrt über die Böden (Vorsicht bei Nebel) der Glanzer Alm ist ein Genuß!

■ ***Zufahrt:*** Direkt in Eisentratten fährt man über die Lieser in den Nöringgraben bis bei einem Wegweiser scharf nach links hinauf nach Vordernöring abzubiegen ist. Nun mit dem Pkw bis zu einer Weggabelung und hier

Winterfreuden

nach rechts auf der in den Hang gebauten Straße bis zum Gehöft des Peter Dullnig, vlg. Kögeler (1150 m), wo Sie freundlicherweise einen Parkplatz bekommen werden. Südöstlich davon liegt das Gehöft Gomper.

■ ***Aufstieg:*** Die ersten Höhenmeter werden über die Wiese hinter dem Hof und einen Waldweg zurückgelegt. Auf einer breiten Forststraße nach rechts (Osten) gelangt man zur Glanzer Alm. Dabei wird die Hermannhütte 100 Meter tiefer passiert.

Hinter den Hütten der Glanzer Alm wird die Spur im steileren Gelände (Vorsicht nach Schneefällen) hinauf zum breiten Höhenrücken gezogen und dieser bis zum Gipfel beibehalten. Die letzten 80 Höhenmeter sind nach Süden hin stark überwächtet (Vorsicht).

■ ***Abfahrt:*** Entlang der Aufstiegsspur.

**✓ kurz gesagt**

***Schwierigkeit*** Sommer leicht, im Winter oberhalb der Glanzer Alm und Gipfel Achtung bei großen Schneemengen

***Dauer*** Sommer: Thomannbauer – Stileck und Abstieg mit Langnock je 1 1/2 Std., Winter: Aufstieg 3 bis 3 1/2 Std., Abfahrt kürzer

***Talort*** Eisentratten

***Ausgangspunkt*** Vordernöring – Dullnig Peter vlg. Kögeler, ☎ 0 47 32/ 30 72, Sommer: Thomannbauerhütte

***Stützpunkte*** Sommer: Hütten geöffnet, Winter: keine

***Karte*** ÖK 1:50.000, Blatt 183 (Radenthein)

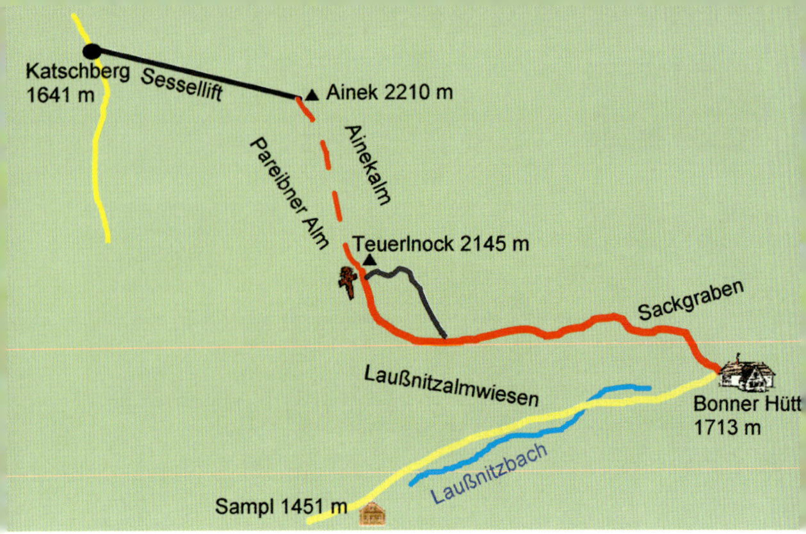


# 38 Laußnitzhöhe und Teuerlnock

■ ***Sommer:*** Die Bonner Hütte, der Sektion Bonn im Deutschen Alpenverein, liegt am Fuße der Schöngelitzhöhe in 1713 Meter Seehöhe. Durch die zentrale Lage stellt sie einen wichtigen Stützpunkt für Touren im Bereiche der Nocke zwischen Bundschuh und Katschberg dar.

Mit dem Erwerb der Schutzhütte durch den DAV im Jahre 1964 hatte die alte Bezeichnung Zechnerhütte ausgedient. Seinerzeit war die Hütte nur über einen schmalen Karrenweg erreichbar, der im Winter oft tief verweht und tagelang unpassierbar war. Die notwendigen Transporte von Rennweg herauf erfolgten mit Pferdeschlitten und bedeuteten für Mensch und Tier große Mühe. Wenn dann aber Schneestürme ihren Part diktierten, lebte der Hüttenzauber erst richtig auf. Von 1968 bis 1970 wurde die Hütte umgebaut und ist heute mit Pkw zu erreichen.

■ ***Zufahrt:*** Direkt in Rennweg wird die Autobahn in einer Wellblechröhre Richtung Frankenberg unterquert. Je nach Jahreszeit kommt man mit dem Pkw bis zur Schutzhütte oder nur mehr bis zum „Sampl“ in 1451 Meter Höhe; die fehlenden 4 Kilometer geht man zu Fuß (1 1/2 Std.).

■ ***Aufstieg:*** Von der Bonner Hütte entlang der Markierung (III) auf die Laußnitzhöhe (große Viehhütte) und in einem großen Bogen, stets unter Ausnützung des Bergrückens, nach Norden schwenkend auf den

Teuerlnock (2145 m). Weiter nach Norden zu ist es zum Aineck (2210 m, Sessellift vom Katschberg) nur eine kleine Fleißarbeit. Ist man vom Sampl herauf zu Fuß unterwegs, dann gibt es bei Erreichen des freieren Geländes unmittelbar bei einem Weiderost eine markierte Abkürzung zu den Laußnitzer Almwiesen hinauf und auf die Anhöhe.

■ ***Abstieg:*** Für den Rückweg gibt es keine besonderen Alternativen. Der Bergrücken beidseitig des Gipfels und mittelsteile Almwiesen, begrenzt durch Weidezäune, weisen die Richtung zurück zum Ausgangspunkt.

■ ***Winter:*** Eine erstklassige Schitour, der Sessellift hilft Kräfte sparen. Über den Teuerlnock, wird zur Bonner Hütte und nach Rennweg abgefahren. Beim Teuerl wird der steile Osthang (Lawinengefahr) linkshaltend umfahren oder über den Gipfel und den nachfolgenden Rücken (Linksbogen) ausgespart.

**✔ kurz gesagt**

***Schwierigkeit*** Sommer und Winter leicht, auch für Kinder, Kondition für Langtour, Gefahr nach Schneefällen

***Dauer*** Bonner Hütte-Gipfel 1 1/2 bis 2 Std., zurück 1 1/2 Std., Sampl-Bonner Hütte-Gipfel und zurück: 4 1/2 bis 5 1/2 Std.

***Talort*** Rennweg

***Ausgangspunkt*** Bonner Hütte, ☎ 0 47 32/22 86 bzw. 0 67 6/510 21 14, Saisonbetrieb, Bauernhof Sampl

***Stützpunkte*** ev. Aineck-Bergasthaus

***Variante*** von der Bonner Hütte in einem leichten Spaziergang zur Schöngelitzhöhe (1812 m)

***Karte*** ÖK 1:50.000, Blatt 157 (Tamsweg)

*Kein überlaufenes Wandergebiet*

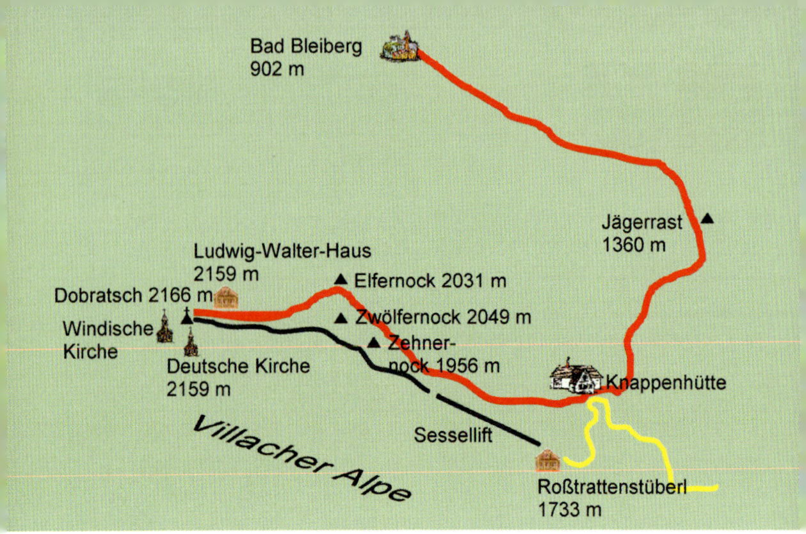


# 39 Villacher Alpe (Dobratsch)

■ ***Sommer:*** Einen Gulden durfte sich Hochwürden für die am St. Jakobi – und am St. Anna Tag gelesene Messe aus dem Pfarrstipendium genehmigen, so war es festgeschrieben worden. Denn um 1709 hatte Heinrich von Aineth, betuchter Hofmeister (Verwalter) des Klosters Arnoldstein, an seine Schenkungen die Bedingung geknüpft, daß „ein Hailig Mess aber am St. Jakobi oder St. Anna Tag auf ewige Weltzeiten in der filial Cappellen auf der Alm beym heiligen Stain für die ganze Aynöter Freundschaft zu lesen“ war. Noch heute werden in der „Kirche auf dem heiligen Stein“ am 25./26. Juli und die noch bekanntere Messe am 15. August gefeiert. Seit 1692 steht dieses Kirchlein 2159 Meter über dem Meere, knapp am Rande der Kuppe, die senkrecht in den „Bösen Graben“ fällt. Die Muttergottes errettete einst einen von Blitz und Donner betäubten Hirten vor dem sicheren Sturz in den Tod. Zum Zeichen der Dankbarkeit errichteten Bleiberger Hauptgewerken, das Bistum Bamberg und wohlbestallte Heiligengeister Bauern das Kirchlein auf der Villacher Alpe. 300 Meter weiter im Westen gibt es die „Windische Kirche“, die der Bürokratie des Bergamtes Villach zu verdanken ist. Für die Genesung ihres Kindes stiftete die Herrin von Wasserleonburg eine Kirche, mußte aber mit dem Bau zur höheren Kuppe (2166 m) ausweichen.

■ ***Zufahrt:*** Auf der Villacher Alpenstraße zur Knappenhütte

■ ***Aufstieg:*** Von der Knappenhütte (1660 m) und der Aichin-

*Am Aussichtsbalkon Kärntens*

ger Hütte über die Lifttrasse steil hinauf zum „Zehner“ (1956) und am „Elfer“ vorbei zum Ludwig-Walter-Haus und Gipfel.

■ ***Abstieg:*** Zum Fahrzeug.

■ ***Winter:*** Zwischen „Zehner“ und „Zwölfer“ ist ein südhängiger Steilhang zu überwinden (Vorsicht).

**✓ kurz gesagt**

***Schwierigkeiten*** Sommer leicht, Variante: ab Bad Bleiberg (Kirche, Weg Nr. 290) über Jägerrast zur Knappenhütte: 3 bis 4 Std. (Kondition), Winter leicht bis mittel

***Dauer*** 1 1/2 Std., zurück 1 Std.

***Talort*** Villach-Völkendorf

***Ausgangspunkt*** Knappenhütte, ev. Parkplatz – Rosstratte

***Stützpunkte*** Aichingerhütte, Roßtrattenstüberl Andrea Riedel, Ludwig-Walter-Haus im Sommer und an Wochenenden: Regina Pschernig, ☎ 0 42 42/21 95 12

***Hinweis*** Maut/Alpenstraße ☎ 0 42 42/553 09

***Karte*** ÖK 1:50.000, Blatt 200 (Arnoldstein)

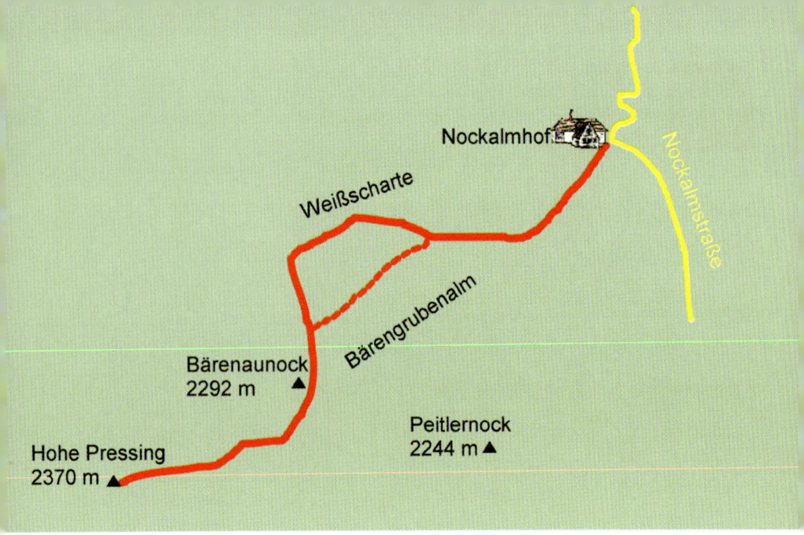


# 40 Hohe Pressing

■ ***Sommer:*** Vom Dezember bis April ist die Hohe Pressing im Kärntner Nockgebiet als Winterruhe-Zone für den Tourismus tabu, damit das heimische Wild ungestört über den Winter kommt (ausgenommen Jagdberechtigte).

Von erfahrenen Weidmännern wird betont, daß der Lärm eines Motorschlittens oder Traktors, wie sie zur Wildfütterung gerne eingesetzt werden, die Tiere weit weniger stört als die von Tourengehern verursachten „verhaltenen" Geräusche. Diese werden von den Tieren erst auf kürzeste Distanz wahrgenommen und bewirken, daß sie in Panik davonhetzen.

Die erlaubte Zeit für eine Tour auf die Hohe Pressing (2370 m) mit Überschreitung des Bärenaunockes (2292 m) sollte genutzt werden.

■ ***Zufahrt:*** Ausgangspunkt für eine (Herbst-)Wanderung ist die Wirtalm (Nockalmhof) an der Nockalmstraße, wenige Kilometer südlich der Innerkrems.

■ ***Aufstieg:*** Rund 100 Meter bergwärts zweigt bei einem Trafo eine Forststraße nach Südwesten ab, die schwach ansteigend geradewegs (Weg 120 = Bärenaunock, 121 = Peitlernock) zur Almhütte in der Bärengrubenalm am gleichnamigen Bach führt. Rot-weiß-rot bemalte Holzpfähle ergänzen die spärlichen Steinmarkierungen hinauf zur Weißscharte (2040 m) oder – kürzer – gleich direkt durch die große Weidemulde (Rückweg) an die Nordhänge des Bärenaunockes.

Dieser Zustieg, der die begrenzenden Höhen im Gefolge der Weißscharte ausspart, beginnt

*Almhütte in den Nockbergen*

auf einem Schwemmwulst in der Senke, wenige Minuten unterhalb der Scharte und verläuft Richtung Sumpfzonen (Südwesten) an den Fuß des Bärenaunockes. Aus aufgetürmten Schieferplatten ragt dessen kleines Gipfelkreuz hervor. Die Verbindung zur Hohen Pressing mit den beiden Gipfelkreuzen wird durch einen felsdurchsetzten Kamm hergestellt, der entweder überschritten oder (leichter) ein paar Meter südlich davon umgangen werden kann.

■ ***Abstieg:*** Die Abkürzung führt mitten durch die Sumpfzone und ist leicht auszumachen.

■ ***Winter:*** Ruhezone.

**✓ kurz gesagt**

***Schwierigkeit*** Sommer leicht, Winter Ruhezone
***Dauer*** Bärenaunock 2 1/2 Std., Hohe Pressing + 30 Min., Abstieg: Hohe Pressing – Nockalmhof 1 1/2 bis 2 Std.
***Talort*** Kremsbrücke
***Ausgangspunkt*** Nockalmhof (Nockalmstraße)
***Stützpunkte*** keine, notfalls Sennhütte Bärengrubenalm
***Hinweis*** Westl. Weißscharte kurze Stelle abschüssig
***Hinweis*** Maut/Nockalmstr. ☎ 0 47 36/265-0, Ermäßigung für Kärntner Pkw und Gäste
***Karte*** ÖK 1:50.000, Blatt 183 (Radenthein)

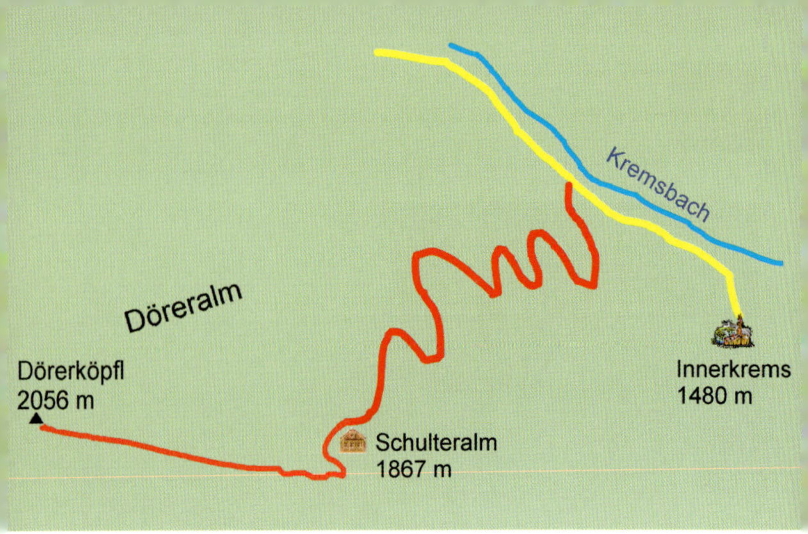


# 41 Das Dörerköpfl

■ ***Sommer:*** Aufstieg hält sich an die Winterroute, die 13 Kehren bleiben auch auf dem Rückweg erhalten.

■ ***Winter:*** Als stiller Beobachter aus einer windgeschützten Mulde des Dörerköpfels (2056 m), abseits der Innerkremser Pisten und Schilifte, genießt man die nahe, südliche Nachbarschaft von Peitlernock (2244 m), Bärenaunock und Hoher Pressing und dem Geschehen auf den firnbedeckten Hängen oder dem Suchen nach brauchbaren Durchstiegen in den felsigen Gipfelpassagen. Das hätte dem ziemlich unbedeutenden flachen Gipfel kaum jemand zugetraut. Auch nicht die üppige Schneelage, wovon die umstehenden größeren Gipfel meist nur träumen können. Darüberhinaus stellt dieses Köpfl eine Wegmarke auf dem Gang zur Weißscharte im bogenförmigen Verbindungsrücken zum Bärenaunock dar. Das Dörerköpfl mit seiner eigenen „Schulter“, östlich davor, erfreut sich stiller Beliebtheit, das beweisen im Winter die vielen Schispuren.

■ ***Zufahrt:*** Noch bevor der kleine Schlepplift am westlichen Ortsrand Innerkrems – aus Kremsbrücke kommend – erreicht wird, nimmt ein Parkstreifen (mit Brücke, 1440 m) etliche Fahrzeuge auf.

■ ***Aufstieg:*** Auf der schattseitigen Straßenseite wurde ein Bächlein in Einfassungsmauern gezwängt. Auf der linksseitigen Bachböschung entgeht man den Kehren zwischen den Wochenendhäuschen und einer Schlepplifttrasse. Am oberen Liftende angelangt, überspannt eine Brücke den gezähmten

*Winterspaß in der Innerkrems*

Wildbach und dann kosten 13 Kehren bis hinauf zur Schulteralm (1867 m) einiges an Schweiß. 500 Meter südlich der Schulteralm (-hütte) werden die nach Westen zur „Schulter" und in die breite Gipfelzone führenden Hänge durchkreuzt.

■ ***Abfahrt:*** Bis zum Weißschartenweg spürt man die Freiheit, dann folgen die Kehren, die keine Schußfahrt erlauben.

**✓ kurz gesagt**

***Schwierigkeiten*** Sommer und Winter leicht, kaum Lawinengefahr
***Dauer*** Aufstieg 2 1/4 Std., Abstieg 1 3/4 Std.
***Talort*** Kremsbrücke
***Ausgangspunkt*** Parkstreifen vor Ort Innerkrems an Brücke
***Stützpunkte*** keine
***Karte*** ÖK 1:50.000, Blatt 183 (Radenthein)

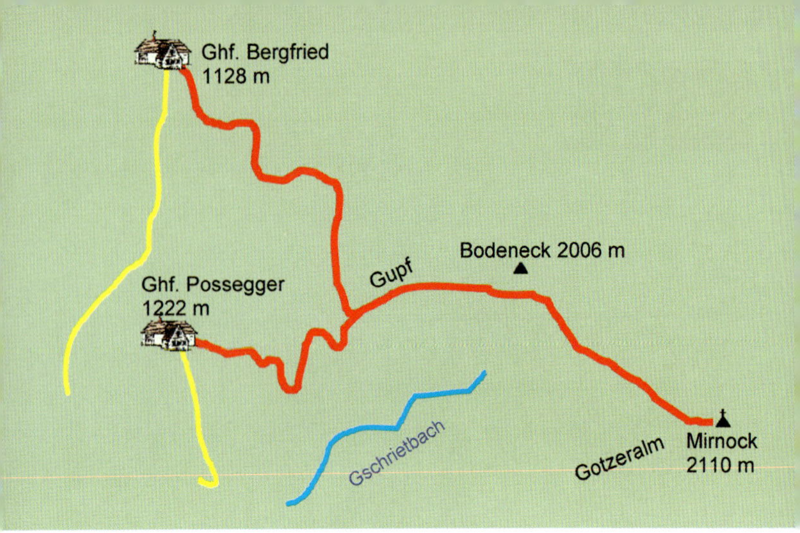


# 42 Gemütlich zum Glocknerblick mit Mirnock

■ ***Sommer:*** Unterwegs zum Ghf. Possegger in Gschriet verspricht eine Reklametafel einen Glocknerblick. Die anfängliche Skepsis weicht dem Staunen, denn weit über den Millstätter See hinaus bis zu den schneebedeckten Bergen der Hohen Tauern und dem Großglockner reicht der Fernblick. Zum Mirnock (2110 m) hin, weiter oben, wird die Aussicht noch weiträumiger und schöner.

Die Tour ist weder besonders beschwerlich noch übermäßig lang und wird auch bei Kindern Anklang finden. Besonders der obere Abschnitt verläuft auf sanftgeneigten Almböden, dabei sind einige Rinnsale zu überqueren. Und es bleibt genug Muße, die Alpenflora zu bewundern. Neben rosaroten Primeln und gelben Hahnenfußgewächsen blüht der stengellose Enzian (geschützt) und bildet mit seinen großen blauen Trichtern ganze Teppiche.

Ihre Mirnock-Besteigung können Sie aber auch vom Gasthof Bergfried (1128 m) aus beginnen. Beide Steige treffen unter dem Gupf (1850 m) zusammen und tragen fortan die Bezeichnung 187.

Daneben gibt es noch eine Reihe von weiteren Aufstiegsrouten. So auch aus Fresach und aus Verditz über den Schwarzsee.

■ ***Zufahrt:*** Zwischen Feistritz/Drau und Döbriach wird der Glanz überquert. Dort achtet man auf die Abzweigung nach Gschriet und auf die zum Ghf. Possegger oder Ghf. Bergfried deutenden Hinweisschilder.

Aufstieg durch Lärchenwälder

■ ***Aufstieg:*** Gleich hinter dem Ghf. Possegger (1222 m) wird der Kreislauf so richtig in Schwung gebracht. Es geht mittelsteil auf einem Weg durch dunklen Wald aufwärts und dann auf Forststraßen weiter, den rot-weiß-roten Markierungen (Wegnummer 188) folgend. Zwischendurch sind auf dem erst vor wenigen Jahren ausgeschobenen Güterweg etwa 100 Meter nach links zurückzulegen, dann zweigt ein Pfad nach rechts zum oberen parallel verlaufenden Weg ab.
Das Gelände wird zunehmend freier und nach 1 1/2 Std. trifft man auf den Weg 187 der vom Ghf. Bergfried heraufzieht. Ist der Gupf (1850 m) erreicht, haben die Steigungen ein Ende, fast eben geht es ans Ziel. Sanfte Wegkehren und ein flacher Rücken leiten in den Gipfelbereich.

■ ***Abstieg:*** Wie gekommen, so zurück! Beachten Sie bitte die vielen nassen Wurzeln im Waldbereich, um Stürze zu vermeiden.

■ ***Winter:*** Leicht bis mittelschwer.

**✓ kurz gesagt**

***Schwierigkeit*** Sommer und Winter leicht bis mittel, ideal auch für Kinder
***Dauer*** Possegger – Gipfel 2 bis 3 Std., Abstieg 1 bis 2 Std., ab Bergfried je 1/4 Std. zusätzlich
***Talorte*** Feistritz/Drau oder Döbriach
***Ausgangspunkt*** Gschriet, Ghf. Possegger ☎ 0 42 46/73 19; Gh. Bergfried ☎ 0 42 46/73 17
***Stützpunkte*** keine
***Karte*** ÖK 1:50.000, Blatt 183 (Radenthein)

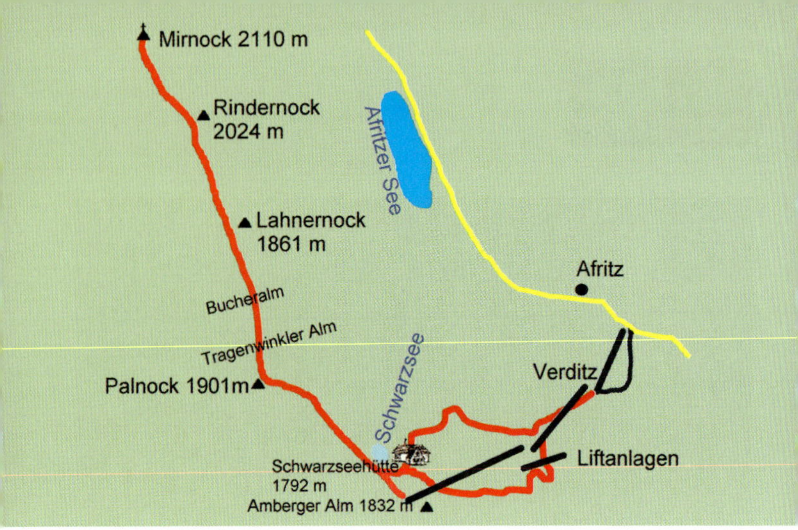


# 43 Mirnock mit Rodelspaß

■ ***Sommer:*** Sind Sie schon einmal auf einer Sommerrodelbahn abgefahren? Mit einem Steuerungsknüppel, der gegen die Knie gezogen wird, kann die Geschwindigkeit leicht selbst reguliert werden. Ein lustiger Abschluß einer Höhenwanderung zum Mirnock!

Mühelos wird auf den Sesselliften (3 Sektionen) die Amberger Alm (1832 m) erreicht, die den Ausgangspunkt zur Wanderung über den sanftgeformten Höhenrücken zum Palnock (1901 m), zum Rindernock (2024 m), schließlich zum Mirnock (2110 m) und wieder zurück zum Schwarzsee (1792 m) und zu den Verditzer Bergbahnen abgibt. Die Höhenwanderung nimmt etwa 3 Stunden in Anspruch, die Zwischenziele Palnock und Rindernock liegen im Stundenabstand dazwischen und lassen eine kürzere Tourenplanung mit Kindern offen.

■ ***Zufahrt:*** Der Parkplatz liegt direkt an der Millstätter Bundesstraße (Gegendtal).

■ ***Aufstieg:*** Der Höhenweg kommt am Schwarzsee vorbei, einem morastigen Tümpel. Die Orientierung im buckeligen Gelände ist einfach, denn der Weg (rot-weiß-rot markiert) verläßt nur im Bereich des Rindernockes für einige hundert Meter den langgezogenen Höhenrücken.

■ ***Abstieg:*** Mehrere Varianten stehen zur Auswahl, die Rodelbahn (keinesfalls bei Naßwetter) sollte aber zum Abschluß eingeplant werden. Der einfachste Weg zurück ins Tal ist der auf den Liftsesseln (III. + II. Sektion) mit 15 Minuten Fußmarsch zur Rodelbahn.

*Rutschpartie*

Die Wanderwege 27 und 28 führen vom Schwarzsee (1792 m) über die Schwarzseehütte (Nr. 27 leicht zur Liftsektion II) ebenfalls ans Ziel. Der 28er, etwas steiler und zeitaufwendiger, berührt die Steinhauserhütte, schneidet die Kehre einer Asphaltstraße ab und verläßt diese bereits nach 500 Metern zur Rodelbahn – auf Nebenwegen (Hinweise beachten) –, andernfalls landen Sie im Tal.

Gute Fahrt samt Kindern und Rucksack!

■ ***Winter:*** Schipisten im Nahbereich.

**✓ kurz gesagt**

***Schwierigkeiten*** Sommer und Winter leicht, Schipisten
***Dauer*** Aufstieg/Hinweg: 1, 2 oder 3 Std., Mirnock – Schwarzseehütte 2 1/2 Std., See – Lift II = 1 1/4 Std., See – Rodelbahn = 2 Std.
***Talort*** Afritz
***Ausgangspunkt*** Amberger Alm
***Stützpunkte*** Gh. Bergstation und Schwarzseehütte (Sommerbetrieb)
***Hinweis*** Bergbahnen (Lift und Rodelbahn: Preisermäßigung) ☎ 0 42 47/21 88 bzw. 26 10
***Karten*** ÖK 1:50.000, Blätter 183 (Radenthein) und 200 (Arnoldstein)

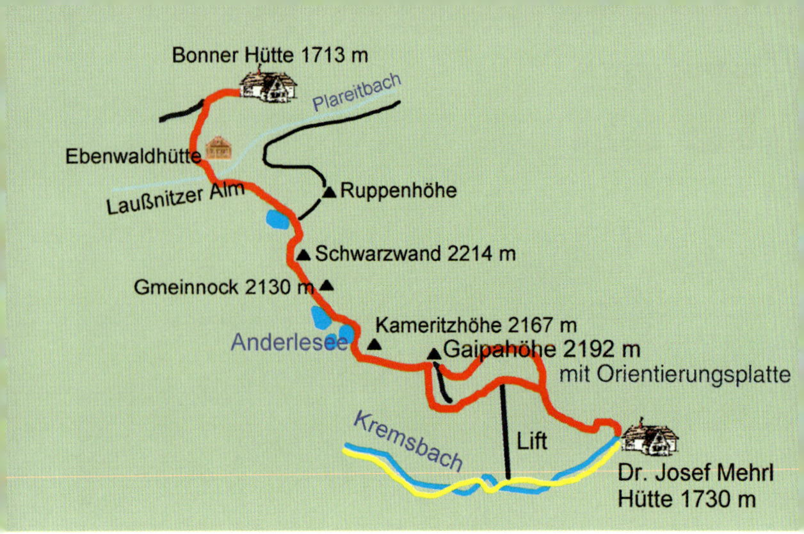


# 44 Gaipahöhe, Schwarzwand und Anderlesee

■ ***Sommer:*** Die geruhsamen Minuten auf der Sesselbahn zur Blutigen Alm sind ausgefüllt mit Landschaftsbildern.

■ ***Zufahrt:*** Bis zu den Innerkremser Seilbahnen – oder Fußweg von der Dr.-Josef-Mehrl-Hütte über den Matehans und die Zechnerhöhe 1 1/2 Std. mit direktem Weiterweg zur Gaipa.

■ ***Aufstieg:*** Vom Ende des Sesselliftes (Mittelstation) geht es auf einem deutlichen Weg nach Westen, wobei Almhütten die Richtung zeigen. Dann nähert sich von links hinten der Kärntner Grenzweg (KGW), der bis zum nächsten Wegweiser nur kurz verfolgt wird. Die Gaipahöhe (2192 m) wird im direkten Angriff genommen, hier wird im Winter etwas weiter zum nördlichen Sattel ausgeholt. Mit der weiteren Überschreitung des Höhenzuges werden nacheinander die Gipfel eingeheimst: Kameritzhöhe (2167 m), Gmeinnock (2130 m), Schwarzwand mit Steinobelisk (2214 m), Roter Riegel (2153 m) und allenfalls Ruppenhöhe (2070 m). Dabei werden auch die Anderleseen berührt. Zum Laußnitzsee gelangt man über die Ruppenhöhe. Der weitere Weg zur Bonner Hütte (Sommer: Fahrstraße) oder gar nach Frankenberg/Rennweg ist weit und daher gründlich zu überlegen.

■ ***Abstieg:*** Beenden Sie die „Gipfelsammlerei“ nach Lust, Laune und Kondition der Kinder, denn der Rückweg ist auch noch lang.

*Deftige Wandererkost: Frigga*

■ **Winter:** Wie im Sommer, wobei die kurzen Abfahrten zwischen den Höhen zu nutzen wären. Zur Schwarzwand dann in Sicherheits-Abständen hinauf und von der Ruppenhöhe in einem weitgezogenen Linksbogen, Steilhänge auslassend, zur Laußnitzeralm und zum Plareitbach hinunter (Ruppenhöhe-Graben ev. Lawinengefahr). Dann vorbei an der Ebenwaldhütte zur Bonner Hütte oder den Plareitgraben talwärts (2. Pkw).

**✓ kurz gesagt**

***Schwierigkeiten*** Sommer leicht, im Winter leicht bis mittel (steilere Hänge, Orientierung), Ausdauer
***Dauer*** je nach Länge der Tour, zurück beinahe die gleiche Zeit: Lift (2000 m) bis Gaipa: 1 Std., Gmeinnock + 45 Min., Schwarzwand + 1 Std., Ruppenhöhe + 30 Min. usw., (Lift bis Bonner Hütte 6 Std.)
***Talort*** Kremsbrücke
***Ausgangspunkt*** Liftstation Blutige Alm, Innerkrems
***Stützpunkte*** außerhalb Pistenbereich nur Bonner Hütte
***Hinweis*** Lift Blutige Alm, ☎ 0 47 36/600 bzw. 210
***Karten*** ÖK 1:50.000, Blätter 157 (Tamsweg) und 183 (Radenthein)

*Seite 108/109: An einem Zufluß der Lieser*

# 45 Kleiner und Großer Rosennock

■ ***Sommer:*** Erlacher Hütte und Zunderwand sind Richtmarken auf dem Weg zu den Rosennocken. Die auffallende Wandflucht zählt zu den geologischen Besonderheiten aus erdgeschichtlicher Vorzeit.

Mit ihren schroffen Formen und steilen Wänden steht die Zunderwand in krassem Gegensatz zu den runden Formen der umliegenden Nocke. Dieser stellenweise nur einige hundert Meter (maximal 3 km) breite helle Kalkstreifen hat sich zwischen Bad Kleinkirchheim im Süden und dem Königsstuhl im Norden in das übrige Gestein des Erdaltertums hineingezwängt.

Entstanden ist dieser Stangalm-Trias aus Kalk- und Dolomitgestein am Beginn des Erdmittelalters vor nicht weniger als 225 Millionen Jahren. In der Trias waren diese Gebiete vom Meer bedeckt. Durch die Ablagerung abgestorbener, kalkhaltiger Lebewesen verbunden mit der Auffaltung, verteilt über Jahrmillionen, schob sich dieser Kalkstock zwischen Zonen altkristallinen Gesteins.

Diese Zonengrenzen sind unschwer zu erkennen! Unter den Steilwänden stößt das helle Kalkgestein linienartig auf das graue des Granatglimmerschiefers und Mischgneises. Botanische Raritäten bevölkern diese Grenzzonen, geschätzt und vielbesucht. Deshalb: Augen auf in den Wegkehren längs der Zunderwand auf dem Wege zum Kleinen Rosennock (2361 m) und am Rande der nachfolgenden Hochfläche: Kalter Keller.

*Nach einem Sommergewitter*

■ ***Zufahrt:*** Über Kaning. Eine Straße mit kulinarischem Steckbrief berührt im Anstieg zur Erlacher Hütte (Almprodukte, Forellen) die Veidlhütte (Kaserei), das Petodnighaus auf der Langalm (Kärntner Frigga), und kommt der Kreuzwirthütte (Schmankerln) auf wenige Minuten nahe.

■ ***Aufstieg:*** Der Weg 170 beginnt eben, geht dann zum Bach hinauf, der im Naßbodensee (2029 m) entspringt und wechselt dort auf den 171er, der die Zunderwand im nordwestseitigen Geröll umgeht. Auf dem Hochplateau angelangt, wird der Kleine Rosennock mit dem schlichten, wackeligen Holzkreuz weglos und unter Verzicht auf Farbmarken über die breite Südost-Schulter erklommen.

■ ***Abstieg:*** Zum Naßbodensee im Ab- und gegenüber im Wiederanstieg ist der Große Rosennock (2440 m) eine Sache von eineinhalb Stunden. Kürzer ist der schwierige Gratübergang.

■ ***Winter:*** Mittelschwere Touren für Erfahrene!

**✓ kurz gesagt**

***Schwierigkeit*** Sommer leicht, Gratübergang schwierig, Winter mittelschwer
***Dauer*** Kleiner Rosennock 2 1/2 bis 3 Std., Abstieg 1 1/2 Std.
***Talort*** Radenthein
***Ausgangspunkt*** Erlacher Hütte (1636 m), ☎ 0 67 6/ 421 05 45, 0 42 46/44 60, Sommerbetrieb
***Stützpunkte*** keine
***Karte*** ÖK 1:50.000, Blatt 183 (Radenthein)

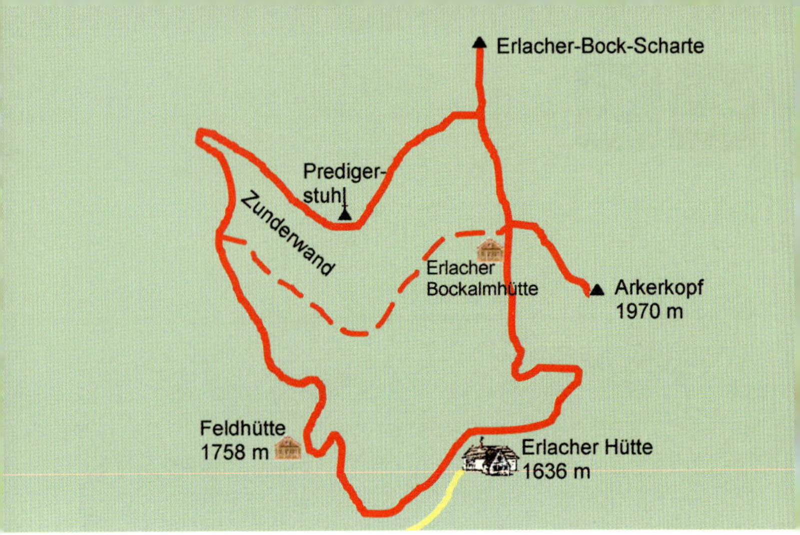


# 46 Arkerkopf und Zunderwand

■ ***Sommer:*** Die Vielzahl der Tourenziele im Reich der Nocke macht die Wahl zur sprichwörtlichen Qual. Eine der vielen Routen steigt zur Erlacher Bockhütte (1930 m, mit 1975 m übertreibt der Hüttenstempel) am Schnittpunkt der Wege 1701 und 13 an. Eine erholsame Spielerei, ganz besonders für jüngere, ungewohnte Geher.

Will man das Unternehmen noch krönen, dann hinauf auf den nahen Arkerkopf (1970 m, auch Erkerkopf) mit seinem Kreuz inmitten eines Latschenfeldes. Jenen mit großem Bewegungsdrang steht die Umrundung der Zunderwand mit dem Aussichtspunkt Predigerstuhl (2180 m) als angemessenes Betätigungsfeld bevor. Im Abstieg kehrt der Weg 13 zur Erlacher Bockhütte zurück, es sei denn, es zieht einen gleich zur Erlacher Hütte (1636 m) hinunter.

■ ***Zufahrt:*** Wie bei der Tour 45: Von Kaning in das Langalmtal bis zur Erlacher Hütte.

■ ***Aufstieg:*** Direkt hinter der Erlacher Hütte wird der rechte Zweig einer Forststraße eingeschlagen, der nach einigen Kehren auf die Bockhütte im baumfreien Weideboden trifft. Zum Arkerkopf südöstlich dieser Unterkunft, die in älteren Karten nicht aufscheint, bedarf es keiner besonderen Anstrengung.

Der Anstieg zum Erlacher Bock setzt kurz vor Erreichen der Erlacher-Bock-Scharte an. Im kurzen Zick-Zack wird die Anhöhe über steilen Matten (Kinder sichern) mit dem kreuzbestückten Predigerstuhl, dem höchsten Punkt der Tour, gewonnen. Für Kinder leichter und wohl inte-

*Blick auf Naßboden See und Zunderwand*

ressanter wäre die Erlacher-Bock-Scharte (rd. 2100 m) als Tagesziel; auf Schutthalden eines alten Bergwerk-Stollens sind erzhaltige, bläulichviolette Steine zu finden.

■ ***Abstieg:*** Rundtour: Am Nordwestende der Zunderwand (Wegweiser) wird entlang der Klettergarten-Wände zum Bachgrund (Wegweiser) im Geröll abgestiegen. Zur Bockhütte wird etwas exponiert über Steilstellen hinüber gewechselt, leichter fällt der direkte Abstieg zur Erlacher Hütte (Pkw) aus.

■ ***Winter:*** Bock-Scharte mittelschwer, Lawinen!

**✓ kurz gesagt**

***Schwierigkeit*** Sommer leicht, Predigerstuhl und unterer 13er abschüssig, Winter leicht bis mittel, Lawinengefahr
***Dauer*** Bockalmhütte samt Arkerkopf 1 1/2 Std., Predigerstuhl 45 Min., Abstieg 1 1/2 bzw. 2 Std.
***Talort*** Radenthein
***Ausgangspunkt*** Erlacher Hütte (P), ☎ 0 67 6/ 421 05 45, 042 46/44 60, Sommerbetrieb, andere Hütten hier abfragen
***Stützpunkte*** Erlacher Bockhütte, ☎ 0 42 46/23 20
***Karte*** ÖK 1:50.000, Blatt 183 (Radenthein)

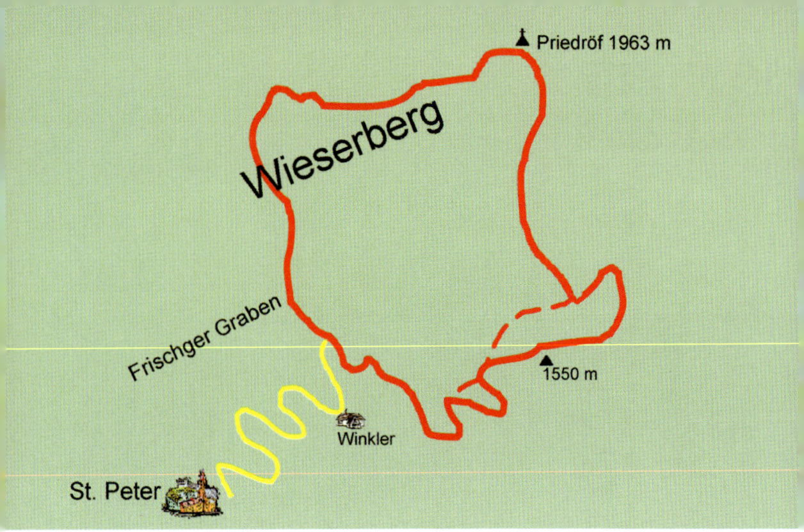


# 47 Der Priedröf könnte erzählen

■ ***Sommer:*** Mit diesem Namen werden in Kärnten wohl nur die Bewohner um Radenthein und noch einige Schifans etwas anzufangen wissen und doch bekräftigt ein Gipfelkreuz der Dorfgemeinschaft St. Peter die Verbundenheit mit dieser einladenden Höhe.

Von dort aus fällt der Blick unweigerlich auf die drei Seen zu Füßen und sollte die Lust auf das belebende Badevergnügen im Anschluß an die Tour wecken.

Die gerundete Kuppe des Priedröf (1963 m) sitzt wie ein Pfropfen zwischen dem Kurort Bad Kleinkirchheim und der Magnesit-Stadt Radenthein am oberen Auslauf des Gegendtales, das dereinst zu den Besitzungen des Hauses Porcia zählte. Die Verwaltung dieser Gegend oblag den vom Hause Porcia in Spittal an der Drau eingesetzten Pflegern, die im heute noch herzeigbaren Porcia-Haus in Gassen bei Afritz unnachsichtig amtierten.

Später, während der Zeit Napoleons, kam diese Talschaft mit dem Afritzer-, dem Brenn- und dem Millstätter See, als Teil des Villacher Kreises 1809 zu den Illyrischen Provinzen Frankreichs. Erst Napoleons Niederlage bei Leipzig machte diese willkürliche Grenze quer durch Kärnten 1813 wieder hinfällig.

■ ***Zufahrt:*** Um an den Priedröf heranzukommen, wird von Radenthein aus die Straße nach Bad Kleinkirchheim verwendet und beim Haslerwirt zur Kirche St. Peter und zum Winkler

*Gehöft in den Nockbergen*

(1213 m), etliche Kurven darüber, verlassen.

■ ***Aufstieg:*** 400 Meter nördlich des Gehöftes Winkler beginnt auf dem linken Weg-Ast der Anstieg 162 und nach der Abspaltung vom Schartenweg der Steig 163, der über die Böden des Wieserberges zum Gipfel ansteigt.

Die vielen Wegzeichen lassen nicht die geringsten Zweifel über den Steigverlauf aufkommen, und so bleibt Zeit, die Ausblicke zu nutzen oder sich der Botanik zu widmen.

Im Frühsommer werden dabei die ersten Exemplare des stengellosen Enzians (geschützt) geboten, der es sich offenbar leisten kann, die tiefblauen Kelche erst bei ausreichender Wärme zur Bestäubung zu öffnen.

■ ***Abstieg:*** Vorzugsweise wird der Steig 1621 nach Süden beschritten, der die drei Seen überblickt.

Der „Alte Pfad“, blau-gelb-blau, spärlich aber treffend markiert, kürzt dabei die Straßenschleifen gekonnt ab, ist aber bereits ziemlich verwahrlost.

■ ***Winter:*** Nur für Erfahrene.

**✓ kurz gesagt**

***Schwierigkeit*** Sommer leicht, Winter schwierig
***Dauer*** Aufstieg 2 bis 2 1/2 Std., Abstieg 1 1/2 Std.
***Talort*** Radenthein
***Ausgangspunkt*** Winkler ob St. Peter, wenig Parkraum
***Stützpunkte*** keine
***Karten*** ÖK 1:50.000, Blatt 183 (Radenthein)

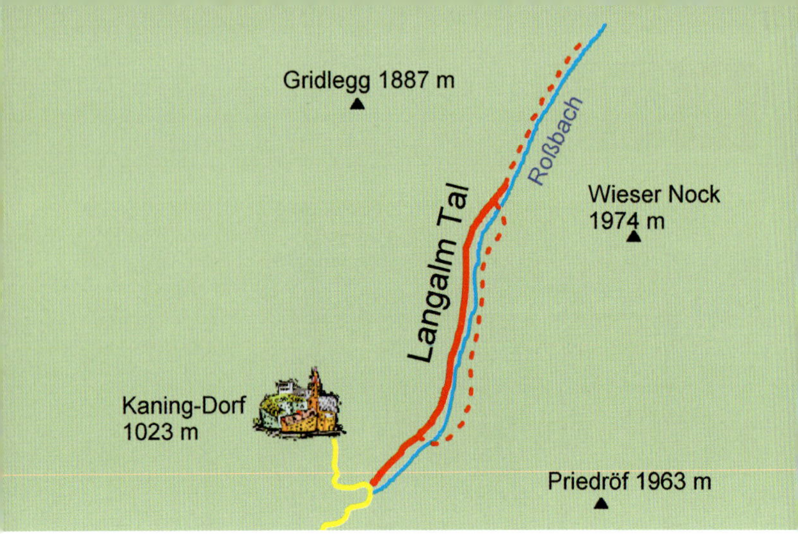


# 48 Mühlenweg bei Kaning

Es klappert die Mühle am rauschenden Bach, klipp klapp – bei Tag und bei Nacht ist der Müller stets wach, klipp klapp – er mahlet das Korn zu dem kräftigen Brot und haben wir solches, dann gibt's keine Not, klipp klapp klipp klapp ...

■ ***Sommer:*** Ein altes Kinderlied beschwört die Romantik einer verflossenen Zeit mit rumpelnden Mühlsteinen, angetrieben von der Kraft des Wassers, dem frischen Duft gemahlenen Korns, verarbeitet zu deftigem Brot. Da und dort existieren in den Alpentälern noch Mühlen, und es gibt sogar welche, die ihrer eigentlichen Aufgabe nachkommen, doch es sind nicht mehr viele.

In Radenthein, genauer in Kaning, treibt das Wasser des Roßbaches, der durch den engen Graben zu Tal schießt, noch eine ganze Reihe von Mühlen. Kleine Schleusen leiten das Wasser in die Rinnen und auf die Wasserschaufeln an den Mühlrädern. Lautes Hämmern dringt durch den Graben, und würziger Holzrauch von den Grillstellen zieht in die Nasen.

Daneben gibt es noch einen Getreidestadel mit Brotbackstube, ein Knusperhäuschen zum Zeitvertreib für die Kleinsten, die Bärenwand zum Klettern (aber Vorsicht, nicht alles ist harmlos) und die Felsendusche, wo nicht nur Kneipp-Jünger ihre Gesundheit aus dem kalten Naß schöpfen können.

Nach dem Graben führt der Weg an den Langalmhütten vorbei zum Petodnighaus (1458 m) und zur Erlacher Hütte (1636 m), aber das ist für Kinder schon etwas weit und zu überlegen. Übrigens: An

*Es klappert die Mühle …*

den Grillstellen dürfen Sie Ihr Essen selbst brutzeln – Holz liegt bereit!

■ ***Zufahrt:*** Der Parkplatz in Kaning am Eingang in den Mühlen-Wanderweg ist nicht zu übersehen.

■ ***Aufstieg:*** Nach wenigen Schritten steht man vor der Neuwirt-Mühle. Dann folgen Getreidestadel, Knusperhäuschen und Stinig-Mühle, begleitet von botanischen Hinweisen. Später gelangt man zur Trattnig-Mühle und zum einfachen Holzknecht-Kamp am rauschenden Roßbach. Ranner-Mühle und Mitterlaßnig-Mühle, beide aus dem vorvorigen Jahrhundert, offenbaren sich dem Wanderer. Die Adam-Mühle bewacht den Ausgang des Grabens.

■ ***Abstieg:*** Zur Abwechslung kann streckenweise auch am gegenüberliegenden Ufer abgestiegen werden.

■ ***Winter:*** Geschlossen.

**✓ kurz gesagt**

***Schwierigkeit*** leicht
***Dauer*** hin und zurück: Mühlenweg 2 Std., Petodnighaus 4 Std., Erlacher Hütte 5 Std.
***Talort*** Radenthein
***Ausgangspunkt*** Parkplatz vor Kaning – 920 m
***Stützpunkte*** Unterstandsplätze/Gaststätten
***Hinweis*** Eintritt (voraussichtlich) kostenlos, mit Führung € 2,50 pro Pers., Auskünfte Stadtgemeinde Radenthein, ☎ 0 42 46/ 22 88-20
***Karte*** ÖK 1:50.000, Blatt 183 (Radenthein)

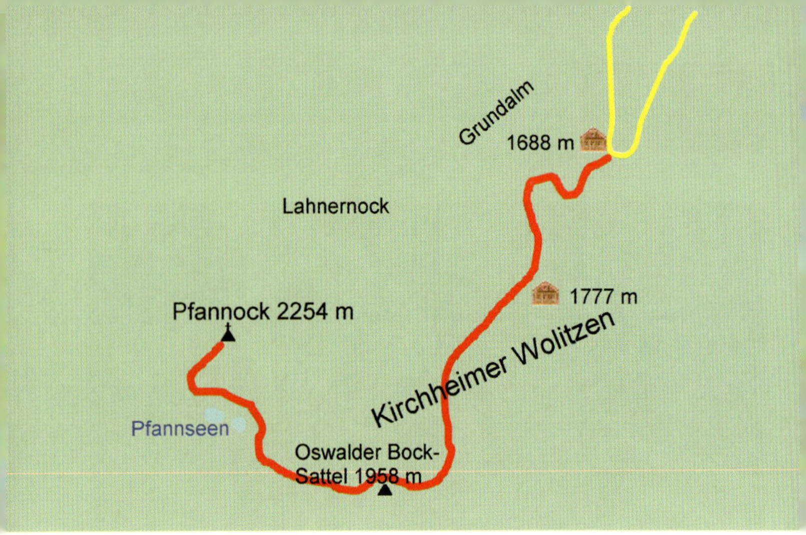


# 49 Pfannseen und Pfannock

■ ***Sommer:*** Erst mußte eine Straße her, die das obere Ende des Gurktales mit der Innerkrems und dem Katschtal verbinden sollte. Dann begannen sich erste Widerstände gegen die Aufschließungspläne zu regen, die am 7. Dezember 1980 in eine Volksbefragung mündeten, in der sich 94 Prozent der Befragten gegen eine wintertouristische Erschließung – und für einen Schutz des Nockalmgebietes entschieden.
Doch es sollten noch Jahre bis zur Errichtung des Nationalparks Nockalm vergehen.
Mit 1. Jänner 1987 war es dann so weit, per Gesetz wurde der Nationalpark Nockalm aus der Taufe gehoben. Seitdem ist die Nockalmstraße ein Begriff und eine attraktive Einrichtung, um touristische Ausgangspunkte im Herzen der Nockberge leicht zu erreichen. Sanfte Kuppen über Wasserläufen und kleinen Bergseen, bewirtschaftete Sennhütten, umgeben vom Hauch der Nostalgie warten auf Naturhungrige und geben das stille Versprechen auf erlebnisreiche und farbenfrohe Stunden in einer Landschaft ab, die in ihrer Ursprünglichkeit erhalten werden soll.

■ ***Zufahrt:*** Westlich der Schiestlscharte (2027 m), fast auf halbem Weg zum alten Karlbad, liegt die Grundalm. Wenn Zeit bleibt, sollten die Nationalpark-Einrichtungen auf der Schiestlscharte, auf der Grundalm oder direkt am Windebensee (seit 1993 Naturlehrpfad) besucht werden.

■ ***Aufstieg:*** Bei der Grundalm (1688 m) beginnt ein abwechslungsreicher Weg (Markierung rot-weiß-rot, Nr. 122) der vom

Neugierige Beobachter

Glucksen der Bäche bis weit hinauf zu den Almrauschböden und zum Oswalder-Bock-Sattel begleitet wird. Dort setzt sich der Steig 14 rechts durch Latschengassen hinauf zu den beiden Pfannseen (rechts vorbei) fort und erreicht nach einer Scharte in wenigen Minuten den Gipfel.

■ ***Abstieg:*** Nach den bisher entgangenen Kohlröschen (geschützt!) können Sie auch noch im Abstieg Ausschau halten.

■ ***Winter:*** Entlegen! Mittel bis schwer.

**✔ kurz gesagt**

***Schwierigkeit*** Sommer leicht, Winter mittel bis schwer
***Dauer*** Aufstieg 2 bis 2 1/2 Std., Abstieg 1 1/2 bis 2 Std.
Nationalpark-Info: ☎ 0 42 75/665-0
***Talort*** Ebene Reichenau
***Ausgangspunkt*** Grundalm westl. Schiestlscharte
***Stützpunkte*** Sennhütte auf Kirchheimer Wolitzen Alm
***Hinweis*** Maut Nockalmstraße ☎ 0 47 36/265-0 oder 0 42 75/74 94, Ermäßigung für Ktn.-Pkw und Gäste
***Karte*** ÖK 1:50.000, Blatt 183 (Radenthein)

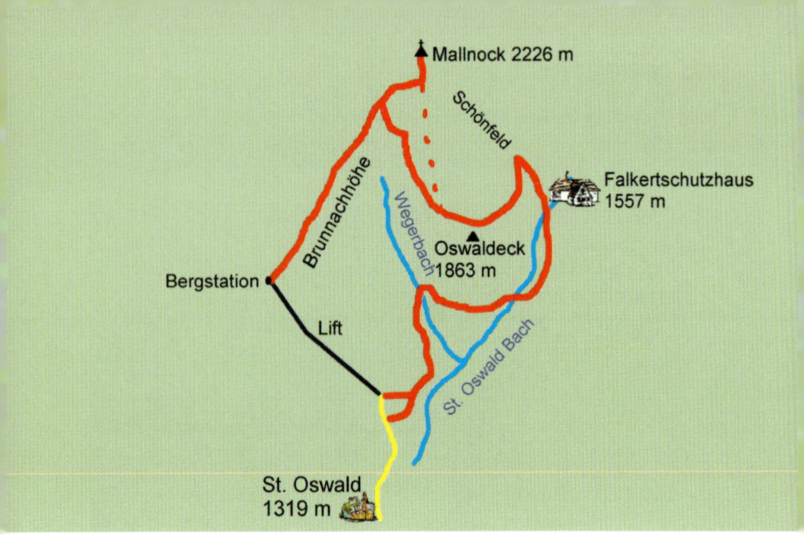


# 50 Mallnock von der Brunnach

■ ***Sommer:*** Die Sesselbahn sollte noch in Betrieb sein, damit werden 550 Höhenmeter, gleichbedeutend mit 1 1/2 Stunden Gehzeit, in der Tourenplanung zum 2226 Meter hohen Mallnock eingespart. Der von Südwest nach Nordost verlaufende breite und beinahe ebene Rücken der Brunnachhöhe (1902 m) bietet keinerlei Schwierigkeiten und es bleibt für Kinder reichlich Platz zum Vorauslaufen und Herumtollen.

*Hüttenzauber bei Roswitha in St. Oswald*

Eine besondere Rarität: Über die Brunnachhöhe verläuft ein stellenweise nur einige hundert Meter breiter heller Kalkstreifen im umgebenden schiefergrauen Urgestein mit unterschiedlichem Pflanzenbewuchs, was bei Aufmerksamkeit auch vom Laien zu erkennen ist.

■ ***Zufahrt:*** St. Oswald mit seinen Bergbahnen liegt oberhalb von Bad Kleinkirchheim.

■ ***Aufstieg:*** Von der Bergstation aus wird bis zum ersten Wegweiser flach in nordöstliche Richtung , danach in östliche, bei nunmehr gemütlicher Steigung, marschiert. Am zweiten Wegkreuz (rechts, zum Falkertschutzhaus) schwenkt der Weg nach Norden. Das Gipfelkreuz ist weithin sichtbar.

■ ***Abstieg:*** Auf der beschriebenen Route zurück zur Bergstation oder (markiert) hinunter zum Fahrzeug. Konditionsstarke wandern noch zum Falkertschutzhaus (1557 m). Beim genannten Wegkreuz zum Oswaldeck und dann geht es in einem Bogen im Wald zum Wegweiser im Schönfeld (-Graben) und dort abrupt nach Südosten zum Falkertschutzhaus. Weiter gehen Sie entlang der Straße oder über Wirchegger zum Auto zurück.

■ ***Winter:*** Über die Brunnach leicht, Abfahrt Falkertschutzhaus nur bei sicheren Verhältnissen! Lawinengefahr.

**✓ kurz gesagt**

***Schwierigkeiten*** Sommer leicht, gerade für Kinder, im Winter s. o.
***Dauer*** Lift – Gipfel 1 1/2 Std., Gipfel – Parkplatz 2 1/4 Std., retour über Falkertschutzhaus 3 Std.
***Talort*** Bad Kleinkirchheim
***Ausgangspunkt*** St. Oswald-Liftstation
***Stützpunkte*** nur bei Rundtour: Falkertschutzhaus ☎ 0 42 40/690, ansonsten Pistenstationen
***Hinweis*** Brunnach-Lift ☎ 0 42 40/82 82-20
***Karte*** ÖK 1:50.000, Blatt 183 (Radenthein)

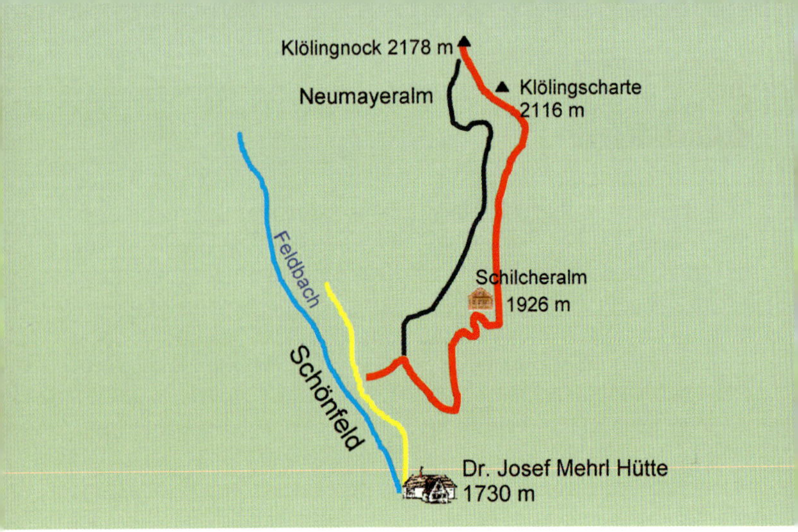


# 51 Klölingnock

■ ***Sommer:*** Straße bis zur Schilcheralm, dann Steig (markiert).

■ ***Winter:*** Wenn der Winter allmählich dem Frühling Platz macht, wird es auch im Schönfeld ruhig, der laute Pistenrummel hält für einen langen Sommer inne, die Gegend gehört den Bedächtigen. Keine langen, klassischen Touren stehen hier zur Auswahl. Nein, nur Touren mit gemütlichen Anstiegen, die auf Genießer warten. Aber auch auf jene, die den langgehegten Wunsch, sich als Tourengeher zu versuchen, in die Tat umsetzen möchten und nicht gleich an Überforderung verzweifeln wollen. Die Schneelage reicht oft bis in den April. Sollte aber ein warmer Regen alles vorzeitig zunichte machen, bleibt die Hoffnung auf den nächsten Winter. Der Naturbegeisterte wird hier im südlichsten Teil des Lungaues, nahe der Kärntner Landesgrenze, schon im Bereich der Innerkrems, auch im Sommer Gefallen an den Weiten der Almböden mit den zahllosen Rinnsalen, und einer Pflanzenvielfalt finden.

■ ***Zufahrt:*** Bei Kremsbrücke verläßt eine kurvige Straße das Katschtal, läßt später die Liftanlagen um Innerkrems hinter sich und erreicht nach einigen Kehren die AV-Hütte im Schönfeld.

■ ***Aufstieg:*** Links des Bachgrabens beim Schilcheralm-Lift (unmittelbar vor dem Gastbetrieb) geht es in einem Zirbenbestand zur einzelstehenden Heuhütte, die vom Parkplatz aus zu erspähen ist, bergwärts. Entlang der Stromleitung wird der breite Klölingsattel (auch –

*Touren für Genießer*

Scharte, 2116 m) angepeilt, um von diesem aus den Klölingnock (2178 m) über seine breite Südost-Schulter zu betreten. Nach Norden hin kann unter geringem Auf und Ab noch die Mühlhauserhöhe (2216 m) dazugenommen werden.

■ ***Abfahrt:*** Bei Neuschneelage erfolgen Aufstieg und Abfahrt über die südöstlich des Gipfels gelegene Klölingscharte, ansonsten kann aber auch direkt nach Süden zur Aufstiegsspur gefahren werden.

**✓ kurz gesagt**

***Schwierigkeit*** Sommer und Winter leicht, Lawinengefahr gering
***Dauer*** Klölingnock 1 1/2 Std., im Sommer zurück 1 Std.
***Talort*** Kremsbrücke
***Ausgangspunkt*** Parkplatz bei den Schilcheralm-Liften (1740 m), nächst (ÖAV-) Dr.-Josef-Mehrl-Hütte: gj. bewirtschaftet, ☎ 0 47 36/320, Hannes Heiss; und weitere Gaststätten
***Stützpunkte*** keine
***Karte*** ÖK 1:50.000, Blatt 157 (Tamsweg) und 183 (Radenthein)

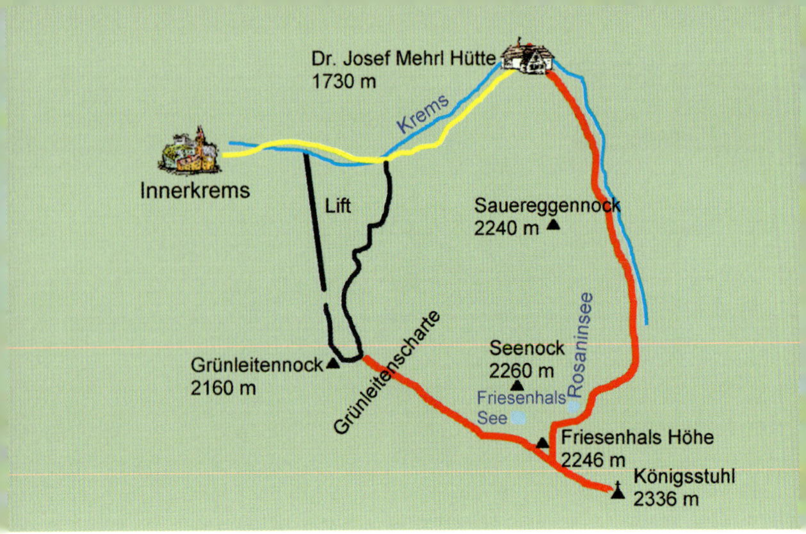


# 52 Dreiländerberg Königsstuhl

■ ***Sommer:*** Mit geringen Abweichungen (markiert) wie im Winter.

■ ***Winter:*** Mit voller Berechtigung und Würde trägt der Königsstuhl (2336 m) inmitten der Gurktaler Alpen seinen Namen. An der Schnittstelle der Bundesländer Kärnten, Steiermark und Salzburg werden dem Besucher majestätische Ausblicke in die winterliche Bergwelt geboten. Das Panorama reicht von der Hochalmspitze über die Niederen Tauern bis hin zu den Murauer Alpen im Nordosten. Lang ist auch die Liste der umliegenden Nocke, angeführt von Hoher Pressing, der Eisentalhöhe und der Gaipahöhe.

Gegen die Rosaninalm zeigt sich unser Ziel von seiner schroffen Seite. Diesen Eindruck gleicht der Königsstuhl nach Westen hin aus, denn sanftgeneigte Hänge laden zur Besteigung ein, und es ist aufregend, zugleich in drei Bundesländern zu stehen.

Erleichtert wird die Besteigung durch den Sessellift, der (fast) auf den Grünleitennock (2160 m) fährt. Noch ein Zuckerl für den eifrigen Gipfelsammler: Seenock (2260 m) und Friesenhals Höhe (2246 m) können zusätzlich „mitgenommen" werden. Über den Seenock nach Norden verläuft auch die Innerkremser Rundtour, die sechs Gipfel überschreitet und nur vier Stunden beansprucht.

■ ***Zufahrt:*** An der Talstation der Sesselliftanlage Innerkrems findet man ausreichenden Parkraum. (Kälteschutz für die Auffahrt im Schatten berücksichtigen.)

■ ***Aufstieg:*** Vom Grünleitennock, der eine Viertelstunde weiter im Süden liegt, wird zuerst einmal auf der südöstlich verlaufenden Piste bis zur Grünleitenscharte abgefahren. Hier erst werden die Steigfelle montiert. Die Aufstiegsspur wird, das Ziel ständig vor Augen, hin zum Friesenhalssee (womöglich unter Eis und Schnee) und zur Friesenhalshöhe gelegt. Ein kurzer Abstieg auf dem Grat läßt die Königsstuhl Scharte sicher erreichen. Hier beginnt der Sturm auf den Gipfel des Königsstuhls.

■ ***Abfahrt:*** Zwischen Königsstuhl Scharte und Rosaninsee reißt ein Steilhang die volle Aufmerksamkeit an sich. Nach Schneefällen herrscht hier Lawinengefahr! Nun werden die Spuren Richtung Kremsbach (nordöstlich) und entlang einer Loipe zur Mehrl-Hütte gelenkt. Im Winter bringt Sie ein Bus kostenlos zurück.

*Gipfelsieg am „Dreiländerberg“*

**✓ kurz gesagt**

***Schwierigkeit*** Sommer leicht, Winter leicht bis mittel, Lawinengefahr meist gering, nur im Steilhang zeitweise erheblich
***Dauer*** Aufstieg 2 bis 2 1/2 Std., Abfahrt/Abstieg: 1 bis 1 1/2 Std.
***Talort*** Kremsbrückc
***Ausgangspunkt*** Lift Grünleitennock
***Stützpunkte*** Dr.-Josef-Mehrl-Hütte, ☎ 0 47 36/320 sowie einige Gaststätten im Schönfeld
***Hinweis*** auch gegenläufig und mit Teilzielen super, Lift Grünleitennock ☎ 0 47 36/210 bzw. 600
***Karte*** ÖK 1:50.000, Blatt 183 (Radenthein)

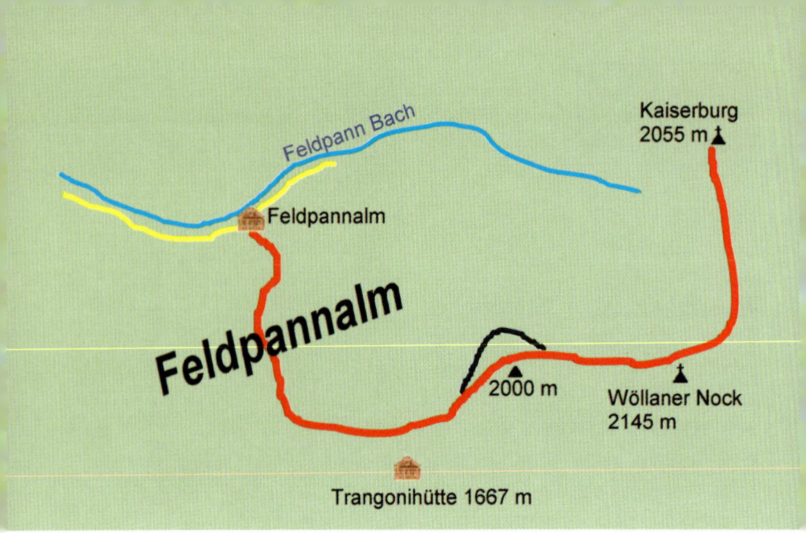


# 53 Feldpannalm – Wöllaner Nock

■ ***Sommer:*** Wie im Winter.

■ ***Winter:*** Der Start zum Wöllaner Nock liegt in 1500 Meter Seehöhe, zum Gipfel mit 2145 Meter fehlen demnach nur rund 650 Meter, und die sind in zwei Stunden leicht zu schaffen. Der Gipfel ist von der Kleinkirchheimer Kaiserburg nur 700 Meter entfernt; und es bleibt der Eindruck, daß hier Gegensätze aufeinanderprallen. Bis zu einem gewissen Grad sind es verschiedene Welten. Eines ist aber Pistenhungrigen und Schibergsteigern nicht abzusprechen: der Drang nach Bewegung in der Natur.

Den Verlockungen der Technik wird ausnahmsweise widerstanden um im Schweiße des Angesichtes den Gipfelsieg zu erringen. Ein paar verstohlene Blicke auf das Geschehen bei der Kabinenbahn-Bergstation sind aber erlaubt.

Bequeme Zeitgenossen können sich mit der Seilbahn raufbringen lassen und stehen 20 Minuten später auf dem Gipfel des Wöllaner Nockes. Und wenn dann der Rückholdienst von der Feldpannalm vorbereitet ist, wird die Schitour zum Luxusausflug erster Klasse. Hier aber die Schweiß-Variante:

■ ***Zufahrt:*** In Feld am See kommt man direkt an der Kirche vorbei und hält sich dann bei der Straßengabelung am Fuße des Berghanges rechts. In vielen Kurven und Kehren schraubt sich die Straße den breiten Sonnenhang hinauf zur Feldpannalm und zur Wegerhütte mit Sommerbewirtschaf-

*Bergstation Kaiserburg*

tung. Bei einer Stopptafel wird es Zeit, sich nach einem Parkplatz umzusehen.

■ ***Aufstieg:*** Die Sommermarkierung eignet sich bestens. Nach einem flachen Beginn (400 Meter exakt nach Südosten) wird der rechts liegende Hügel genommen. Durch schütteren Wald und über Wiesen (erst südöstliche, später östliche Richtung) wird der freie Höhenrücken (mit Wegweiser) betreten.

Die Trangonihütte der Naturfreunde versteckt sich im Steilgelände unterhalb des Rückens. Wenige Höhenmeter fehlen noch zum Kartenpunkt 2000, dem westlichen Vorgipfel des Zieles. Noch eine Einsattelung und ein Aufschwung, und das Gipfelkreuz, in bester Lage für einen Rundblick in die Bergwelt um Kaning und Kleinkirchheim, ist nahe.

■ ***Abfahrt:*** Die Aufstiegsspur wird zum Wegweiser. Gerne wird der westliche Vorgipfel rechtsseitig umfahren. Dabei sollte die Spur sicherheitshalber nicht zu tief in den nach rechts abfallenden Steilhang (Lawinengefahr!) gezogen werden.

**✓ kurz gesagt**

***Schwierigkeit*** Sommer und Winter leicht, kaum Lawinengefahr
***Dauer*** 2 Stunden Aufstieg, Abstieg: 1 1/2 Std.
***Talort*** Feld am See
***Ausgangspunkt*** Feldpannalpe
***Stützpunkte*** keine
***Karte*** ÖK 1:50.000, Blatt 183 (Radenthein)

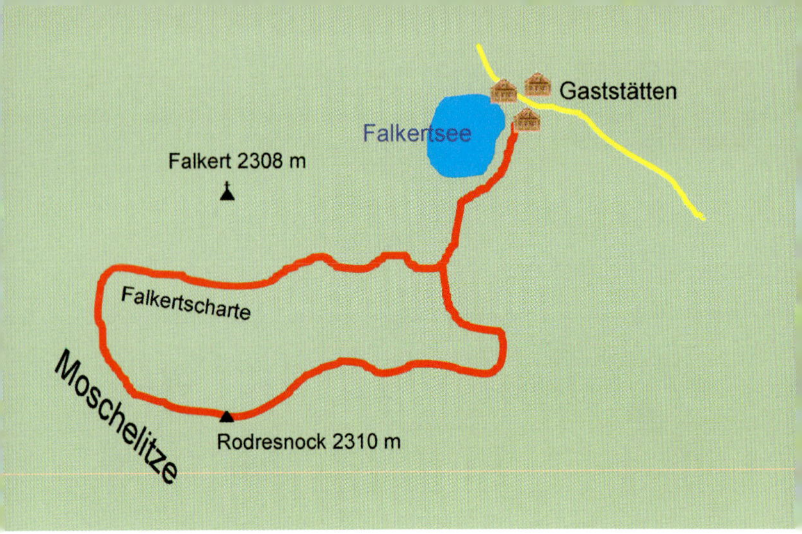


# 54 Moschelitze (Rodresnock)

■ ***Sommer:*** Der Falkertsee, ein zwischen Falkert und Moschelitze eingebettetes Kleinod, lädt zu erholsamen Spaziergängen an seinen Gestaden ein. Nicht immer herrscht hier beschauliche Ruhe, im Winter geht es auch lauter zu. Jetzt stehen die Schlepplifte still; nur ein leiser Wind kräuselt die Oberfläche des Sees.

Uralte Sagen ranken sich um seine Tiefen. Ein ganzes Ochsengespann soll in den Fluten versunken sein. Erst viele Monate später erkannte der leidtragende Bauer sein hölzernes Joch, das bei der Oswaldiquelle jenseits des Bergsattels in St. Oswald angeschwemmt worden war. Damals herrschte die Meinung, zwischen dem See und der Quelle bestünde eine Verbindung.

Der Falkertsee liegt in der Kernzone des erst vor wenigen Jahren errichteten Nationalparks Nockberge und genießt besonderen Schutz.

Ausgangspunkt für unsere Tour auf die Moschelitze, wie auch für den Falkert, bildet die private Falkertsee-Hütte (1872 m, auch Thun-Formaneck-Hütte).

■ ***Zufahrt:*** Von Patergassen bis zum See.

■ ***Aufstieg:*** Auf einer kleinen Anhöhe im Süden des Sees zeigt ein Wegweiser die Richtungen. Entlang der linken Markierung wird die Ostschulter des Rodresnockes und weiter in gemütlicher Wanderei der Gipfel (2310 m, Steinmandl) erreicht. Die Wegmarken verlaufen in sicherem Abstand zu den nach Norden jäh abfallenden Hängen.

Gipfelsammler können den mit dem Rodresnock verbundenen Schwarzkofel (2168 m) „mitnehmen“. Hin und zurück läßt sich das in 45 Minuten schaffen. Dann aber laden die Almböden zur Rast ein. Weit im Süden sieht man bei klarem Wetter über Klagenfurt bis zu den Karawanken.

■ ***Abstieg:*** In einem großen Bogen wird die Falkertscharte (2200 m) angesteuert. Nicht selten liegt hier bis zum Sommer noch Schnee, der je nach Können abgerutscht oder umgangen wird. Gewöhnlich ist dieses Schneefeld harmlos, doch sollten Schneefelder niemals unterschätzt werden. Die Gefährlichkeit liegt darin, daß die weichen Ränder zum Betreten einladen, zur Mitte hin nimmt aber die Festigkeit des Schnees zu und die oft beinharte Oberfläche wird zur tödlichen Abrutschgefahr. Vom Sattel aus kann auch noch der Umweg über den Falkert (2308 m) eingeschlagen werden (nicht ganz leicht). Der direkte Weg zur Seehütte ist danach kurz und leicht.

■ ***Winter:*** Leicht bis mittelschwer, Route wie beschrieben.

**✓ kurz gesagt**

***Schwierigkeit*** Sommer leicht, auch für Kinder, Winter leicht bis mittel
***Dauer*** Rodresnock 1 Std., Abstieg 1 Std., Tour über Schwarzkofel – Rodresscharte – Falkertsee 3 bis 3 1/2 Std.
***Talort*** Patergassen
***Ausgangspunkt*** Falkertsee-Hütte ☎ 0 42 75/439 und andere Gaststätten, Saisonbetriebe
***Stützpunkte*** keine
***Karte*** ÖK 1:50.000, Blatt 183 (Radenthein)

*Am Falkertsee*

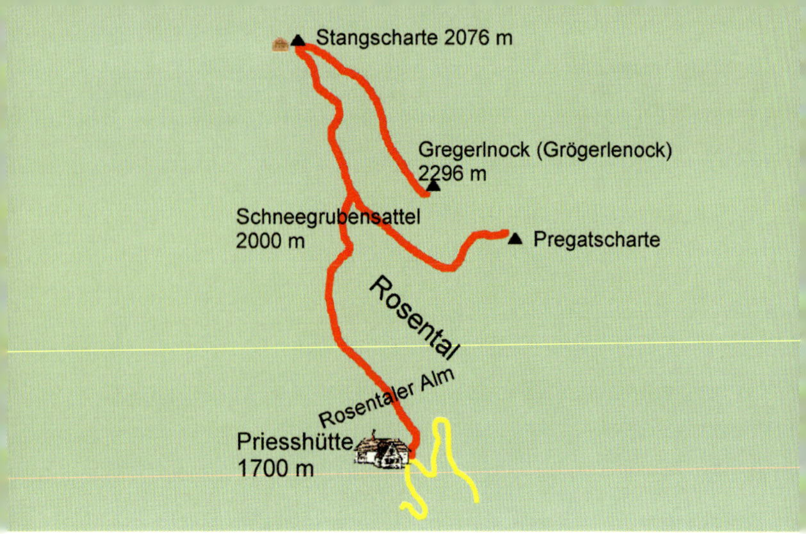


# 55 Gregerlnock im Blütenmeer

■ ***Sommer:*** Verblüffend ist die Zahl der Nocke, die entlang der 34,5 Kilometer langen Nockalmstraße aufgereiht sind. Schroffe, abweisende Flanken sind hier die Ausnahme, es überwiegen die runden sanften Formen, die zu genußvollen Wanderungen einladen. Tiefblaue Enzian-Kelche heben sich vom satten Grün der Wiesen ab, während weiter oben ein Meer von Blüten verschiedenster Primelarten die Gipfelregionen in rosarote bis blaßviolette Abwechslung taucht. Eine Pracht, die man im Frühling nicht versäumen sollte.

■ ***Zufahrt:*** Auf halber Strecke zwischen dem Mauthäuschen bei Winkl und der Schiestlscharte mit Glockenhütte liegt die Rosentaler Alm (= Priesshütte, 1700 m).

■ ***Aufstieg:*** Der Weg 123 verbindet die Rosentaler Alm über den Schneegrubensattel (2000 m) mit der Stangscharte (2076 m) im Norden. In angenehmer Steigung durchläuft die Forststraße üppige Zirbenwälder und saftige Wiesen, von etlichen Bächen bewässert. Kindheitserinnerungen werden wach: In rinnenförmigen Baum rinden wurde Wasser zu ebenso aus der Rinde umgestürzter Bäume geschnitzten Mühlrädern geleitet. Mit Holzspreißeln bestückt und in Astgabeln gelagert, konnte der Probelauf beginnen, und die Zeit verging wie im Fluge …

Ein kurzes Stück taucht der zu einem Steig gewandelte Aufstieg in eine grabenartige Verengung, um darüber, bereits auf dem Schneegrubensattel angelangt, auf den Weg 126 zu

„Hufnagalan“

treffen. Am Fuße der ausgewaschenen Steilwiesen setzt der 123er zur längst erkennbaren Stangscharte (auch Stangsattel, mit einfacher Unterstandshütte für den Fall der Fälle) fort. Beinahe weglos werden die Höcker auf dem Weg zum Gregerlnock (Grögerlenock, 2296 m) in Angriff genommen.

■ ***Abstieg:*** Am besten wohl im umgekehrten Sinne zurück.

■ ***Winter:*** Leicht bis mittel, aber über Nockalmstraße langer Anstieg.

**✓ kurz gesagt**

***Schwierigkeiten*** Sommer leicht, Winter leicht bis mittel
***Dauer*** Aufstieg 2 1/2 Std.; Abstieg 1 1/2 Std.
***Talort*** Ebene Reichenau
***Ausgangspunkt*** Rosentaler Alm (Priesshütte)
***Stützpunkte*** keine, aber Unterstandshütte auf Stangscharte
***Maut*** Nockalmstraße
☎ 0 47 36/265-0
***Karte*** ÖK 1:50.000, Blatt183 (Radenthein)

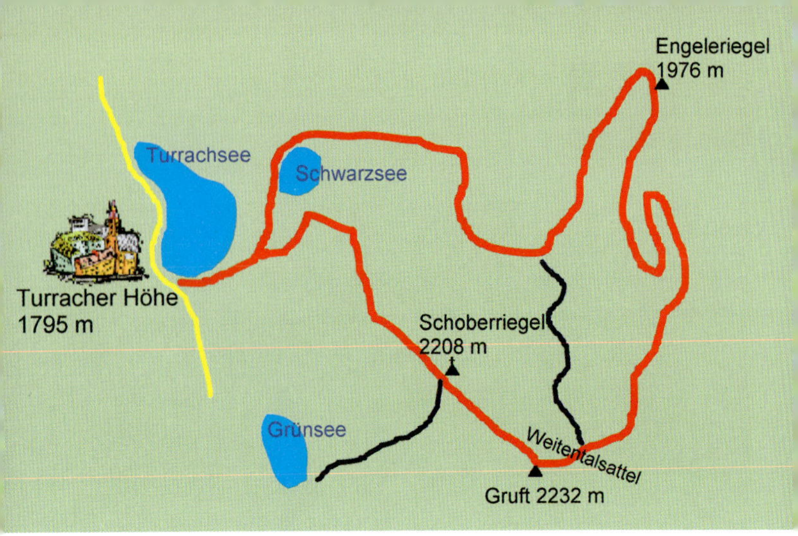


# 56 Schoberriegel auf der Turrach

■ ***Sommer:*** Das Wintersportgebiet Turracher Höhe, das sich über die Bundesländer Steiermark und Kärnten erstreckt, bietet auch im Sommer herrliche Ziele und die Möglichkeit, der Hitze in den Niederungen wenigstens für einige Stunden zu entfliehen. Im Herbst wird der blaue Turrachsee von bunten Wäldern eingerahmt. Zudem wurde die Straße in den vergangenen Jahren entschärft; das gefürchtete letzte Steilstück ist Vergangenheit.

Auch die Teufelsbrücke, kurz hinter Ebene Reichenau bei der Abzweigung zur Nockalmstraße, die einer Betonbrücke den Rang abtreten mußte, aber heute noch besteht, ist Geschichte. Die Steinbrücke überspannt den Winklbach an jener Stelle, an der der Teufel einst aus Wut über eine entgangene Menschenseele mit fürchterlicher Gewalt die tiefe Schlucht in den Berg riß.

Ein Wilderer, so erzählt man sich, hatte nämlich die Sonntagsruhe zur verbotenen Pirsch genutzt und, erzürnt über waidmännischen Mißerfolg, Flüche ausgestoßen und gewünscht, daß ihn der Teufel hole. Dann aber, als der Teufel als Jäger mit Ziegenbeinen plötzlich dastand, begann eine wilde Verfolgungsjagd, die zugunsten des Wilderers erst bei der Nepomuk-Kapelle endete.

Noch heute kann man die Teufelskrallen im Gestein etwa 1 km oberhalb der Teufelsbrücke erkennen, denn der Sage nach schleuderte der Leibhaftige dem

Flucht vor der Sommerhitze

Wilderer einen aus dem Felsen gerissenen kopfgroßen Stein hinterher.

■ ***Zufahrt:*** Mit dem Pkw bis zu den Parkplätzen vor Erreichen des Sees.

■ ***Aufstieg:*** Am Südrand des Turrachsees leicht aufwärts schlägt der Weg 09 die Richtung zum Schwarzsee ein. Noch im Bereich der alten Lifttrasse geht es in östliche Richtung zum Sendemast des ORF hinauf, der weithin erkennbar ist. Einige nicht schwierige Felspassagen und Schmalstellen des gut gekennzeichneten Steiges leiten schließlich über nockartige Erhebungen in den Gipfelbereich mit sehenswertem Gipfelkreuz (2208 m). Die Tour kann hinüber zur Gruft (2232 m) und zum Weitentalsattel ausgedehnt werden.

■ ***Abstieg:*** Der Abstieg erfolgt entgegengesetzt. Für Geübtere besteht noch die Möglichkeit, über den Weitentalsattel oder zum Grünsee abzusteigen.

■ ***Winter:*** Leicht bis mittel, Wächten beachten. Grünsee und Weitental schwierig, Lawinengefahr!

**✔ kurz gesagt**

***Schwierigkeit*** Sommer leicht und kurz, auch für Kinder, Winter leicht bis mittel
***Dauer*** Schoberriegel 1 1/2 Std., zurück 1 Std., Rundtour Weitentalsattel, Schwarzsee insges. 3 1/2 Std., Rundtour Grünsee 3 Std.
***Talort*** Ebene Reichenau
***Ausgangspunkt*** Turracher Höhe (1795 m), Gaststätten
***Stützpunkte*** keine
***Karte*** ÖK 1:50.000, Blatt 184 (Ebene Reichenau)

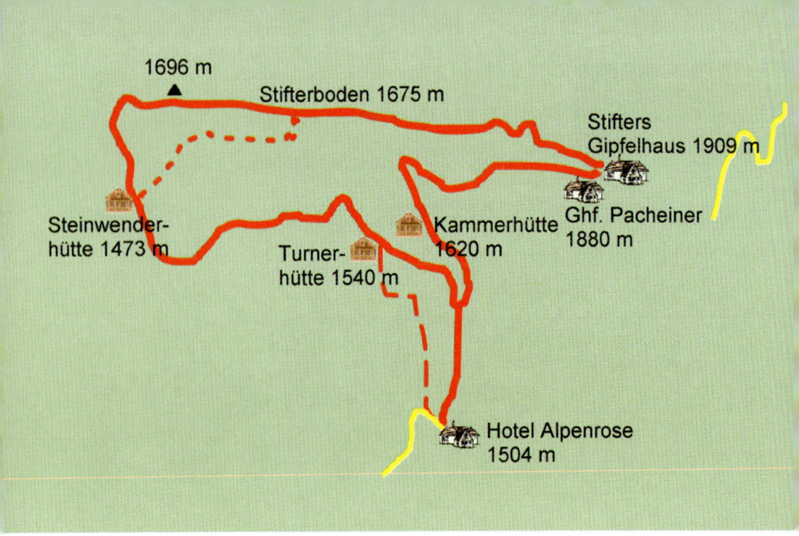


# 57 Gerlitzen

■ ***Sommer:*** Die Gerlitzen kann getrost zu jenen Kärntner Bergen gezählt werden, deren Wintersportanlagen über die Landesgrenzen hinaus bekannt sind. Wird der Gerlitzen aber auch als Sommer-Wanderparadies entsprechende Aufmerksamkeit zuteil? Alpengasthöfe und Schutzhütten und ein dichtes Netz von Wanderpfaden laden zum Besuch ein.

Bei ruhigem Wetter herrscht beim Pacheiner reges Treiben, wenn die bunten Flugdrachen und Gleitschirme abheben und ihre luftigen Schleifen ziehen.

In den frühen Fünfzigerjahren des 20. Jahrhunderts konnte auf dem Pöllinger-Hang einer der ersten Schlepplifte bestaunt werden. Ein Plattformwagerl auf vier Gummirädern wurde an einem einfachen Seil bergan gezogen und übernahm für wenige Minuten die Rucksäcke. Eindrucksvoll damals auch das Sonnenobservatorium mit seinem Innenleben. Die Sonnenstunden wurden mit Hilfe einer Glaskugel, die auf einen Papierstreifen brannte, gemessen. Die Sonnenscheindauer ist in Innerkärnten hoch und wird im Winter in den Ostalpen nirgendwo übertroffen. Die Gerlitzen überbietet sogar Rom!

Heute kündet eine Gedenktafel von der Errichtung durch Britische Truppen und der Übergabe dieser Beobachtungsstation an die Uni Graz im Jahre 1947. Schön sind diese Rundbauten zwar nicht, Windangriffe können sie trotzdem gut überstehen.

■ ***Zufahrt:*** Die mautpflichtige Bergstraße führt von Treffen auf 1490 m Seehöhe mit Parkplatz (unweit des Hotels Alpenrose), nur wenige Gehminuten

**✓ kurz gesagt**

***Schwierigkeit*** Sommer und Winter leicht
***Dauer*** Parkplatz – Kammerhütte 30 Min., Gipfel 1 1/2 Std., Abstieg 1 Std., Rundtour 2 3/4 Std.
***Talort*** Villach
***Ausgangspunkt*** Parkplatz nächst Hotel Alpenrose
***Stützpunkte*** Kammerhütte ☎ 0 42 48/28 83, Alpengasthof Pacheiner ☎ 28 88; Gipfelhaus ☎ 28 81; Steinwender Hütte kein Telefon; Turnerhütte ☎ 27 55
***Hinweis*** Maut Pkw € 4,30, ☎ 0 42 48/21 51
***Karte*** ÖK 1:50.000, Blatt 201 (Villach)

oberhalb der Seilbahn-Mittelstation

■ ***Aufstieg:*** In einem Durchlaß geht es zur Kammerhütte (1620 m) und zu den Arbeiterkammer-Ferienhäusern hinauf. Die dort bergwärts führende Forststraße vollführt bald eine Rechtsschleife und endet an einem Zaun. Ein schmales Steiglein übernimmt deren Funktion und gelangt durch den Wald auf eine große Wiese, über der bereits der Pacheiner (1880 m) auftaucht.

■ ***Abstieg:*** Vom Gipfel (Stifters Gipfelhaus, 1909 m) könnte zur Rundtour nach Westen bis zum Kartenpunkt 1696 und dann beim Wegweiser südwärts zur Steinwender Hütte (1473 m) aufgebrochen werden. Nach dem Schwenk zur Turnerhütte (1540 m) würde sich der Kreis schließen, es sei denn, die Seilbahn war zu verlockend …

■ ***Winter:*** Wie Sommer, Kurztour, Lawinengefahr eher gering.

*Über dem Nebelmeer*

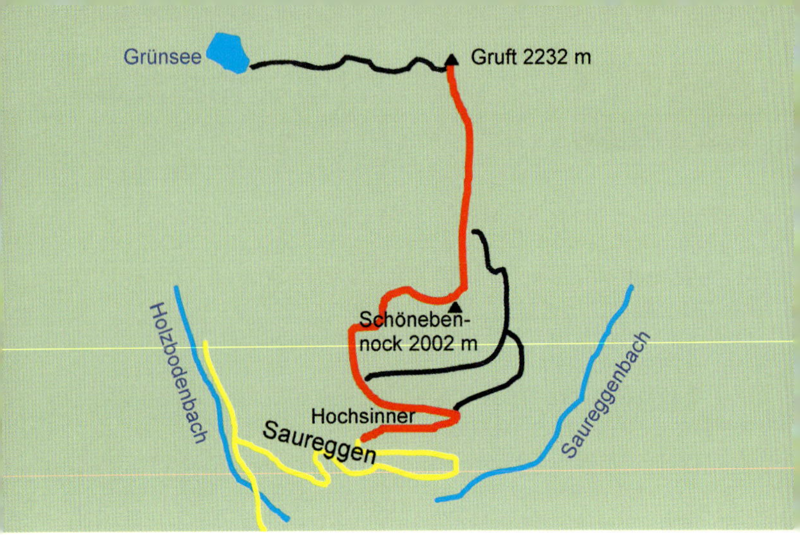


# 58 Die Schabreiter von Saureggen (Gruft)

■ ***Sommer:*** Markierter Anstieg zum Ziel.

■ ***Winter:*** Bis über den Hochsinner hinaus, bei einem alten Gehöft in 1616 Metern Seehöhe und Ausgangspunkt der Tour auf die Gruft (2232 m), führt jetzt ein Asphaltband. Damit sind die Einschichthöfe von Saureggen näher an das Tagesgeschehen gerückt.

Früher, als es noch keine Schier oder Rodeln gab, vergnügte sich die Bergjugend mit Faßdauben oder mit „Schaben". Viele Winternächte waren erfüllt vom Jauchzen der „Schabreiter" von Saureggen und von Winkl, jenseits der Taufelsbrücke an der Turrach. Sie holten die Roggengarben, die nach dem Dreschen im Herbst im „Gepater" (Scheunen) verblieben, hervor und banden sich daraus schaufelartige Untersätze.

Fest zusammengefügt und im Trog ins Wasser getaucht, froren sie an die Hauswände gelehnt zu einer glatten Fläche. Auf diesen Strohschaben ging es über die verschneiten Berghänge zu Tal und die „Schabreiter" mußten höllisch aufpassen, nicht einen Baum oder einen aus dem Schnee herausragenden Zaunpfahl zu übersehen. An Sonn- und Feiertagen oder gar zur Christmette galt das Schabreiten aber als Frevel und war untersagt. Es gab auch Unfälle, weil sich nicht alle an das Verbot hielten. So wollte sich ein Jüngling den Marsch zur Mette ersparen und setzte sich auf seine Schabe. Die Fahrt wurde immer schneller und erst ein Zaun beendete die Wahnsinnnsfahrt. Der Kopf des Frevlers blieb im Gehölz hängen, der übrige Körper aber sauste auf dem Höllengefährt weiter und verschwand für immer.

■ ***Zufahrt:*** Von der Turracher Straße nach Saureggen bis zum Wegteiler oberhalb des Hochsinner.

■ ***Aufstieg:*** Die Loipe erreicht nach der Kehre eine Futterhütte. Von da an hält man sich an die Waldhänge und steht bald auf der Felskrone des Schönebennockes (2002 m). Der später schmäler und felsiger werdende Bergrücken leitet direkt zu den Steinklüften der Gruft. Davon dürfte auch der eigentümliche Name herrühren. Die schmalen Schneeränder täuschen festen Boden vor und dürfen keinesfalls betreten werden!

■ ***Abfahrt:*** Viel Spaß entlang der Aufstiegsspur! Als Variante kann bei sicheren Verhältnissen auch zum Grünsee abgefahren werden.

**✓ kurz gesagt**

***Schwierigkeit*** Sommer und Winter leicht, im Steilgelände insbesondere im Zustieg zum Schönebennock mäßige, nach Schneefällen beachtliche Lawinengefahr
***Dauer*** Aufstieg zur Gruft 2 1/2 Std., Überschreitung Schoberriegel-Turrach plus 1 Std.
***Talort*** Ebene Reichenau
***Ausgangspunkt*** Weggabel 150 m nach Hochsinner
***Stützpunkte*** keine
***Karte*** ÖK 1:50.000, Blatt 184 (Ebene Reichenau)

*Christmette auf der Turrach*

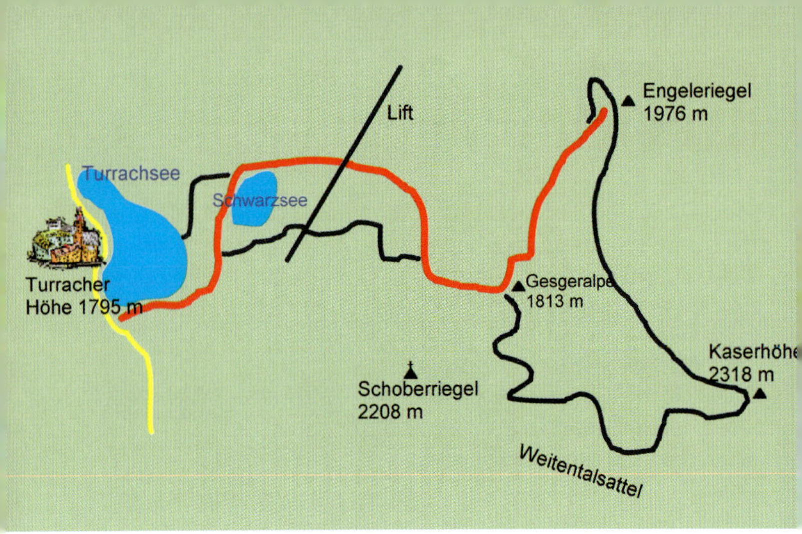


# 59 Kaserhöhe vom Schwarzsee

■ ***Sommer:*** Markierter Weg Turrachsee – Schwarzsee – Gesgeralm (1813 m) Forststraße Engeleriegel, dann wie im Winter weglos zum Gipfel.

■ ***Winter:*** Selbst wenn die Lifte den Winterbetrieb bereits eingestellt haben sollten, hat dies für Schi-Tourengeher höchstens längere Anstiege zur Folge.

Im speziellen würde der Turrachlift immerhin eine Aufstiegserleichterung, vor allem aber zusätzliche 500 Höhenmeter (Pisten-) Abfahrt bringen. Die Abfahrtsvariante durch den unteren Abschnitt des Weitentalgrabens hängt von der Schneelage ab.

Die Kaserhöhe an der Landesgrenze zur Steiermark glänzt mit hervorragenden Ausblicken in den Süden bis zu den Karawanken und nach Norden zum Preber. Der weitgeformte Bergrücken der Kaserhöhe bietet im Sommer willkommenen Futterplatz für Almvieh – daher auch der Name. Im Winter ist es ein leichtes, auch noch die im Osten angrenzenden Gipfel Richtung Lattersteighöhe zu überschreiten. Jeder Gipfel überragt den voranliegenden um genau einen Meter: Kaserhöhe 2318 m, Hoazhöhe 2319 m, Bretthöhe schließlich 2320 m. Der Weiterweg (Winter) zur Lattersteighöhe ist wegen der Schneelage und Vereisung auf dem Gratabstieg schwierig!

■ ***Zufahrt:*** Die Straße über die Turracherhöhe wurde vor einigen Jahren entschärft und hat ihre Schrecken (36 % Steigung) weitestgehend verloren. Ganze 26 % stehen an einigen Stellen noch zu Buche. Der Parkplatz bei der Talstation am Fuße der Nordrampe (Abzweigung ca.

2 km) südlich des Ortes Turrach) ist leicht zu finden.

■ ***Aufstieg:*** Die Steigfelle bleiben noch im Rucksack. Der Turrachlift schleppt Bequeme bis in die Nähe des Schwarzsees auf 1900 m Seehöhe. Dieser Geländepunkt läßt sich auch vom Nordende des Turrachsees über Pisten in einer halben Stunde (Aufstieg) erreichen. Jetzt wird hinunter zur Gesgeralm im Weitentalgraben (Loipenmarkierung) gerutscht. Von hier aus gewinnt man Einblick in den oberen Weitentalgraben bezüglich seiner Befahrbarkeit. Auf einer breiten Forststraße wird der Engeleriegel betreten und hin zum schütter bewaldeten Rücken, der in einer leichten Linksbiegung gipfelwärts strebt, verlassen.

■ ***Abfahrt:*** Bei sicheren Verhältnissen über den Weitentalsattel, andernfalls entlang der Aufstiegspur zur Gesgeralm (Gesgeralpe).

*Almkäserei*

**✓ kurz gesagt**

***Schwierigkeit*** Sommer leicht, Winter leicht bis mittel, Lawinengefahr Weitentalsattel bis Graben
***Dauer*** Aufstieg 3 bis 3 1/2 Std., Abfahrt/Abstieg samt Gegenanstieg 1 1/2 bis 2 1/4 Std. Ausdauer
***Talort*** Turrach
***Ausgangspunkt*** Turracherhöhe bzw. Parkplatz Turrachlift
***Stützpunkte*** keine
***Hinweis*** Lift ☎ 0 42 75/82 52
***Karte*** ÖK 1:50.000, Blatt 184 (Ebene Reichenau)

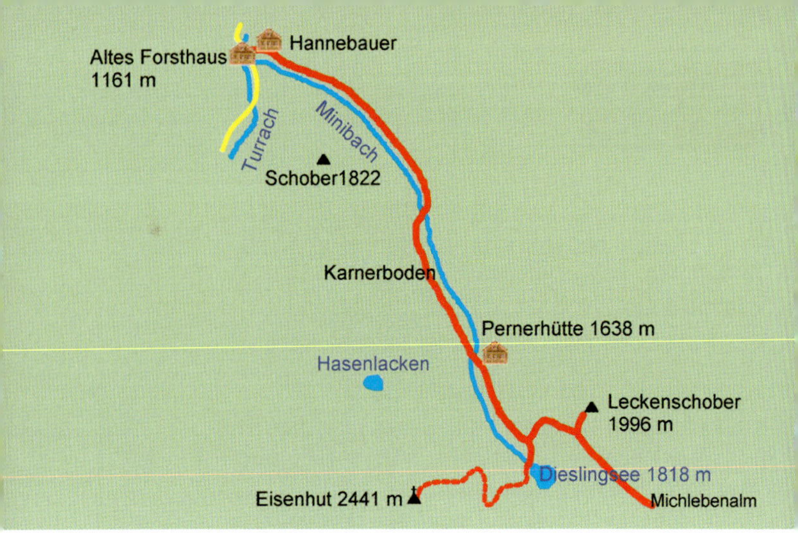


# 60 Der Dieslingsee beim Eisenhut

■ ***Sommer:*** Der Dieslingsee schmiegt sich in die wildromantische Landschaft, die der steirische Eisenhut mit dem kärntnerischen Wintertaler und seinem nördlichen Ausläufer, dem Leckenschober, bildet. Die gemütliche, aber stete Steigung, die der Bergwanderer vom „Alten Forsthaus" an der Turrach hinauf zum See und zum Übergang zur Michlebenalm (und Flattnitz) zurücklegt, ist stets vom Rauschen des Minibaches umrahmt. So klein ist der Bach nicht, sonst würde die steirische E-Wirtschaft nicht sein Wasser zur Stromgewinnung ableiten.

Ein Hohlweg, den die Schmelzwässer wohl mehr als einmal zum Bachlauf umfunktionierten, gibt stark zerfurcht mit seinem Schotter knirschend nach.

Hufeisenförmig lasten die Felstürme und Flanken von Wintertaler und Eisenhut auf dem Ufersaum. Ihre Spiegelung im See wirkt kalt und bizarr, die langen Schatten des Nachmittags lassen bald das Idyll verblassen.

Wenn die körperliche Verfassung stimmt und der Steig eis- und schneefrei ist, kann die Tour noch mit dem Eisenhut (2441 m) gekrönt werden (markiert, ab See 2 Std. hinauf, 1 1/4 Std. zurück; mittelschwer). Der Leckenschober springt mit seinen 1996 Metern aber ersatzweise ein. Die Sicht ist nach Süden zu und teilweise auch gegen Westen hin durch die höheren Nachbarn verstellt. Für die

*Spiegelbild*

Blicke zu Petzen, Sau- und Koralpe oder zu den Bergen der Schladminger- und Radstädter Tauern reicht es aber.

■ ***Zufahrt:*** Etwa vier Kilometer nördlich des Ortes Turrach wird beim Hannebauer (Altes Forsthaus) nach Osten abgebogen (Parkfläche vor dem Schranken).

■ ***Aufstieg:*** Die Markierungen 129 begleiten den Minibach aufwärts, übersetzen ihn auf einer Stegbrücke, durchqueren sodann das Anwesen Pernerhütte (Jagdhütte, 1638 m) und treffen in 1818 m auf den Dieslingsee. Kurz vor dem See zweigt der Weg 152 zum Sattel und zum Leckenschober (250 Meter nördlich vom Sattel) ab.

■ ***Abstieg:*** Der Übergang zur Flattnitz ist wie der Rückweg längs des Minibaches immer sehr abwechslungsreich.

■ ***Winter:*** Kaum geeignet.

**✓ kurz gesagt**

***Schwierigkeit*** leicht, auch für Kinder
***Dauer*** bis zum See 2 bis 2 1/2 Std., bis Leckenschober zusätzlich 30 Min., Abstieg 1 1/2 bzw. 2 Std.
***Talort*** Turrach
***Ausgangspunkt*** Altes Forsthaus – ca. 4 km nördl. des Ortes Turrach
***Stützpunkte*** keine
***Karte*** ÖK 1:50.000, Blatt 184 (Ebene Reichenau)

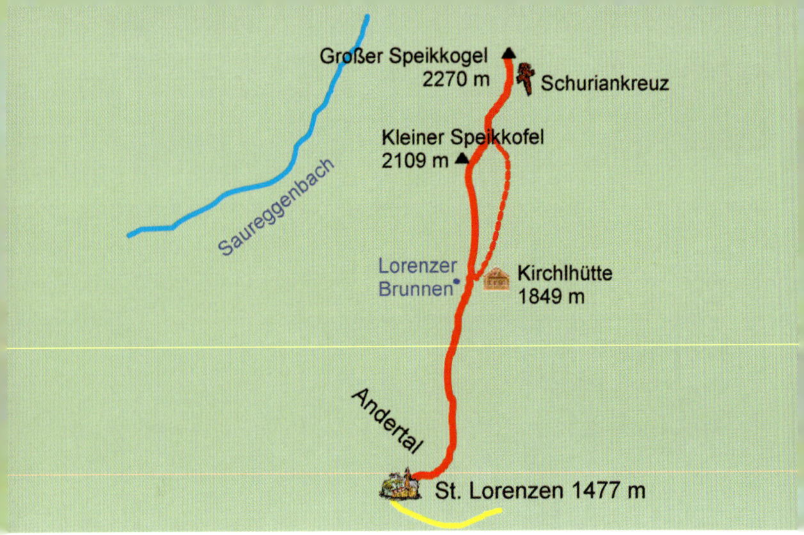


# 61 Kleiner und Großer Speikkofel

■ **Sommer:** Siehe Winterweg.

■ **Winter:** Vielleicht möchten Sie sich zu Beginn der Saison mit einer leichten Tour auf das Erlebnis Berg einstimmen? Das dafür vorgesehene Gelände stellt weder vom Tourenverlauf her noch im Hinblick auf eine mögliche Lawinengefahr besondere Anforderungen. Doch der Teufel schläft nie! Das Begehen alpinen Wintergeländes setzt jedenfalls Mindestkenntnisse der Alpingefahren wie auch der Lawinenkunde voraus. Der Kleine (2109 m) und Große Speikkofel (2270 m) bei St. Lorenzen sind angepaßte Ziele.

Bevor aber zur ersten Tour aufgebrochen wird, sollte der Ausrüstung noch Augenmerk geschenkt werden. Haften die (Kombi-) Felle noch oder ist der Klebebelag zu erneuern? Sind die Fellborsten gewachst, um Stollenbildung bei Pappschnee hintanzuhalten? Besitzt jeder Teilnehmer ein Verschüttetensuchgerät (Ortovox, Pieps Tracker usw.) und sind die Batterien noch leistungsfähig?

Beachten Sie bitte auch, daß sich die Alpenländer nach dem Frequenzwirrwarr erst vor wenigen Jahren endlich auf eine einheitliche Funkfrequenz von 457 Kilohertz einigen konnten, was einschneidende Folgen brachte: Geräte älterer Bauart können von den Geräten mit Frequenz 457 nicht mehr geortet werden. Nur Neugeräte und als Übergangslösung die sogenannten Doppelfrequenzgeräte erfüllen noch diese Voraussetzungen.

■ ***Zufahrt:*** St. Lorenzen (1477 m) wird über die Verbindungsstraße Ebene Reichenau – Hochrindl erreicht.

■ ***Aufstieg:*** Direkt bei der Kirche beginnt der Aufstieg (Weg 155, rot-weiß-rote Markierung), der an einigen Häusern vorbei zu einer Lichtung (links aufwärts) zunehmend nördlicher zur Waldgrenze führt. Hier hält man die Nordrichtung ein und orientiert sich am Weidezaun, der bis in die große Mulde unterhalb des Großen Speikkofels mit Markierungen versehen ist. Unterhalb des Kleinen Speiks (Steinhaufen) ist eine steilere Stelle bei großen Schneemengen und Windanpressungen nicht immer ganz harmlos (Abstände einhalten!). Der Große Speik wird aus der Mulde mit Wegweiser an der Zaunkreuzung – unter Ausnützung der Geländebuckel – erstiegen.

■ ***Abfahrt:*** Die Aufstiegsspur dient als Wegweiser. Fährt man nach der Zaunkreuzung langsam fast eben weiter, erspart man sich den kurzen Gegenhang zum „Kleinen“.

*Wintermärchen*

**✓ kurz gesagt**

***Schwierigkeit*** Sommer und Winter leicht, Lawinengefahr nur im Steilstück und Schlußteil bei höherer Schneelage
***Dauer*** Kleiner Speikkofel 2 bis 2 1/2 Std., Großer Speikkofel + 40 Min. Rückweg: 1 1/2 bzw. 2 Std.
***Talort*** Ebene Reichenau
***Ausgangspunkt*** St. Lorenzen, Gh. Pertl ☎ 0 42 75/219 und Gh. Brandstätter ☎ 0 42 75/389 in St. Lorenzen gj. offen
***Stützpunkte*** keine
***Karte*** ÖK 1:50.000, Blatt 184 (Ebene Reichenau)

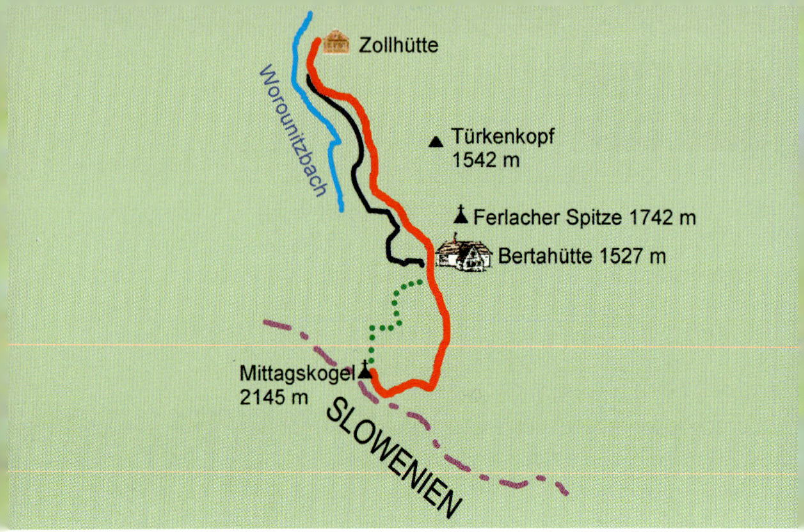


# 62 Bertahütte und Mittagskogel

■ ***Sommer:*** Wie oft mag der Mittagskogel mit Bildstock und Faaker See wohl schon als Fotomotiv gedient haben? Sein Gipfelaufbau gleicht dem Erscheinungsbild südländischer Vulkane. Tatsächliche Zusammenhänge bestehen allerdings nicht.

Die nach Norden und Nordosten ausgerichteten Felsrippen und Wandstellen bieten geübten Kletterern einen im zweiten Schwierigkeitsgrad einzustufenden Felsanstieg. Aber auch Wanderfreunde kommen auf ihre Rechnung. Der Weg, wohl kaum zu verfehlen, überwindet einige Karrinnen und Latschengürtel, wird im oberen Teil sehr steil, um dann auf leichtem Almboden einen kräftigen Kontrast zu setzen.

■ ***Zufahrt:*** Die Abzweigung auf der Verbindungsstraße Finkenstein – St. Jakob im Rosental ist leicht zu übersehen. Rund 250 Meter östlich des Hotels Mittagskogel geht es in südöstliche Richtung bergan und nach 1 km fast im rechten Winkel (Wegweiser) nach Westen. Dann dürfte nichts mehr schiefgehen und nach holpriger Fahrt wird die letzte Parkmöglichkeit vor einem Forstschranken erreicht (ca. 1150 m). Lassen Sie sich nicht vom manchmal offenstehenden Schranken zur Weiterfahrt verleiten, nachher könnte er geschlossen sein.

■ ***Aufstieg:*** Eingebettet zwischen Türkenkopf und Mittagskogel liegt ein mit Alpenblumen übersäter Sattel. 10 Gehminuten davon entfernt, im Norden,

*Wahrzeichen für Mittelkärnten: der Mittagskogel*

liegt im Hochwald die Bertahütte (1527 m). Vielleicht schon ein Tourenziel für noch ganz kleine Bergwanderer? Der weitere Aufstieg erfolgt vom Sattel aus in südliche Richtung und ist gut gekennzeichnet. Nach dem noch sehr gemütlichen Latschengürtel wird es zunehmend steiler und, bedingt durch den feinen Schotter auf felsigem Grund, auch rutschiger. Eine Gehhilfe in Form von Schistöcken schadet keineswegs und schont darüberhinaus im Abstieg auch noch die Kniegelenke und Bandscheiben.
Erst wenn der über zerschundenen steilen Grashängen hingestreckte Geländewulst bezwungen ist, führen leicht begehbare Almböden (Westrichtung) bis hin zum lange schon sichtbaren Gipfelkreuz (2145 m). Eine wunderschöne Aussicht über Villach zu den Tauern, in das Rosental oder in das Gailtal ist der Lohn für die Aufstiegsplage.

■ ***Abstieg:*** Auf gleicher Route zurück. Im Schotterbereich bitte aufpassen, daß es nicht zu Ausrutschern mit Stürzen und Verletzungen kommt. Kinder brauchen in diesem Abschnitt bergauf wie bergab Hilfe.

■ ***Winter:*** Große Lawinengefahr, hochalpine Frühlingstour.

**✔ kurz gesagt**

***Schwierigkeit*** Sommer leicht bis mittel, Kletteranstieg (II) nur für Geübte, Winter hochalpin
***Dauer*** bis Hütte 1 Std., Hütte – Gipfel 2 bis 2 1/2 Std., Abstieg 1 1/2 bis 2 Std.
***Talort*** Finkenstein
***Ausgangspunkt*** Schranken
***Stützpunkt*** Bertahütte (1527 m), bewirtschaftet
***Auskünfte*** ÖAV Villach
☎ 0 42 42/28 95 84 bzw. 0 66 4/596 86 77
***Karte*** ÖK 1:50.000, Blatt 201 (Villach)

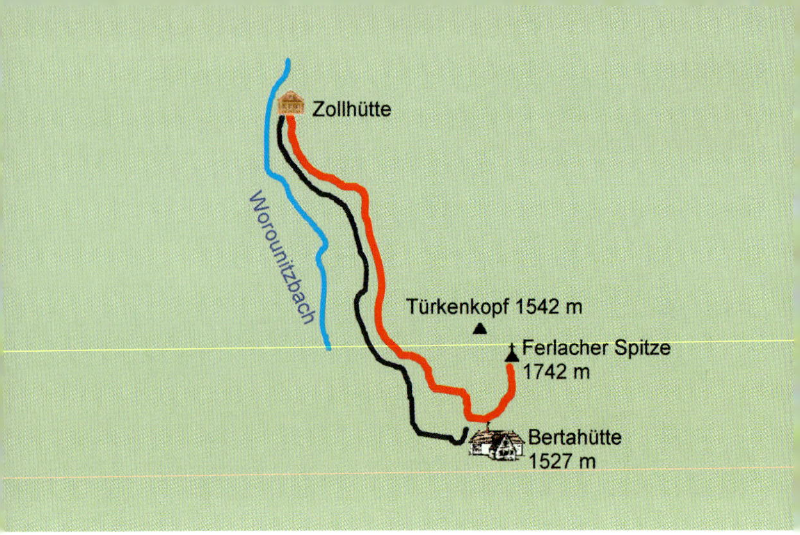


# 63 Die Ferlacher Spitze

■ ***Sommer:*** Die Überraschung wird perfekt ausfallen! Vergleichsweise wie die Speichen eines liegenden Rades liegen die Täler des Mittelkärntner Raumes zum Greifen nahe – und dies von diesem „Klapf", aus, der mit 1742 Metern keinen allzugroßen Staat macht, von der Ferlacher Spitze beim Faaker See.

Nur nach Süden zu verstellt der nahe Mittagskogel mit seinem kantigen Nordostgrat und den Nachbarn im Karawankenkamm die Aussicht. Die übrigen Himmelsrichtungen stellen eine Aufbereitung der Täler und Bergeshöhen dar, ein unglaubliches Erlebnis! Gleich im Westen schmiegt sich das Gailtal an die Grenzberge, der Blick

*Im Süden sanft, im Norden schroff, die Ferlacher Spitze*

überspringt die Gailtaler Furche um weiter rechts das Untere Drautal mit dem rechterhand folgenden Gegendtal samt Mirnock festzuhalten. Dann der Ossiacher Tauern mit einem Zipfel des Wörthersees und schließlich das Keutschacher Seental und nicht zuletzt das Rosental mit seinen funkelnden Stauseen am Rande der Karawanken, die ihre Schatten in die steilen Nordseiten werfen.

■ ***Zufahrt:*** Von der Rosentalstraße wird 250 Meter östlich des Hotels Mittagskogel Richtung Bertahütte nach Süden abgebogen.

■ ***Aufstieg:*** Der markierte Weg 680 gewinnt links der Straße, die nach Regenfällen eher einem Bachbett gleicht, eine Anhöhe, die auch noch vom Schranken aus (Wegweiser, ca. 1150 m) erreichbar ist. Nach einem Graben windet sich der Pfad zur AV-Schutzhütte (1527 m) hinan. Die letzten 200 Höhenmeter danach nimmt der Gipfelaufbau für sich in Anspruch. Noch fehlt ein Schwenk über eine Einsattelung nach Norden – und dann liegt (fast) alles zu Füßen!

■ ***Abstieg:*** Auf gleicher Route zurück oder zur Abwechslung auf der süd(west)lich ansetzenden Schotterstraße zum Schranken

■ ***Winter:*** Kaum geeignet.

**✓ kurz gesagt**

***Schwierigkeiten*** Sommer bis Hütte leicht, dann leicht bis mittel, Winter s. o.
***Dauer*** Bertahütte (ÖAV Villach) bis 1 1/2 Std.;
Gipfel + 30 bis 45 Min.; Rückweg 25 Min., Tal + bis 1 Std.
***Talort*** Finkenstein
***Ausgangspunkt*** Zubringerstraße bzw. Forstschranken
***Stützpunkt*** Berthahütte, Sommerbetrieb
Auskünfte: AV Villach (Di./Do. Fr. 17–19.30 Uhr)
☎ 0 42 42/28 95 84
***Hinweis*** Gipfelaufbau weist Abbrüche abseits des Steiges auf, Vorsicht mit Kindern!
***Karte*** ÖK 1:50.000, Blatt 201 (Villach)

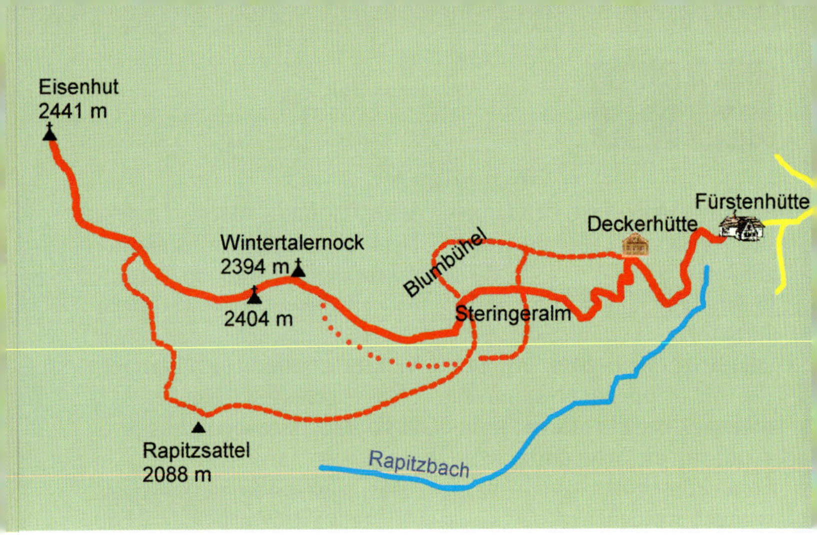


# 65 Der Wintertalernock

■ ***Sommer:*** Markiert an Winterroute angelehnt.

■ ***Winter:*** Diese Tour ist ein Klassiker. Sie kann den ganzen Winter gemacht werden. Der bevorzugte Schianstieg erfolgt von der Fürstenhütte beziehungsweise von der Deckerhütte aus über die Steringeralm und die Ostschulter des Wintertalers.

Diese Ostschulter weist einen buckelartigen Aufbau bei mäßiger Steilheit auf. Nur im Bereich der markanten Felsgestalt 200 Meter unterhalb des Gipfels wird das Gelände steiler. Hier ist nach Schneefällen oder Windverfrachtungen auf Schneebretter zu achten.

Der Wintertaler weist zwei Gipfel auf: Der Ostgipfel bringt es auf 2394 Meter, der Westgipfel auf 2404 Meter und ist ebenfalls mit einem Gipfelkreuz versehen. Der vom Wintertaler 500 Meter entfernte Westgipfel gilt inoffiziell als Straßburger Spitze.

Ob Ostgipfel, Westgipfel, Wintertaler und Straßburger, eines steht fest: Die Aussicht nach allen Seiten ist schlichtweg faszinierend!

Im Süden liegen Haidnerhöhe, Bretthöhe, Hoazhöhe, Kaserhöhe und Schoberriegel wie eine Barriere vor Augen. Nach Nordwesten und Norden fällt der Blick auf den Eisenhut und die einladenden Gipfel um Kaltwasser, wie Kirbisch und Prankerhöhe.

■ ***Zufahrt:*** Vor den Liften zweigt die (Forst-)Straße rechts nach Kalkbrand und Fürstenhütte ab. Je nach Befahrbarkeit kommt man mit dem Pkw sogar bis zu Deckerhütte (1525 m) und Steringeralm (1712 m).

„Der Wintertaler“ im Herzen der Nockberge

■ **Aufstieg:** Auf einer Forststraße steigt man bis zur Steringeralm (1712 m) auf, wobei die Kehren mehrmals abgeschnitten werden. Dann folgt ein Aufschwung und die Waldgrenze ist erreicht. Die breite Ostschulter wird von einem Felsklotz beherrscht, der links umgangen wird.

■ **Abfahrt:** Schneelage und Lawinensituation einerseits und schifahrerisches Können andererseits legen hier die Maßstäbe. Normalerweise fährt man entlang der Aufstiegsspur bis unterhalb des Felsbrockens, dann werden die weiten Südosthänge verwendet, und in einem Linksbogen taucht man bei etwa 1900 m Höhe wieder in schütter bewaldetes Gelände und Schneisen (500 m südlich der Steringeralm) ein. Die Aufstiegsspur wird schließlich zum Wegweiser.

**✓ kurz gesagt**

**Schwierigkeit** leicht bis mittel, im Steilgelände (z. B. Felsklotz – Gipfel) Lawinengefahr beachten
**Talort** Flattnitz
**Ausgangspunkt** Fürstenhütte bzw. Deckerhütte
**Stützpunkte** Deckerhütte und Wintertalerhütte darüber (☎ 0 42 68/38 23, Eva Egartner, nur zeitweise offen), Steringer Alm(-hütte)
**Dauer** Fürstenhütte – Gipfel 3 Std., Deckerhütte – Gipfel 2 1/2 Std.
**Karte** ÖK 1:50.000, Blatt 184 (Ebene Reichenau)

# 66 Kalteben am Hochrindl

■ ***Sommer:*** Lattersteig 09B bis auf Geringfügigkeiten identisch mit dem Winteranstieg.

■ ***Winter:*** Erst in eineinhalb Stunden wird die Entscheidung darüber fallen müssen, ob mit der Kalteben der Bedarf gedeckt ist oder die Tour zur Lattersteighöhe ausgedehnt werden soll. Viel Zeit für Überlegungen also bis zum Weißen Kreuz auf dem Hochrindl (1 Std.).

Der Name Kalteben stiftet sicher Verwirrung, trifft er doch nur zum Teil den Kern der Sache. Kalt mag es dort schon sein, wenn die Stürme ungehindert über die Berghänge peitschen; eben ist es aber keineswegs. Und mit eben sind wohl die ineinanderfließenden Höhen im langgezogenen Ostwest-Rücken gemeint, allesamt über 2100 Meter hoch.

Abfahrten gibt es von der Kalteben zuhauf. Verlockend ist dabei ein beim Mittelgipfel (Kartenpunkt 2140 m) ansetzender breiter Südrücken mit muldenartiger Senke. Eine Stunde weiter im Westen kann die Lattersteighöhe (2264 m) aus einem kleinen Sattel über einen kurzen felsigen Grat erstiegen werden. Was dann aber als Fortsetzung über den Rapitzsattel nach Norden zum Eisenhut oder nach Westen über die Bretthöhe zur Turrach folgt, grenzt bereits an kleinere Gewaltmärsche.

■ ***Zufahrt:*** An der Schnittstelle der Straßen von Sirnitz und Deutsch-Griffen auf dem Hochrindl (Parkplatz/Schlepplift) ist Endstation fürs Auto.

■ ***Aufstieg:*** Geduld, Geduld! Vorerst wird die Langlaufloipe mit geringen Steigungen und unbedeutendem Gefälle ent-

**✓ kurz gesagt**

***Schwierigkeit*** Sommer und Winter leicht, Lawinengefahr gering
***Dauer*** Aufstieg Kalteben 3 Std., Lattersteighöhe 4 Std. Rückweg Winter etwa 1 1/4 Std., Sommer 3 Std.
***Talort*** Sirnitz, Deutsch-Griffen, Ebene Reichenau
***Ausgangspunkt*** Parkplatz beim Schlepplift
***Stützpunkte*** keine
***Hinweis*** Lawinengefahr in sonnendurchweichten steilen Südhängen beachten!
***Karte*** ÖK 1:50.000, Blatt 184 (Ebene Reichenau)

langgerutscht. Erst bei der ausgepflügten Umkehrschleife werden die Steigfelle aufgezogen, und es dauert noch eine Weile, bis hinter Pölling die Loipe nach links abzweigt. Zwischen Zäunen geht es endlich bergan, und beim Weißen Kreuz (1800 m) endet der fünf Kilometer lange Anmarsch. Ein Zaun wird fortan Begleiter bis zum auserwählten Gipfel (2140 m). Gegenüber im Norden glänzt der Wintertalernock mit seiner Gipfelmulde im Sonnenlicht.

■ ***Abfahrt:*** Keine Frage, der zaunbestückte Rücken und die Mulde darunter sagen alles. Herrliche Schwünge in nicht steilem Gelände stehen an, allerdings könnten im Schnee unauffällig verpackte Steinhaufen zu Auslösern von „Bauchflecken erster Güte" werden, wonach die Lust zu „bolzen" rasch verflogen ist.
Um die kurzen, flachen Gegenanstiege kommt man nur herum, wenn man über die weiten Wiesen nach Albern zum Griffenbach (928 m, Zweitauto?) abfährt

*Herrliche Höhenloipe am Hochrindl*

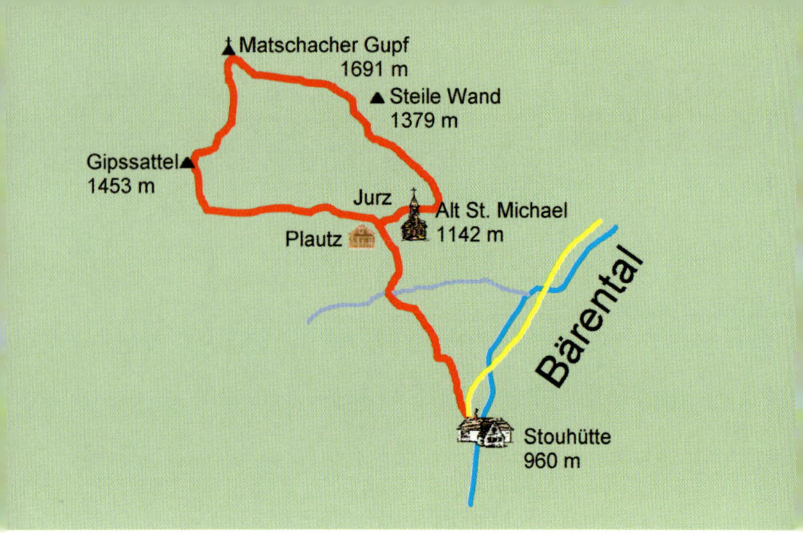


# 67 Im Mai auf dem Matschacher Gupf

■ ***Sommer:*** Diese Tour nächst Feistritz im Rosental führt in ein Gebiet mit ungeahnten Ausblicken, sei es über die Draustufen nach Klagenfurt oder in die schneebedeckten Kare der nahen Karawanken. Die Julischen Gipfel werden mit den Blicken genauso aufgenommen wie die Nockberge und die Tauern weit im Nordwesten. Dazwischen liegen Flüsse und Seen, große und kleine – Zierat der Kärntner Landschaft. Inmitten von Schneerosen und Krokussen unter zartgrünen Lärchen hat die Seele Zeit zu baumeln – der Bergfrühling ist erwacht.

■ ***Zufahrt:*** Es ist wohl müßig, über das Bärental mit seiner wildromantischen Klamm viele Worte zu verlieren; ein Besuch hat noch jeden überzeugt!

■ ***Aufstieg:*** Direkt bei der Stouhütte (960 m) verweist eine Tafel des ÖAV Klagenfurt auf den nach rechts (Norden, Weg 603 bzw. 668) über einen Bach verlaufenden Weg. Die anderen Markierungen betreffen den Bärensattel (Südwesten) und die Johannsenruhe (Süden) am Weg zur Klagenfurter Hütte. Im Anstieg zum Matschacher Gupf (1691 m) werden die „Alte Schule“ in Neu-St. Michael und die alten Bauernhuben von Plautz und Jurz – oder was davon noch übrig ist – berührt. Unweit der Kapelle Alt-St. Michael macht die Forststraße einen Knick Richtung Nordwesten (Hinweistafel, Markierungen). Die Steile Wand wartet wie zum Trotz nur mit harmlosen Serpentinen auf, die

*Ohne Skier in den Frühling*

im Hochwald zu einer Felskanzel mit herrlicher Aussicht führen. Zum Gipfel mit Kreuz und Rastbank ist es nicht mehr weit.

■ ***Abstieg:*** Bis zum Gipssattel im Süden (1453 m) wird am Rande eines Kares (Kinder festhalten) einigermaßen steil abgestiegen. Beim Sattel ist der Weg 669 (links, dunkler Hochwald) einzuschlagen, der später im Sichtbereich einer Wiese und endlich in einem Bachbett zum Plautz verläuft, wo sich der Kreis schließt.

***Winter:*** Nicht sehr geeignet.

**✔ kurz gesagt**

***Schwierigkeit*** Sommer leicht, mittelsteil, auch für kleinere Kinder, aber Vorsicht an ein paar abschüssigen Stellen, Winter s. o.

***Dauer*** Aufstieg 2 1/2 Std., Abstieg 1 1/2 Std.

***Talort*** Feistritz/Rosental

***Ausgangspunkt*** Stouhütte ☎ 0 42 28/25 90, nicht immer geöffnet!

***Stützpunkt*** keine

***Karte*** ÖK 1:50.000, Blatt 211 (Windisch-Bleiberg)

*Seite 156/157:*
*Erster Schnee am Fuße der Gerlitzen*

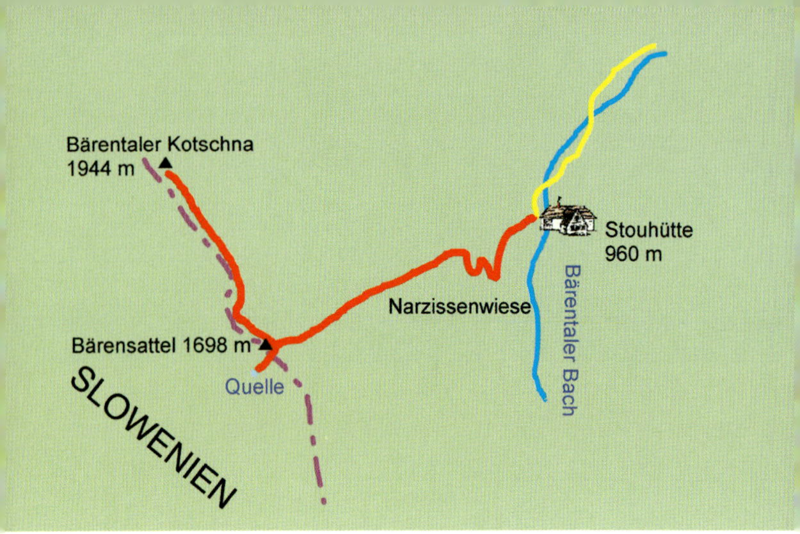


# 68 Narzissen unterm Bärensattel

■ ***Sommer:***. Das Bärental mit seiner Kotschna wartet mit Gärten aus Narzissen, Schneerosen, Stiefmütterchen und im Gipfelbereich sogar mit Petergstamm auf. Sollte aber die Kondition nicht so gut sein oder ist auf Wanderknirpse Rücksicht zu nehmen, dann könnte eine April-/Maiwanderung nur bis zur Narzissenwiese ins Auge gefaßt werden. Zweihundert Höhenmeter, vergleichsweise eine halbe Stunde oberhalb der Stouhütte ist die Luft vom herbsüßen Geruch der weißen Blüten erfüllt.

■ ***Zufahrt:*** Am Ausgangspunkt der Tour liegt die Stouhütte (960 m).

■ ***Aufstieg:*** Die Wegmarkierungen (672 m) weisen den Südwest-Anstieg aus dem Zwickel bei der Stouhütte und führen in angenehmer Steigung an zwei älteren Bauten (20 Min.) vorbei. Im oberen Teil der Wiese, der rechts entlang des Waldsaumes auf Steigspuren einfach erreicht werden kann, gedeihen diese Frühlingsboten zu Tausenden. Soll zur Kotschna fortgesetzt werden, dann über eine Zaunstiege und durch „Gedachs“ (20 Meter) und auf dem Weg 672 weiter. Im steilen Kar unterhalb des Bärensattels liegt oft noch Schnee, der für einen „Rutscher“ allemal reicht. Da sollte nur mit der nötigen Vorsicht und Erfahrung weitergegangen werden. Ab dem Bärensattel (1698 m) wird die Staatsgrenze, die als Schneise in den Latschenhainen nicht zu übersehen ist, nach Nord-

*Narzissenwiese umrahmt von hochalpiner Szenerie*

westen (rechts) hin begangen. Am Grenzstein 270 ist der flache Gipfel (1944 m) mit seinem rustikalen Naturkreuz erreicht. Dort bleibt dann auch Zeit, sich umzusehen: Weinasch, Hochstuhl und die anderen Berge rings um die Klagenfurter Hütte wetteifern um die Gunst des Betrachters.

■ ***Abstieg:*** Auf dem Rückweg zum Sattel sind 80 Anstiegsmeter zu überwinden.

■ ***Winter:*** Nicht geeignet.

**✓ kurz gesagt**

***Schwierigkeit*** Sommer leicht, Narzissenwiese leicht, die weitere Tour auch aber steile Schneefelder und Karstellen unterhalb des Bärensattels

***Dauer*** Bärensattel 1 3/4 Std., Gipfel insgesamt 3 Std., zurück: 1 3/4 Std. bis 2 Std., Narzissenwiese 1/2 Std. Aufstieg

***Hinweis*** Grenzdokument mitführen

***Talort*** Feistritz/Rosental

***Ausgangspunkt*** Stouhütte ☎ 0 42 28/25 90

***Stützpunkte*** keine

***Karte*** ÖK 1:50.000, Blatt 211 (Windisch-Bleiberg)

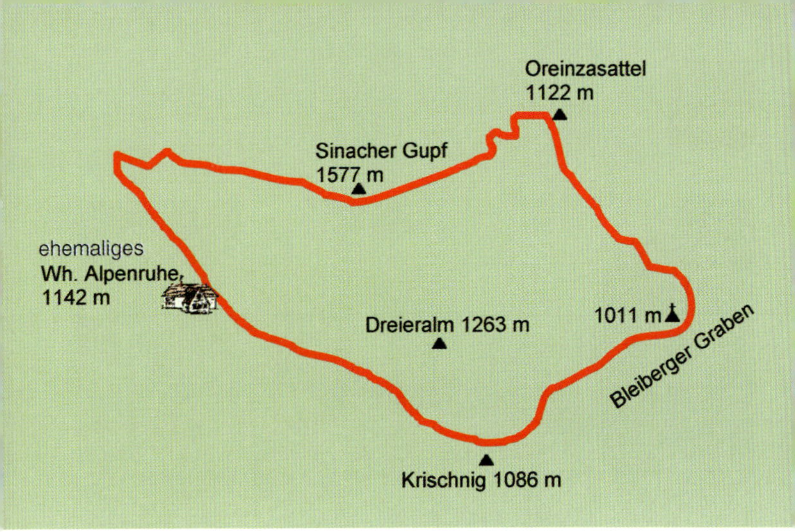


# 69 Der Sinacher Gupf

■ ***Sommer:*** Wandert der Blick hinaus zu den Karawanken, dann wird dabei unwillkürlich auch der den Grenzbergen vorgelagerte breite Riegel des Singerberges berührt. Aus dem Loibltal erhebt er sich schroff und brüchig bis zu seinem Gipfel (1589 m) und fällt dann gemächlich zum Oreinzasattel ab. Westlich davon erhebt sich der Sinacher Gupf, um schlußendlich über die Westschulter in das Bärental auszulaufen.

Auch noch im Frühwinter geben der Singerberg und der Sinacher Gupf beliebte Tourenziele ab, was die ausgetretenen Pfade im Schnee eindrucksvoll beweisen. Was liegt daher näher, als beide Ziele (siehe dazu Tour 73) für verhältnismäßig kurze Touren ins Auge zu fassen. Die Rundtour über den Sinacher Gupf (1577 m) verbindet den Oreinzasattel (1122 m) mit Strugarjach. Dabei steht der Sinacher Gupf ganz im Banne der Nordwände von Zinnenwand (Vertatscha) und Kosiak.

■ ***Zufahrt:*** Auf der Sapotnitza, der ersten Hürde auf dem Weg zum Loibltunnel, wird nach Windisch-Bleiberg abgebogen und 2 Kilometer westlich des Ortes (Bildstock 1011 m) geparkt.

**Aufstieg:** Beim Oreinzasattel teilen sich die Wege. Der zum Sinacher Gupf trägt die Ordnungszahl 661. Bereits nach wenigen Metern Forststraße wird links in alpineres Gelände abgebogen und Serpentinen fordern dem Körper einiges ab. Der Steig ist schmal und manchmal auch rutschig, bei Niederschlägen nicht ungefährlich! Eine abschüssige Stelle ist

*Die wilde Schönheit der Karawanken*

spärlich gesichert. Die Weite des Rosentales und die wilde Schönheit der Karawanken hinterlassen nachhaltige Eindrücke.

■ ***Abstieg:*** Auf nach Westen! In etwa 1200 m Seehöhe gibt eine Forststraße das Signal für die Richtungsänderung nach Südosten. Ein Hohlweg und ein kurzer Anstieg (Wh. Alpenruhe) sind der Auftakt für den abschließenden „Straßentippler“ (3 km).

■ ***Winter:*** Keine Schitour.

**✓ kurz gesagt**

***Schwierigkeit*** Sommer leicht, auch für geübte Kinder, Trittsicherheit, Winter s. r.
***Dauer*** Aufstieg 1 1/2 Std., Abstieg bis Bildstock 2 Std.
***Talort*** Ferlach
***Ausgangspunkt*** Bildstock im Bleiberger Graben
***Stützpunkte*** keine
***Hinweis*** nicht bis Oreinzasattel fahren
***Karte*** ÖK 1:50.000, Blatt 211 (Windisch-Bleiberg)

# 70 Höhenfeuer auf dem Kosiak

■ ***Sommer:*** Alljährlich werden Feuer auf den Höhen des Kosiak entzündet. Der Ursprung dieses Brauchs geht auf die Zeit der Türkeneinfälle zurück. Heute gilt das „Bergfeuer“ als Symbol zur Erinnerung an die jüngste Geschichte Kärntens um den 10. Oktober 1920. Am Vorabend des 10. Oktober finden sich bereits in der Dämmerung hunderte Bergsteiger auf dem Gipfel des Kosiak (Geißberg, 2024 m) ein, um beim aufgeschichteten Holzstoß gemeinsame Stunden zu verbringen.

Aber auch sonst ist die Gegend um die Klagenfurter Hütte (1664 m) stets einen Besuch wert!

■ ***Zufahrt:*** Diese erfolgt, abhängig von der späteren Absicht, entweder über das Bärental (Talort Feistritz/Rosental) oder über das Bodental (Unterloibl, Windisch-Bleiberg) bis zum Bodenbauer.

■ ***Aufstieg:*** Der einfachste und kürzeste Weg ist der vom Parkplatz „Im Winkel“ (2 km nach Stouhütte) über die Johannsenruhe zur Matschacher Alm – gut markiert – zur Klagenfurter Hütte.

Abwechslungsreicher, etwas weiter, vor allem aber luftiger, ist der Anstieg über die Stinze, einem gesicherten Steilstück (Trittsicherheit, Kinder sichern) auf dem Weg von der Märchenwiese zur Ostschulter des Kosiak. Der Weg zweigt etwa 1/2 Stunde oberhalb der Märchenwiese aus dem Vertatschakar rechts (Nordwesten) in den Buchenwald ab.

*Einzigartiges Bergerlebnis*

Der Kosiak selbst wird über die Ostschulter (400 Meter westlich der Einsattelung 1714 m im Abstieg zur Schutzhütte) – oder über die Westschulter (ab Schutzhütte nach Nordwesten) nach Markierungen bestiegen.

■ ***Winter:*** Beliebte Schitouren, mittelschwer, für Geübte.

**✓ kurz gesagt**

***Schwierigkeit*** Sommer aus dem Bärental kommend leicht, über Stinze leicht + Trittsicherheit erforderlich – Kinder sichern, Winter leicht bis mittel

***Dauer*** Bärental bis Hütte 1 1/2 Std., Bodental (Stinze) bis Hütte 3 Std., Hütte bis Gipfel 3/4 Std.

***Talorte*** Feistritz/Rosental bzw. Ferlach, Unterloibl

***Ausgangspunkt*** Bärental, Im Winkel (1152 m) bzw. Bodenbauer (1056 m, Familie Waldhauser)

***Stützpunkte*** Klagenfurter Hütte, (ÖAV) Heinz Schüttelkopf, ☎ 0 42 53/85 56

***Hinweis*** zum Höhenfeuer: Kälteschutz, Taschenlampe, Schlafplatz-Reservierung

***Karte*** ÖK 1:50.000, Blatt 211 (Windisch-Bleiberg)

# 71 Zum Veitsberg über dem Glantal

■ ***Sommer:*** Der Veitsberg oder auch Gößeberg, ein kleiner Fußmarsch ober dem Glantalboden, gehört zu den vier Bergen, die vom Vierbergelauf bekannt sind. Alljährlich am sogenannten Dreinagelfreitag, dem 2. Freitag nach Ostern, feiern die „Vierbergler", kaum daß der Donnerstag zu Ende ist,

*Die „Vierbergler" ziehen auf den Veitsberg*

auf dem Magdalensberg zum Auftakt eine feierliche Messe und ziehen dann wallfahrend über den Ulrichsberg, den Veitsberg, zur Abschlußmesse am Freitag Nachmittag auf den Lorenziberg. Für etliche der vier- bis fünftausend Teilnehmer stellt der Vierbergelauf aber heutzutage eher eine sportliche Herausforderung dar. Abseits dieses Ereignisses ist der Veitsberg allemal einen Besuch wert.

■ ***Zufahrt:*** Von Liebenfels über Glantschach bis zur Kirche in Liemberg (725 m).

■ ***Aufstieg:*** An der Kirche und am Schloß vorbei kommt der Kreislauf im mittelsteilen Hohlweg rasch auf Touren. Im freieren Gelände, nach dem Passieren der Ruine, schneidet der Pfad eine Forststraße ab, geht im Jungwald steil zur „Blutwiese“, einer großen Weide, hinauf und danach auf Waldwegen zur Kapelle am Veitsberg (1160 m), die von den Wallfahrern dreimal umschritten wird.

■ ***Abstieg:*** Gleich zurück oder vom Waldkreuz auf einer Straße in den Graben und zum Ausgangspunkt.

■ ***Winter:*** Nicht geeignet.

**✓ kurz gesagt**

***Schwierigkeit*** Sommer leicht, Winter ungeeignet
***Dauer*** 1 1/2 Std. retour
45 Min bzw. 1 1/2 Std.
***Talort*** Liebenfels
***Ausgangspunkt*** Kirche in Liemberg
***Stützpunkte*** keine
***Karten*** ÖK 1:50.000, Blätter 185 (Straßburg) und 202 (Klagenfurt)

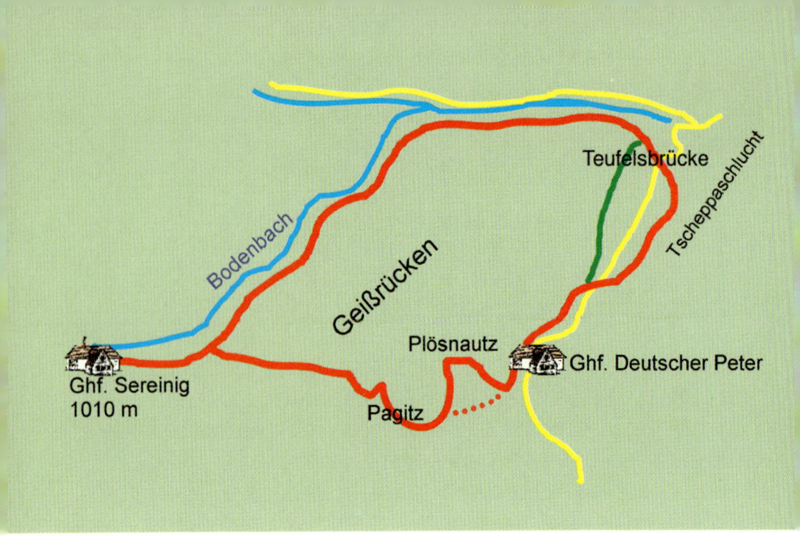


# 72 Knapp 400 Höhenmeter zum Geißrücken

Mehr liegen zwischen dem Ghf. Deutscher Peter (710 m) und dem Geißrücken tatsächlich nicht. Es empfiehlt sich als Fortsetzung der Tscheppaschlucht, das Bodental über den Geißrücken (1100 m, Kreuz) anzusteuern.

■ ***Sommer:*** Sonnenüberflutete Bergwiesen mit farbenprächtigen Blüten, darunter auch heimische Orchideen (Knabenkraut), wechseln mit kurzen schattigen Waldstreifen und die Lichtungen erfreuen mit Ausblicken ins Loibltal.

■ ***Zufahrt:*** Beim Gasthof Deutscher Peter am Ausgang der Tscheppaschlucht gibt es Parkflächen.

■ ***Aufstieg:*** Der Weg 603 überquert hundertfünfzig Meter Bopaßwärts bei einem Bildstock den Loiblbach, dann folgt nach wenigen Metern an Stelle der altersschwachen und gefährlichen eine neue Brücke. Das Steiglein schwindelt sich nicht mehr – wie in älteren Karten noch verzeichnet – im Direktanstieg zum Pagitz hinauf, sondern durchläuft den schrägen Hang Richtung Plösnoutz (auch Plösnautz) und trifft dort auf die breite Forststraße, die zum Pagitz zurückführt. Das Steiglein verläßt die Wiese hinterm Pagitz nach Bodenmarkierungen und verschwindet rechts (Norden) im Wald (hierher auch auf der Forststraße). Später wird die Straße zusehends schmäler und geht beim Kreuz am Geißberg in einen Karrenweg über, der zum Bodenbach hinunter zieht und so die Verbindung zum Bodental herstellt (Gasthof Sereinig, 1010 m).

■ ***Abstieg:*** Besteht (gerade heute) eine Busverbindung ins Loibltal? Ansonsten neben dem Bodenbach zur Teufelsbrücke oder über den Geißrücken zurück?

■ ***Winter:*** Keine Empfehlung.

**✓ kurz gesagt**

***Schwierigkeiten*** Sommer leicht, ideal als Kurztour mit Busverbindung od. Abholung
***Dauer*** Ghf. Deutscher Peter – Rücken 1 1/4 Std., Ghf. Sereinig + 20 Min.; umgekehrt: 30 Min. Rücken + 30 Min. Ghf. Deutscher Peter (Bushaltestelle)
***Talort*** Ferlach
***Ausgangspunkt*** Ghf. Deutscher Peter Familie Tschauko, ☎ 0 42 27/62 20-0
***Stützpunkte*** Gh. Sereinig, ☎ 0 42 27/63 00, Bodental (Bushaltestelle)
***Hinweis*** siehe Tour 74
***Karte*** ÖK 1:50.000, Blatt 211 (Windisch-Bleiberg)

*Tschaukofall in der Tscheppaschlucht*

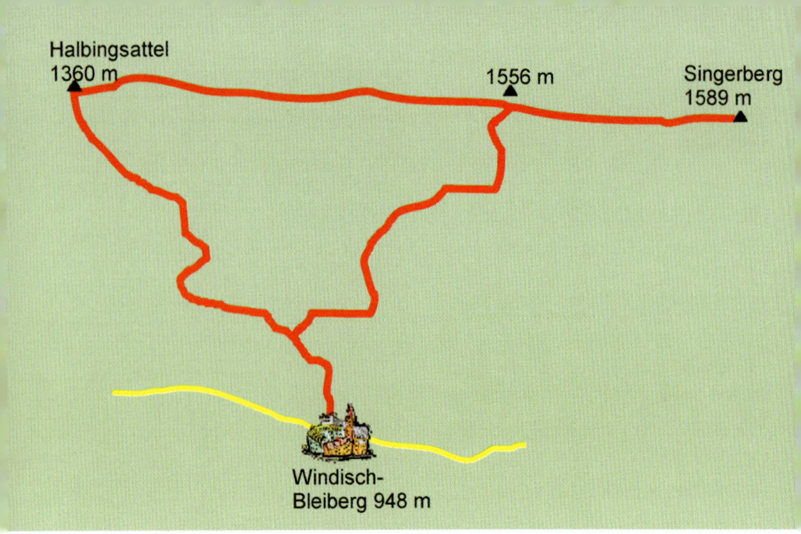


# 73 Erze im Singerberg?

■ ***Sommer:*** Lange ist es her, daß in Windisch-Bleiberg Blei- und Zinkerze abgebaut und mit Pferdefuhrwerken den langen Weg nach Bleiberg-Kreuth zur Verhüttung transportiert wurden.

Einige Relikte aus jener Zeit sind noch vorhanden, und auf Tafeln warnt die Bleiberger-Bergwerks-Union weiterhin vor dem Betreten der Bingen (Tagbauanlagen). Auch bei der idyllisch gelegenen Kirche finden sich Erinnerungsstücke an jene Zeit.

In unseren Breiten ist der Bergbau fast zur Gänze verschwunden; er mußte sich den weltweit geänderten wirtschaftlichen Verhältnissen fügen. Sieht man vom Tourismus im nahen Bodental und der Holzgewinnung ab, hat Windisch-Bleiberg keine wirtschaftliche Bedeutung. Als Erholungslandschaft steht die Gegend aber im Kurs!

■ ***Zufahrt:*** Windisch-Bleiberg wird von der Loiblpaß-Straße (Sapotnitza) aus erreicht.

■ ***Aufstieg:*** Links der Kirche (948 m), noch vor dem Gh. Kirchenwirt (Florian Lausegger) beginnt die Wanderung. Kaum 10 Minuten oberhalb der letzten Gehöfte teilt sich der Weg. Der rechts verlaufende 654 überquert das Rinnsal, kommt später an einer eingefriedeten Binge vorbei und gewinnt bald darauf den Höhenrücken (1556 m). Eine halbe Stunde östlich davon warten Gipfel (1589 m) und Gipfelbuch.

*Singerberg zwischen Rosental und Karawanken*

■ ***Abstieg:*** Zuerst zum Punkt 1556 (Wegteilung) zurück. Der weitere Abstieg erfolgt auf dem leicht nach Westen hin fallenden Rücken (657, Zaun bzw. Straße), bis im Bereich des mächtigen Höhenkreuzes zwei große Reflektoren und ein scheinbar im Nichts endender Holzsteg das Interesse auf sich ziehen werden: Der Steg weist ein starkes Gefälle auf und dient Drachenfliegern als Startrampe, die Reflektoren der ehemaligen „Draukraft" zur Datenübermittlung.

Weiter zum Halbingsattel (1360 m) und (links) hinunter nach Windisch-Bleiberg! Wer den Steig (655) aus den Augen verlieren sollte, nimmt die Forststraße bis zu einer Abzweigung, dort nach rechts (hinunter), wo er sich dann nach 100 Metern wieder in den querverlaufenden Steig einordnen kann.

■ ***Winter:*** Tour über Halbingsattel: leicht bis mittel.

**✓ kurz gesagt**

***Schwierigkeit*** Sommer und Winter leicht, Achtung bei Nässe und verdeckten Eisplatten
***Dauer*** bis zum Sattel 1 3/4 bis 2 Std., weiter bis Gipfel noch 1/2 Std.; Abstieg: über den Halbingsattel 2 Std.
***Talort*** Ferlach
***Ausgangspunkt*** Windisch-Bleiberg, Kirche
***Stützpunkte*** keine
***Hinweis*** Startrampe insbesondere bei Nässe nicht betreten – Rutschgefahr!
***Karten*** ÖK 1:50.000, Blatt 211 (Windisch-Bleiberg) und 202 (Klagenfurt)

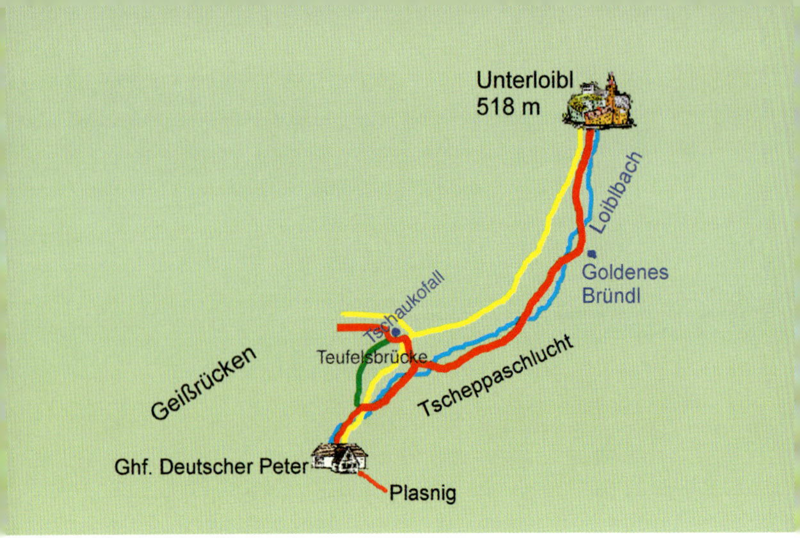


# 74 Durch die wilde Tscheppaschlucht

■ ***Sommer:***. Wenn die Natur zu neuem Leben erwacht und mit ihren Düften, Farben und Eindrücken lockt, steht die Erlebniswelt offen, so auch in der Tscheppaschlucht im Loibltal!
Über Stege und Brücken im kühlenden Schatten der Schlucht, hoch über schäumendem Wasser, wird hinauf zum Tschaukofall und weiter ins Bodental oder nur bis zum Ghf. Deutscher Peter an der Loiblstraße gewandert. Für die Rückfahrt bietet sich der Postbus an.

■ ***Zufahrt:*** Am Zugang zur Schlucht (1 km südwestlich Unterloibl) gibt es einen Parkplatz.

■ ***Aufstieg:*** Vorerst geht es über die stark befahrene Paßstraße hinunter zum Loiblbach, danach am Wasser eben bis zur Klause Goldenes Bründl mit Erfrischungsstation.
Bald darauf, ständig begleitet von den Fluten des Wildbaches, kommen die ersten Steiganlagen. Sicherheitshalber nimmt man kleinere Kinder an die Hand, noch besser wäre die Sicherung mit einer kurzen, um die Brust gebundenen Reepschnur, dann hat man die Hände frei. Über die engste Stelle der Schlucht spannt sich in luftiger Höhe eine Brücke mit Tiefblick in das tosende Naß, das sich zwischen den Felsen seinen Weg sucht. Nach dem Treppen-Auf und -Ab ist angesichts des von rechts herabschießenden Bodenbaches die Wahl zu treffen: Hinunter und weiter in der Klamm zum Ghf. Deutscher Peter oder hinauf zur neuen Hän-

gebrücke mit Spindelturm (und Postbusstation südlich Lawinengalerie!) und zum Tschaukofall Richtung Bodental.
Die Wege sind gut markiert, der ins Bodental (662) kommt bei der Teufelsbrücke an den Wasserfall und überwindet auf Treppen ein Felsentor, um in luftiger Höhe den Bodenbach aufwärts zu beleiten. Zum Deutschen Peter zweigt nunmehr nach dem Felsentor der neue „Naturlehrpfad Dr. P. Tschauko" ab, der bei der südlich gelegenen Straßenbrücke wieder in den Klammsteig einbindet.

■ ***Abstieg:*** Richtiger müßte es wohl lauten – Rückfahrt. Dazu stehen Postbusse ab Sereinig und ab der Loiblstraße zur Verfügung.

■ ***Winter:*** Gesperrt!

**✔ kurz gesagt**

***Schwierigkeit*** Sommer leicht, Kinder an die Hand
***Dauer*** Ghf. Deutscher Peter 2 1/2 Std., Ghf. Sereinig/ Bodental 3 1/2 Std.
***Talort*** Unterloibl bei Ferlach
***Ausgangspunkt*** Parkplatz Tscheppaschlucht
***Stützpunkte*** Jausenstation Goldenes Bründl ☎ 0 42 27/ 33 04 bzw. Ghf. Deutscher Peter und Ghf. Sereinig
***Hinweise*** Auskünfte, Preise, Bustransfer unter ☎ 0 42 27/26 00-31 bzw. 0 42 27/51 19 (Carnica Reg. Rosental), Schlucht von Mai bis Okt. geöffnet, Freizeitschuhe, möglichst mit Profilsohle, Büchsenmachermuseum Ferlach (Mai bis Oktober) geöffnet
***Karte*** ÖK 1:50.000, Blatt 211 (Windisch-Bleiberg)

*Wenig Himmel in der Tscheppaschlucht*

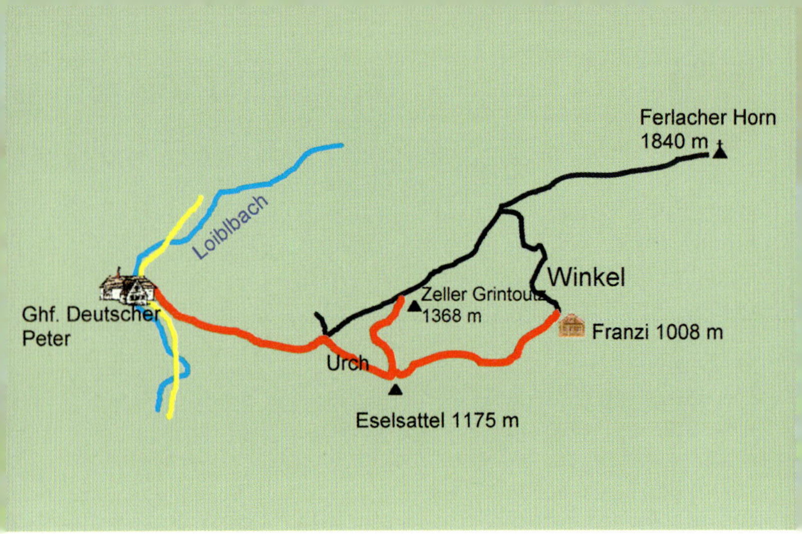


# 75 Gemütlich zum Eselsattel

■ **Sommer:** Wird der Ghf. Deutscher Peter im Loibltal als Ausgangspunkt zum Eselsattel gewählt und soll die Tour dann vielleicht noch auf das Ferlacher Horn fortgesetzt werden, hat man einiges vor! Wesentlich kürzer, eher ein Spaziergang, ist demgegenüber der Weg vom Franz-Bauer in Winkel bei Zell-Oberwinkel zum Sattel. Auch der Übergang von der Zeller Seite ins Loibltal und umgekehrt ist ein abwechslungsreiches Unterfangen – mit dem Problem der Rückkehr (Abholdienst?), denn Busverbindungen fehlen an Sonntagen.

*Kärntner Köstlichkeit: „Kasnudln"*

■ ***Zufahrt:*** Auf der Loiblstraße bis zum Parkplatz beim Deutschen Peter (710 m); oder zum Franz-Bauer – wie bei der Tour 76 zum Ferlacher Horn.

■ ***Aufstieg:*** Der Ostanstieg: Knapp vor den letzten ebenen Metern vorm „Franzi“ (1008 m) auf einem Forstweg links in den Wald hinein und an einem Bildstock vorüber gemütlich zum Sattel.

Aus dem Loibltal im Westen biegt bei den paar Häusern (mit Hinweistafel), 400 Meter nach dem Ghf. Deutscher Peter der Weg aufwärts in einen Graben ab. Der Weitwanderweg 603, alias Kärntner Grenzweg, rot-weiß-rot gekennzeichnet, stößt nach gut einer Stunde auf eine Forststraße. Hier trennen sich die Routen. Die eine behält die bisherige Aufstiegsrichtung bei (Nr. 603) und hat das Ferlacher Horn (1840 m – noch 3 Std.) zum Ziel, die andere zweigt rechts entlang der Straße zum Eselsattel (1175 m) ab, der nach dem Passieren der Gehöfte um Urch auf einem Waldweg erreicht wird. Ein Bildstock, mehr aber das dahinterliegende Grab, erinnert an eine Greueltat der Partisanen im Kriegsjahre 1944, der auch ein Bub zum Opfer gefallen war.

■ ***Abstieg:*** Haben Sie einen Rückholdienst organisiert oder ist vorerst noch das Ferlacher Horn „dran“?

■ ***Winter:*** Nicht zu empfehlen.

**✓ kurz gesagt**

***Schwierigkeiten*** Sommer leicht, Deutscher Peter – Eselsattel – Franz Bauer, Ferlacher Horn leicht, auf Kinder achten, da seitl. Abbrüche, Winter s. o.

***Dauer*** Deutscher Peter – Franz Bauer 2 Std., umgekehrt: 1 1/2 Std.

***Talort*** Ferlach

***Ausgangspunkte*** Gasthof Deutscher Peter, (Familie Tschauko, ☎ 0 42 27/62 20-0 oder Zell-Oberwinkel, „Franz Bauer“ (privat)

***Stützpunkte*** keine

***Karte*** ÖK 1:50.000, Blatt 211 (Windisch-Bleiberg)

# 77 Die Höllentore der Grebenzen

■ ***Sommer:*** Auf halbem Wege zwischen St. Salvator im Metnitztal und dem steirischen St. Lambrecht liegen die Höhen der Grebenzen. Dieser weitausladende Gebirgsstock besteht aus Kalkgestein inmitten einer Urgesteinslandschaft. Durch Verwitterung kam es hier zur Ausbildung von Kanzeln und kraterartigen Einsenkungen, die die Phantasie der Anwohner beflügelten.

Diese Schlünde wurden als Pforten zur Hölle gedeutet, und manche Sage rankt sich darum. Besonders das Wilde Loch wurde tunlichst gemieden, denn dort sollen Teufel ans Tageslicht gestiegen sein, um nach Menschenseelen Ausschau zu halten. Es wird auch erzählt, daß einst ein Bauer aus Neumarkt, der hinüber ins Metnitztal mußte, vor Müdigkeit auf dem Almboden einschlief. Schaurige Stimmen, die aus dem tiefen Schlund an sein Ohr drangen, rissen ihn aus dem Schlaf. „Tür und Tor auf, der Richter von Neumarkt ist da", klang es aufgeregt. Als der Bauer abends wieder in Neumarkt ankam und alle Kirchenglocken läuteten, erfuhr er vom Tode des Marktrichters. Jetzt war ihm auch klar, daß die Teufel der Grebenzen diese Seele geholt hatten!

■ ***Zufahrt:*** Die Straße von Ingolsthal zum Wandaler und zum Auerlingsee ist ein landschaftliches Erlebnis. Der urtümliche kleine See, bereits im Steirischen gelegen, wird nur aus einigen Quellen gespeist.

■ ***Aufstieg:*** Auf dem Sattel (1350 m, Landesgrenze) wird der Weg 133 (Ktn. Grenzweg) über den Kärntner Riegel zur 2. Höhe eingeschlagen. Eine Stunde später gibt eine Felskanzel den Blick hinaus ins Kärntnerland frei. Weniger steil wird der Weg zum Gipfel (1874 m) – bis zur großen flachen Almwiese mit Hochsitz (Markierungspunkte) und dann weglos nach Westen – fortgesetzt. Von der 2. Höhe sind nach Norden zu die Dreiwiesenhütte und die Grebenzen (1. Höhe, 1870 m) mit Liftstützen zu erkennen.
Auf der Rundtour wird das Scharfe Eck im Süden entweder über die Gunzenbergalm oder über die kammartigen Höhen erreicht. Dabei kommt man an zwei kraterartigen Einsenkungen vorbei, deren Rändern nicht zu nahe zu kommen ist.

**✓ kurz gesagt**

***Schwierigkeit*** Sommer leicht, aber etwas Trittsicherheit nötig, Winter wenig geeignet
***Dauer*** Gipfel 1 3/4 Std., Scharfes Eck 3/4 Std.; Rundtour 3 1/2 bis 4 Std.
***Talorte*** St. Salvator, Ingolsthal
***Ausgangspunkt*** Sattel (Kreuz) zw. Wandaler und Auerlingsee
***Stützpunkte*** Sommerbetrieb auf Kaserhütte Gunzenbergalm, sowie Dreiwiesenhütte nördl. 2. Höhe
***Hinweis*** Vorsicht, Schlünde in Wiesen
***Karte*** ÖK 1:50.000, Blätter 159 (Murau) und 160 (Neumarkt i. Stmk.)

■ ***Abstieg:*** Bei einem Wegweiser den Steig Nr. 7 anfänglich steil zum Winkelbauer hinunter und dann leicht ansteigend zum Ausgangspunkt zurück.
■ ***Winter:*** Wenig geeignet.

*Grenzübergang in die Steiermark: Grebenzen*

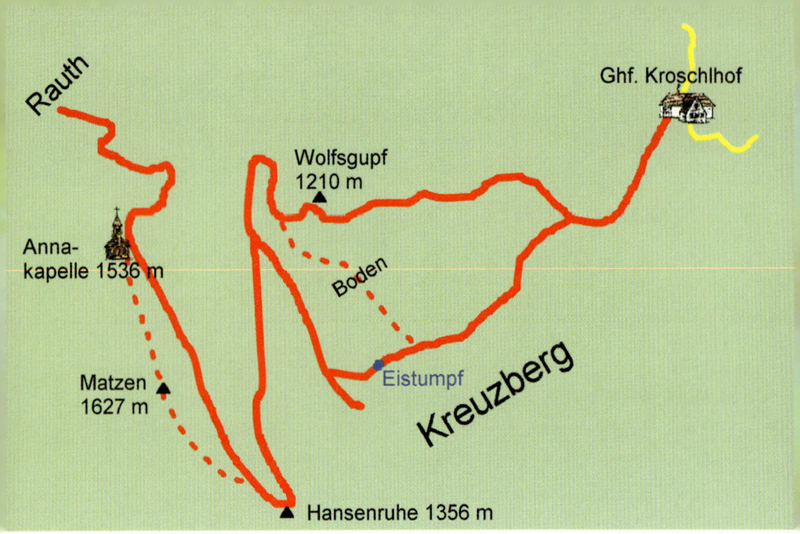


# 78 Matzen und Rosentalmarsch

■ ***Sommer:*** Von vier Kalktürmen, die sonnenüberflutet aus den Lärchenwäldern ragen, bietet sich eine überraschend schöne Fernsicht ins Rosental, auf einen Zipfel des Jauntales samt Karawanken im Süden. Ein Tourenziel, mit beschaulichen Ruhepunkten auf der Hansenruhe (1356 m) und bei der Annakapelle.

Steil abfallende schmale Übergänge und Gratstellen tragen Stahlseile und verlangen Trittsicherheit. Mit ihren 1627 Metern ist die Matzen im Südosten Ferlachs kein bedeutender Gipfel; eine Überschreitung ist aber eine luftige und abwechslungsreiche Bergfahrt.

Dazu kommt noch die sportliche Herausforderung, im Rahmen des Rosentalmarsches Gold, Silber oder Bronze einzuheimsen. Dieser wird an einem Samstag im Mai oder Juni in Glainach gestartet. Auch ein Schießbewerb findet statt. Für den Umweg über die Matzen (Annakapelle – Kontrollstempel) gibt es dann Gold. Die Matzen ist aber auf jeden Fall einen Besuch wert.

■ ***Zufahrt:*** Der Aufstieg erfolgt vom Kroschlhof aus, der von Gotschuchen aus mit dem Auto erreichbar ist.

■ ***Aufstieg:*** Zwischen den Häusern beginnt die Markierung (636, rot-weiß-rot), die strikt einzuhalten ist, es gibt nämlich zwei Wegknicke, wo man sich verlaufen kann. Nach dem Kahlschlag führt der Steig nur kurz im Graben aufwärts, dann biegt er unverhofft bei einer Hinweistafel nach rechts ab. Und kaum wird eine kleine Wiese bei einem Hochsitz betreten, verschwindet der Steig

*Picknick am Waidischbach*

richtiggehend für kurze Zeit (rechts) im „Gedachs".

Soll aber unterwegs noch der Eistumpf besucht werden, dann muß der erste Wegknick im Graben (Hinweistafeln) einfach ignoriert und die Gehrichtung grabenaufwärts beibehalten werden. Ein flacherer Teil mit Wiesen setzt danach fort und schließlich biegt linkerhand ein Waldweg zum Eistumpf ab, einem bescheidenen Eisrest im Waldboden, der in einer Holzverkleidung die Wärme überdauert.

Vielleicht noch interessanter: In diesem Waldstück können Bestände des Frauenschuhs (Orchidee, geschützt!) ausgemacht werden.

Unter den Steilhängen der Matzen treffen beide Wege aufeinander und setzen gemeinsam zur Hansenruhe fort.

■ ***Abstieg:*** Wieder zum Kroschlhof (920 m) hinunter.

■ ***Winter:*** Bis zur Hansenruhe möglich, wenig interessant.

**✓ kurz gesagt**

***Schwierigkeit*** Sommer leicht, Hansenruhe über Matzentürme nur bei Trittsicherheit; Hansen – St. Anna leicht wie der Rest der Tour, auch für Kinder

***Dauer*** Gipfel 2 1/2 bis 3 Std., Annakapelle 2 bis 2 1/2 Std., Rückweg von Kirche 2 Std., Turmüberschreitung 1/2 Std.

***Talort*** Gotschuchen

***Ausgangspunkt*** Kroschlhof – Gastwirtschaft

***Stützpunkte*** keine

***Karte*** ÖK 1:50.000, Blatt 203 (Maria Saal)

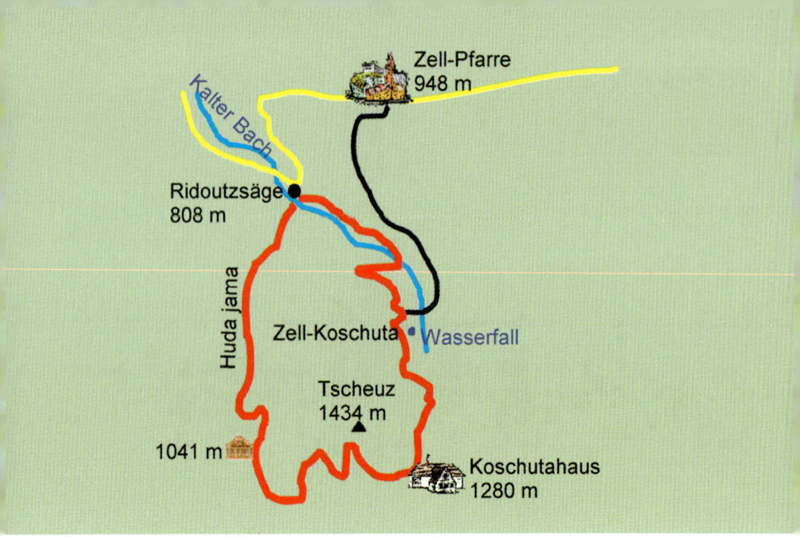


# 79 Rundtour Huda jama – Koschuta

■ ***Sommer:*** Bevor die Straße aus Ferlach kommend kurz vor Zell Pfarre zur ersten Kehre ansetzt, zweigt ein schmaler Graben nach Süden hin zu den Karawanken ab. Dieser stille Graben trägt den Namen Huda jama, „Böse Grube". Welche Ängste und Erinnerungen standen bei der Namensgebung Pate? Waren es die durch Steinschlag, Lawinen und Hochwasser erlittenen Schäden und Viehverluste oder waren es die Bären?

Vielleicht aber fürchtete man sich noch viel mehr vor der Barba, einer unheimlichen Zauberin, die allerlei Schabernack trieb und die Leute in Angst und Schrecken versetzte. Der Sage zufolge hatte sie ihr Revier in der Gegend von Windisch-Bleiberg. Aber auch im benachbarten Bärental, im Loibltal und in der Gegend von Waidisch bis hinauf nach Zell war sie öfters anzutreffen, im offenen Rosental dagegen behagte es ihr nicht.

Warf sie ein paar Steine in die Tscheppaschlucht, dann dauerte es nicht mehr lange und dunkle Wolken wälzten sich über das Rosental und öffneten ihre Schleusen. Sie war aber auch hilfsbereit und setzte ihre Zauberkünste ein, heilte ein erblindetes Mädchen oder half den Holzknechten.

Begegnen wird dieser Zauberin auf der Tour durch die „Böse Grube" niemand mehr, denn sie hat ihr schreckliches Ende auf der Hollenburg gefunden: Als sie sich anstellte, auch dort Unfug zu treiben, wurde sie erschlagen.

■ ***Zufahrt:*** Bis zur Ridoutzsäge (808 m).

■ ***Aufstieg:*** Erst auf einer Forststraße bei mäßiger Steigung nach Süden, dann folgen zwei markante Kehren und nahe einer Holzfällerhütte eine Brücke (1041 m). Am Rand des linker Hand herabziehenden Schlages wird weiter an Höhe zugelegt bis schließlich ein Steiglein (Markierung 646) zum Lärchenrücken abbiegt. Es folgt ein kurzer, nach Niederschlägen auch glitschiger Abstieg durch den Buchenwald und das Koschutahaus (1280 m, Wasserstelle) ist erreicht.

■ ***Abstieg:*** Dieser vollzieht sich auf der Straße nach Zell-Pfarre und zur Ridoutzsäge; abwechslungsreicher aber über den etwas zugewachsenen Weg 644, der nach der dritten Kehre (nächst Wasserfall) ins „Gedachs" abbiegt (Hinweistafel).

■ ***Winter:*** Gefährlich!

**✔ kurz gesagt**

***Schwierigkeit*** Sommer leicht, auch für Kinder, Winter s.o.
***Dauer*** Säge – Koschutahaus 1 1/2 bis 2 Std., Abstieg: 3/4 bis 1 Std.
***Talort*** Ferlach
***Ausgangspunkt*** Ridoutzsäge nahe Zell-Pfarre
***Stützpunkte*** Koschutahaus, Sommerbetrieb
☎ 0 42 27/72 27 bzw. 0 66 4/346 89 78 (Dovjak)
***Hinweis*** Wasserentnahmestelle beim Koschutahaus
***Karte*** ÖK 1:50.000, Blatt 212 (Vellach)

*Am Fuße der Koschuta*

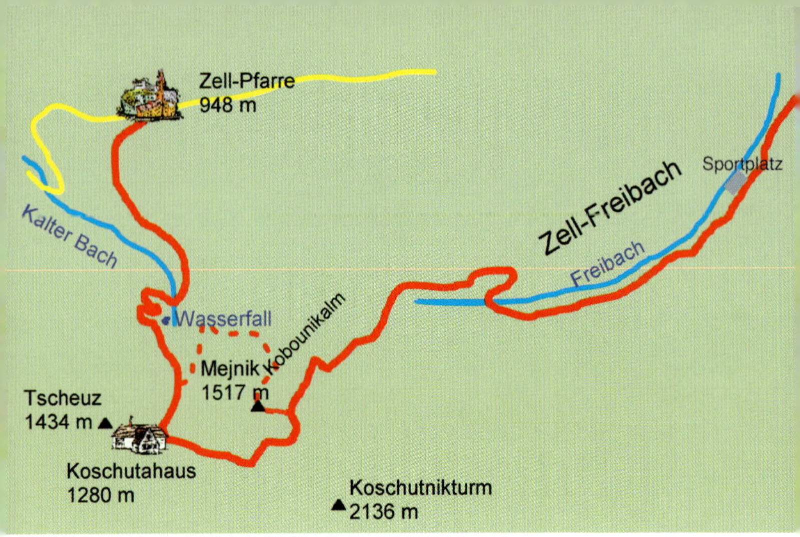


# 80 Weg vom Rummel – Mejnik

■ ***Sommer:*** Diese Tour zu Füßen der beeindruckenden Koschutawände ist im Sommer ein Ausflug im Grünen, im Spätherbst aber, ja selbst im Frühwinter, wenn erst wenige Zentimeter Schnee gefallen sind, eine Abwechslung in einem Wintergarten mit vielen Weihnachtsbäumen! Auch das Knirschen der weißen Pracht unter den Sohlen gehört dazu wie der Atem, der sich als heller Schleier davonstiehlt. So eine Frischluftdusche macht bei entsprechender Kleidung richtigen Spaß, festigt die Kondition und hilft, dem vorweihnachtlichen Rummel für einige Stunden zu entfliehen. Die Wanderung (in den Advent) beginnt beim Sportplatz in Zell-Freibach, das Ziel befindet sich auf dem Gipfel des Mejnik (1517 m) oder in Zell Pfarre (948 m). Damit sind wir auch schon beim eigentlichen Problem: ohne Zweitfahrzeug wird man wohl nicht auskommen, denn zwischen Zell-Pfarre und dem Ausgangspunkt liegen nicht weniger als sieben Kilometer! Der Mejnik als Ziel- und Wendepunkt (aus beiden Richtungen) reicht aber auch?

■ ***Zufahrt:*** Bei der Straßenkreuzung beim Terkl (Zell bzw. Schaidasattel) fährt man Richtung Sportplatz.

■ ***Aufstieg:*** Eine alte Forststraße (Markierung 603) begleitet den Freibach bis an eine Brücke. Erst nach einer Schleife im ansteigenden Gelände wird der Bachlauf an seiner Quelle wieder berührt. Neu angelegte Forststraßen erleichtern den Aufstieg, sind aber auch irreführend. Der Blick auf die Markierungen hilft, Irrtümern vorzubeugen.

*Kletter- und Wanderparadies Koschuta*

Die Felsen des Koschutnikturmes sind zum Greifen nahe und lassen die Schwierigkeiten einer Durchkletterung erahnen. Im Winter und besonders im Frühjahr entladen sich die Hänge und riesige Schneemassen schieben sich bis in den Bachgrund. Eine tödliche Gefahr!

■ ***Abstieg:*** Auf dem Mejniksattel treffen mehrere Alpinsteige aufeinander. Von hier aus ist der Mejnik in knappen zehn Minuten zu erreichen.

Andernfalls geht es zum Koschutahaus der Naturfreunde (TVN – 1280 m) hinunter und auf der Mautstraße, am Wasserfall vorbei, nach Zell-Pfarre. Bei Schneelage kann es Rutschungen aus den Steilrinnen geben.

■ ***Winter:*** (Hochwinter) Lawinengefahr, schwierig!

**✓ kurz gesagt**

***Schwierigkeit*** Sommer leicht, auch für Kinder, stellenweise rutschig

***Dauer*** Aufstieg zum Mejnik 2 1/2 bis 3 Std., Abstieg jeweils 2 Std.

***Talort*** Ferlach

***Ausgangspunkt*** Sportplatz im Freibachgraben

***Stützpunkte*** Koschutahaus, Sommerbetrieb ☎ 0 42 27/ 72 27 bzw. 0 66 4/ 346 89 78 (Dovjak)

***Karte*** ÖK 1:50.000, Blatt 212 (Vellach)

# 81 Zum Freiberg bei Zell-Pfarre

■ ***Sommer:*** Zwischen der Drau und dem mächtigen Grenzwall der Karawanken im Süden erhebt sich eine Reihe von Gipfeln, die es weder von der Höhe noch von der Gestalt her mit den markanten Grenzbergen aufnehmen können.

Einen kleinen Vorteil dürfen diese Gipfel aber für sich in Anspruch nehmen: Sie widersetzen sich einer Besteigung nicht mit solcher Schroffheit wie die Türme und Spitzen zwischen Koschuta, Hochstuhl und Weinasch im Westen. Daß man von ihren Höhen traumhafte Eindrücke vom Wechsel des Lichtes auf den gegenüberliegenden Wänden, Zinnen und Graten erleben kann, liegt auf der Hand.

Einer dieser Aussichtsberge begrenzt Zell-Pfarre im Norden und heißt Freiberg oder Setitsche (1923 m). Zur Frühlingszeit wird der Bergwanderer von bunten Blumenwiesen begrüßt. Eine Augenweide sind die rotlila Farbtupfen der Zyklamen, die zwischen den hellen Kalkbrocken hervorleuchten.

■ ***Zufahrt:*** Eine romantische, kurvenreiche Straße, verbindet Ferlach mit Zell-Pfarre. Hinterm Gh. Malle (Falle) befindet sich ein Parkplatz (940 m).

■ ***Aufstieg:*** Direkt an der Volksschule vorbei geht es zu einem Gehöft und dort geradewegs nach Norden über eine Blumenwiese in den Hochwald. Die neue Forststraße wird bis in die Almregion weitergebaut. Beim Uschnikkreuz setzt links der Karawankenwanderweg über die Wrata zur Matzen fort, der rechte Abbieger führt zum Freiberg. Bei der Nikolaushütte (privat) kann man

*Bei Zell-Pfarre*

auf einem Geländeabsatz verschnaufen.

Nach dem Aufschwung wird eine breite Wiesenrinne überquert und in langgezogenen Spitzkehren erreicht man die zum Gipfelkreuz ziehenden, nur mehr mäßig steilen Wiesen. Die Augen gehen auf Entdeckungsreise: Steiner Alpen, Koschutnikturm, Lärchschlucht mit Turm, Hainschturm mit Veliki vrh.

■ ***Abstieg:*** Irgendwann wird man sich von dieser Beschaulichkeit losreißen müssen – aber ein kühles Bier beim „Falle" hat auch seine Reize!

■ ***Winter:*** Schwierig, Lawinen!

**✓ kurz gesagt**

***Schwierigkeit*** Sommer leicht bis mittel, auch für geübte, ausdauernde Kinder, Winter gefährlich

***Dauer*** Aufstieg 2 1/2 bis 3 Std., Abstieg 1 1/2 bis 2 1/2 Std.

***Talort*** Ferlach

***Ausgangspunkt*** Parkplatz nördl. Gasthof (Falle) Malle

***Stützpunkte*** keine

***Hinweis*** Quelle im unteren Drittel (südlich des Hundsrückens) über einen kurzen Umweg erreichbar

***Karte*** ÖK 1:50.000, Blatt 212 (Vellach)

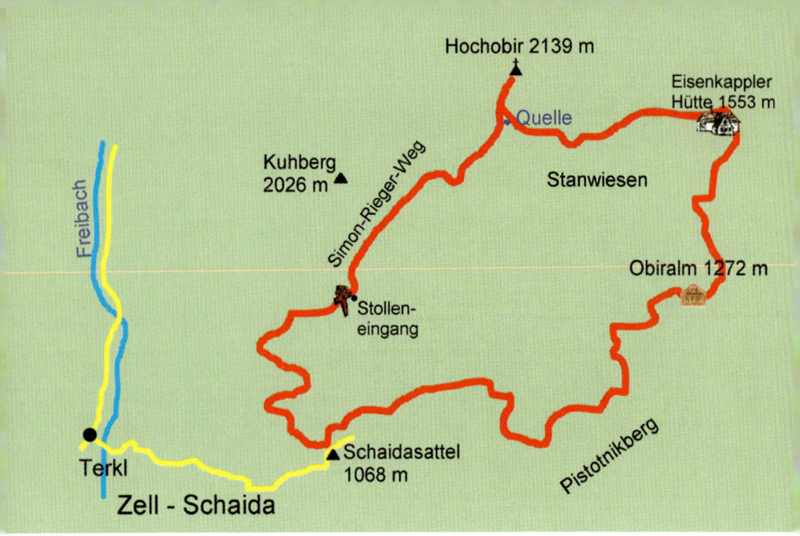


# 82 Hochobir, Simon-Rieger-Weg

■ ***Sommer:*** Mehrere Routen haben den Hochobir zum Ziel. Ist im Winter der Anstieg über die Eisenkappler-Hütte von Ebriach aus besonders empfehlenswert, wird im Sommer der Simon-Rieger-Weg gerne angenommen.

Je nach Wetter, Lust und Ausdauer wird später auf demselben Weg zurückgekehrt oder die Rundtour über die Eisenkappler Hütte (1553 m) zur Obiralm (1272 m) und den oberhalb von Ebriach verlaufenden Hochsteig begangen. Wer die Rundtour einplant, ist gut beraten, schon sehr früh am Morgen aufzubrechen, denn die Sonne heizt die Südhänge des Pistotnikberges auf, und das setzt selbst einer soliden Kondition sehr zu.

■ ***Zufahrt:*** Der Schaidasattel (1068 m) liegt zwischen Zell-Pfarre und Ebriach bei Eisenkappel und ist auch über den Freibach-Stausee zu erreichen.

■ ***Aufstieg:*** Direkt auf dem Schaidasattel auf einer Forststraße 200 Meter nach Norden (Wegweiser), wo der Simon-Rieger-Weg beginnt, der weiter oben mehrmals diese Straße kreuzt.

Der flache Steig verläuft die meiste Zeit im Wald, quert einige alte Holzriesen (Holzrutschen) und kommt beim alten Gedenkkreuz auf halber Wegstrecke an eine Moorwiese mit einem alten Schachteingang (1 1/2 Std.). Die Aussicht auf die Kalkwände der Mela Koschuta im Süden und die Steiner Alpen jenseits der Staatsgrenze beflügelt.

Der Südausläufer des Kühberges wird in Latschenhainen umgangen, danach folgen steindurchsetzte Almböden, bis ein großer Steinmann den weiteren Weg hinüber zu den Resten des Rainer-Schutzhauses anzeigt. Dort zweigt der Weg zur Eisenkappler Hütte ab (Quellbrunnen). Zum Gipfel fehlen noch 100 Meter.

■ ***Abstieg:*** Wer nicht direkt zurückgeht, schlägt für die Rundtour bei den Mauerresten des ehemaligen Schutzhauses den linken Weg zur Eisenkappler Hütte (bewirtschaftet, Mautstraße) ein. Das nächste Ziel heißt Obiralm und ist südwestlich der Schutzhütte gelegen.
Auf gekennzeichneten Forststraßen, dann wieder auf schmalen, leicht verwachsenen Wegen, an kurzer abschüssiger Stelle durch Stahlseile gesichert, wird mit Marschrichtung Westen der Schaidasattel angepeilt. Der Freibach-Stausee wartet auch noch!

■ ***Winter:*** Lawinengefahr, abzuraten.

**✓ kurz gesagt**

***Schwierigkeit*** Sommer leicht, Simon-Rieger-Weg 623, auch für Kinder, Rundtour leicht bis mittel, Ausdauer nötig, Winter s.u.
***Dauer*** Sattel – Gipfel 2 1/2 bis 3 Std.; retour 2 bis 2 1/2 Std. Rundtour 6 Std.
***Talort*** Ferlach
***Ausgangspunkt*** Schaidasattel
***Stützpunkt*** auf Simon-Rieger-Weg keiner; auf Rundtour Eisenkappler Hütte ☎ 0 42 38/81 70 bzw. 84 58 od. 0 66 4/413 89 25
***Hinweis*** Bademöglichkeit im Freibach-Stausee
***Karten*** ÖK 1:50.000, Blatt 212 (Vellach) und Blatt 203 (Maria Saal)

*Altes Gipfelkreuz am Hochobir*

# 83 Rundweg Kärntner Storschitz

■ ***Sommer:*** Im Grenzbereich des Seebergsattels (1215 m), aber noch deutlich auf österreichischem Boden, erhebt sich der Kärntner Storschitz mit bescheidenen 1759 m, geschmückt mit einem ehernen Gipfelkreuz. Nur 13 Kilometer jenseits der Staatsgrenze findet er im Südwesten sein Gegenstück, den Krainer Storschitz (2132 m).

Zwei „Wege" führen zum Gipfel. Jener über den Krainersteig ist Bergwanderern mit Trittsicherheit vorbehalten, die auch im Umgang mit Seilanlagen Erfahrung haben. Er ist nicht sonderlich problematisch, dafür aber luftig und abwechslungsreich.

Gemütlicher geht es dagegen über den Pasterksattel. Unter den gegebenen Voraussetzungen sollte man als Rundtour den Aufstieg über den Krainersteig und den Abstieg über die Kepp-Alm und den Pasterksattel wählen.

Der Gipfel fällt nach Osten teilweise überhängend ab (Gefahr!), nach Westen ist er latschendurchsetzt bei mittlerer Steilheit. Der Kärntner Storschitz wird häufig auch von Feriengästen frequentiert und stellt selbst im Winter ein lohnendes Tourenziel dar. Apropos Winter: In Unterkärntner Bergsteigerkreisen gehört es schon zur Tradition, den letzten Tag des Jahres zu seiner Besteigung zu nützen und nach rund zweistündiger Schneestapferei mit dem mitgebrachten Sekt auf ein neues unfallfreies Berg-Jahr anzustoßen.

*Aufstieg auf den Storschitz*

■ ***Zufahrt:*** Von Eisenkappel bis vor das Zollhaus.
■ ***Aufstieg:*** Rechts des Zollgebäudes geht es auf einer Forststraße nach Norden. Bis zum Jagdhaus bleibt Zeit, den Weiterweg zu überlegen. Der Krainersteig beginnt hier mit steilen Kehren, zieht etwas nach rechts (Bründl), um nach weiteren Kehren eine Forststraße zu erreichen. Auf einer Lichtung, hart an der Staatsgrenze, wird die Hauptrichtung Norden aufgenommen, und bald stößt man auf die ersten Seilsicherungen, die zu einem Felstor leiten. Der Gipfel wird über den luftigen Südgrat betreten.
■ ***Abstieg:*** In Anlehnung an die stets gegenwärtigen Markierungen wird der Gipfel nach Norden (kaum 150 Meter) verlassen und zum Kepp abgestiegen. Bis zum Pasterksattel wird die nordöstliche, danach die Südrichtung eingeschlagen.
■ ***Winter:*** mittelschwer, Lawinengefahr groß.

**✓ kurz gesagt**

***Schwierigkeiten*** Sommer leicht, Krainersteig, Seilanlagen, Trittsicherheit; Pasterksattel-Kepp-Gipfel leicht, Winter leicht bis mittel
***Dauer*** Gipfel über Krainersteig 1 1/2 bis 2 Std., über Pasterksattel 3 1/2 Std., Rundtour 4 1/2 Std.
***Talort*** Eisenkappel
***Ausgangspunkt*** Seebergsattel (Gaststätten)
***Stützpunkte*** keine
***Hinweis*** Grenzdokument mitführen, Wegweiser beim Pasterksattel beachten! Zwischen Pasterksattel und Jagdhütte „springt" der Steig auf Forststraße steil hinunter (Markierungen)
***Karte*** ÖK 1:50.000, Blatt 212 (Vellach)

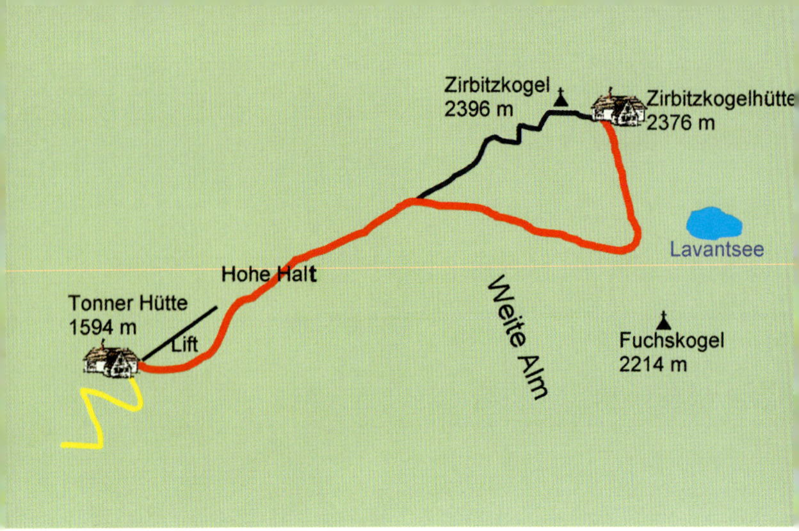


# 84 Zirbitzkogel, der steirische Nachbar

■ ***Sommer:*** Zugegeben, der Zirbitzkogel in den Seetaler Alpen wird den Steirern nicht streitig gemacht, da er aber in der Verlängerung des kärntnerischen Saurückens knapp vor den Toren Kärntens an der nördlichen Pforte zum Görtschitztal beherrschend aufragt, wird er ein bißchen ausgeborgt.

■ ***Zufahrt:*** Durch das Görtschitztal reist man über Hüttenberg nach Mühlen (bereits in der Steiermark), um im Ort – fast verborgen – zur Tonner Hütte abzubiegen.

■ ***Aufstieg:*** Eine Reihe von Sommer- und Winteranstiegen hat nur eines zum Ziel: den Zirbitzkogel mit stolzen 2396 Metern. Ein verhältnismäßig kurzer Weg ist es von der Tonner Hütte (1594 m), wobei der Sommerweg auf der Hohen Halt, etwas oberhalb der Liftanlage, den Gipfel auf einem breiten Rücken direkt anpeilt, dann aber in einem großen Rechtsbogen auf den Bergrücken etwas mehr als 1 Kilometer südlich davon zueilt. Auf dem Südost-Ausläufer angelangt geht es diesen aufwärts zum Gipfelkreuz (2396 m) 20 Meter oberhalb der nahen Zirbitzkogelhütte.
Das umliegende Gelände läßt aber auch einen Aufstieg querfeldein, abseits der Markierungen zu, keinesfalls aber bei Nebel!

■ ***Abstieg:*** Nach einer erholsamen Pause auf der Zirbitzkogelhütte wird gestärkt der Rückmarsch leichter fallen.

*In der Heft*

■ ***Winter:*** Der Routenverlauf im Winter entspricht weit über die Hohe Halt hinaus bis auf rd. 2000 Meter dem Sommerweg, dann aber wird der breite Rücken zugunsten etwas linkerhand herabziehender Geländerücken aufgegeben. Der Weiterweg führt über die flacheren Geländeteile nordwestlich des Gipfels.

**✓ kurz gesagt**

***Schwierigkeiten*** Sommer leicht, Probleme bei Nebel, Winter leicht bis mittel, Bergerfahrung notwendig, Lawinengefahr nach Schneefällen erheblich
***Dauer*** Aufstieg 2 1/2 Std., Abstieg 2 Std.
***Talort*** Mühlen, nördlich Görtschitztal
***Ausgangspunkt*** Tonner Hütte, Familie Ferner, ☎ 0 35 84/32 50 u. 0 66 4/144 71 28, ganzj. bewirtschaftet
***Stützpunkt*** Zirbitzkogelhütte, Sommer- und eingeschränkter Winterbetrieb, ☎ Anfragen: 0 35 78/82 05 u. 0 66 4/424 64 85
***Karte*** ÖK 1:50.000, Blatt 160 (Neumarkt in Steiermark)

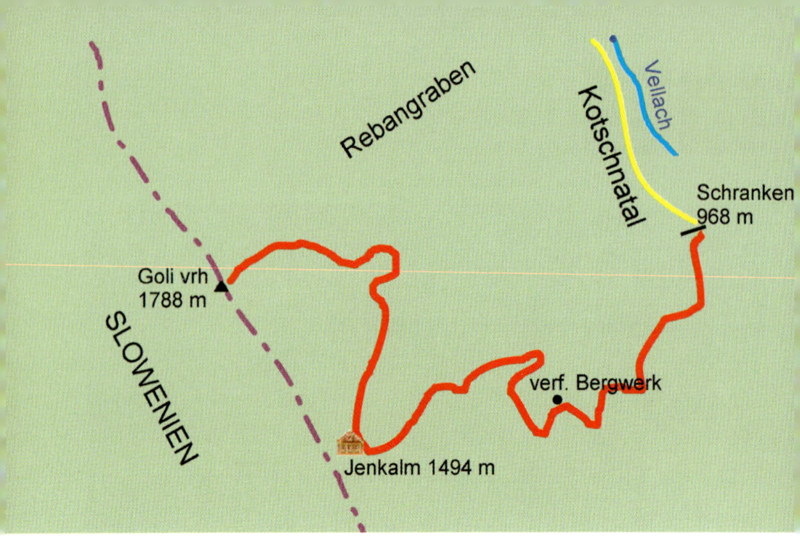


# 85 „Brennpunkt“ Goli vrh

■ ***Sommer:*** Der Goli vrh oder „kahle Berg“ kann mit einem Brennpunkt verglichen werden. Zum einen heizt die Sonne unbarmherzig in die baumfreien Gipfelhänge und Kalkklippen. Zum anderen können die umliegenden Spitzen und Kare der Steiner Alpen, durch keinerlei Bewuchs behindert, wie vom Brennpunkt eines Parabolspiegels aus betrachtet werden. Einen schöneren Übersichtspunkt dürfte es in diesem Südostzipfel Kärntens nicht geben. Bis das Gipfelglück lacht, ist einiges Ungemach durchzustehen und die 820 Meter, die zwischen der Vellach und dem „Kahlen“ (1787 m) liegen, sorgen im Verein mit der Sonnenglut für schweißtriefende Abwechslung. Der Weg berührt ein altes Bergwerk, überwindet einen schmalen Graben, gelangt zur Jenkalm und durchschreitet wiederholt auch schattenspendende Wälder. Für Abwechslung ist also gesorgt.

■ ***Zufahrt:*** 500 Meter südlich Bad Vellach zweigt in einer unübersichtlichen Kurve der Seebergpaß-Straße der Zubringer in das Naturschutzgebiet Vellacher Kotschna ab.

■ ***Aufstieg:*** Vor dem Wegschranken (968 m) teilen sich die Wege zum Sanntaler Sattel (1999 m) im Süden und zur Jenkalm (1494 m) und zum Goli beinahe im Westen. Mannshohe Haselstauden, die den Weg bestens tarnen, stellen die erste Hürde dar. Wenig später lindert ein Bründl auf der gegenüberliegenden Seite der Forststraße den ersten Durst. Dann wird die Neugier durch die Reste eines eingesunkenen Stollens belebt. Über die Belast-

**✔ kurz gesagt**

***Schwierigkeit*** Sommer leicht, Trittsicherheit an wenigen Stellen erforderlich, Winter kaum geeignet
***Dauer*** Aufstieg bis Sattel 1 3/4 Std., bis Gipfel 2 3/4 Std., Abstieg 1 1/2 Std.
***Talort*** Eisenkappel
***Ausgangspunkt*** Naturschutzgebiet Kotschnatal/Vellach
***Stützpunkte*** keine
***Hinweis*** Grenzdokumente mitführen
***Karte*** ÖK 1:50.000, Blatt 212 (Vellach)

barkeit und allenfalls Bequemlichkeit des alten Holzabortes beim verfallenen Bergwerk fehlen entsprechende Erfahrungswerte. Aus dem nachfolgenden Graben kommt man nur schwer über die angerissene Böschung. Aus dem Kahlschlag, der an seinem linken Rand berührt wird, steigt die Hitze in Schlieren auf. Kurz danach setzt sich ein schmales Steiglein nach rechts vom Karrenweg ab und über verwachsenen Wiesengründen taucht die Hütte auf dem Jenkalmsattel auf. Eine weitere Hürde ist gemeistert. Der Weg setzt nach rechts (Norden) fast eben fort, einige kurze Passagen verlangen Trittsicherheit. Wiesen unterbrechen den schütteren Wald, in dem sich der weitere Aufstieg (jetzt nach Süden) ziemlich weglos vollzieht.

■ ***Abstieg:*** Nach ausgiebigen Rundblicken in die Kamniške Alpe (Steiner Alpen) lockt die Vellach mit ihrem erfrischenden Naß.

■ ***Winter:*** Kaum geeignet.

*Die schroffen Steiner Alpen*

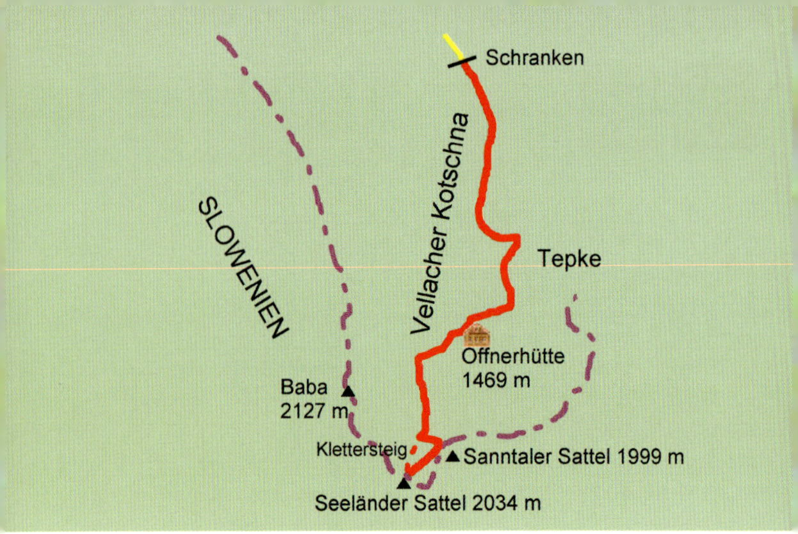


# 86 Österreichs südlichster Punkt

■ ***Sommer:*** Dort, wo die nördlichen Ausläufer der Steiner Alpen ins Vellachtal fallen, liegen die Alpenübergänge Sanntaler Sattel (1999 m) und Seeländer Sattel (2034 m) und mit ihnen auch der südlichste Punkt Österreichs. Drei Rücken, gebildet aus Baba, Rinke und Mrzla gora (Kaltenberg) treffen hier beim Grenzstein 262 in zweitausend Metern aufeinander. Sanntaler- und Seeländer Sattel sind als touristische Übergänge ins Logartal zur Frischauf Hütte, oder zur Tour über die Kranjska koča und Ceška koča (Hütten) von Bedeutung. Auf Rinke und Kaltenberg führen Kletterrouten, leichter gangbare Zustiege gibt es nur über die Frischauf-Seite. Der Seeländer Sattel weist zudem eine kleine Variante auf und ein kleiner Klettersteig bringt Abwechslung ins Wandervergnügen.

Vor allem im Spätherbst ist hier ein Bergwanderer völlig auf sich alleine gestellt, die umliegenden Hütten sind bereits in den Winterschlaf versunken! Überraschende Schlechtwettereinbrüche mit Temperaturrückgang und einsetzender Regen, der alsbald mit Schneefall endet sollten ein Alarmsignal für sofortigen Rückzug bedeuten!

■ ***Zufahrt:*** Südlich von Bad Vellach weist ein Schild in das Naturschutzgebiet der Vellacher Kotschna (Schranken nach 3 Kilometern).

■ ***Aufstieg:*** Die bunten Laubwälder bleiben bald zurück und machen einem kleinen Kar und einem mit Stahlseilen abgesi-

*Lichtblicke im Spätherbst*

cherten Kalkrücken, der sich zwischen lotrecht abfallende Wände schiebt, Platz. Danach überwindet der Steig ein paar ausgewaschene Felsstellen und verliert sich unterhalb der Offnerhütte in einem Karstreifen. Die Jagdhütte liegt auf halbem Wege zum Sanntaler Sattel, der sich hinter grünen Latschen und herbstlichgelben Lärchen der Sicht entzieht. Interessant sind die Auswaschungen neben dem Weg, kurz nach der Hütte, die Wasser und Sand in jahrhundertelanger Arbeit im relativ weichen Kalkstein zuwegebrachten. Die nachfolgende Hochfläche wird rasch von einer Steinwüste abgelöst, und mit jeder Serpentine vermindert sich der Abstand zum Sanntaler und zum nahen, 35 Meter höheren Seeländer Sattel.

■ ***Abstieg:*** Die beiden seilbestückten Stellen erleichtern den Rückweg, Trittsicherheit ist aber da und dort gefragt.

■ ***Winter:*** Steilrinne, schwierige Frühjahrstour!

**✓ kurz gesagt**

***Schwierigkeit*** Sommer leicht bis mittel mit kurzen Sicherungsanlagen, Trittsicherheit erforderlich, Winter schwierig

***Dauer*** Aufstieg 2 1/2 bis 3 Std., Abstieg 2 Std.

***Talort*** Eisenkappel

***Ausgangspunkt*** Schranken am Naturschutzgebiet Vellacher Kotschna, Weg 613

***Stützpunkte*** keine, Hütten abseits

***Hinweis*** Grenzdokument mitführen, touristischer Übergang zwischen 15. April und 15. November bei Tag

***Karte*** ÖK 1:50.000, Blatt 212 (Vellach)

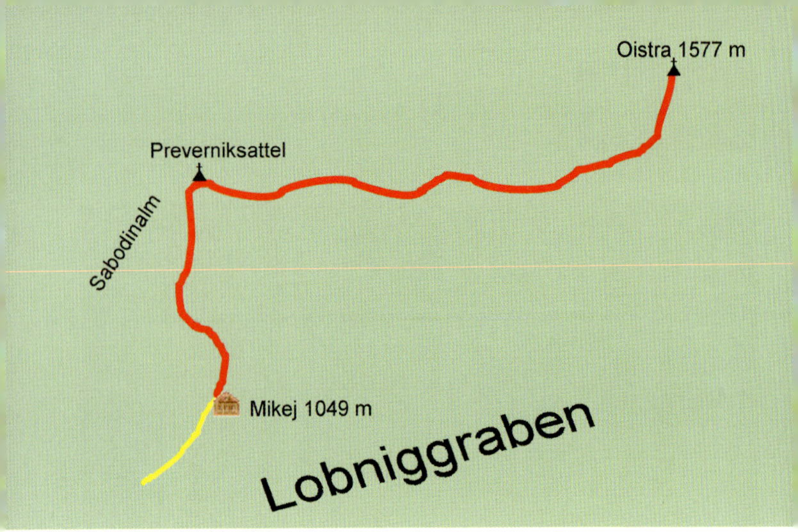


# 87 Maria Dorn am Weg zur Oistra

■ ***Sommer:*** Am Eingang in den Lobniggraben, nur wenig vom alten Ortskern von Eisenkappel entfernt, steht die Kirche Maria Dorn, früher „Unsere Liebe Frau im Dornach" genannt.
Einst gab es an dieser Stelle nur ausgedehnte Dornenhalden, und manchmal geschah es, daß sich ein Schaf von den nahen saftigen Weiden hierher verirrte und im Dornengestrüpp verhedderte – stets an derselben Stelle. Als in den heller werdenden Nächten nach Neumond eine weißgekleidete Frau auch noch unbeschadet durchs Dickicht schritt, waren sich alle einig, daß das nur die Mutter Gottes sein konnte, die an diesem heiligen Ort wandelte. So beschlossen die ehrfürchtigen Bürger von Eisenkappel, an dieser Stelle „im Dornach" eine Kirche mit einer überdachten Stiege aus 83 Stufen zu errichten.
Aber auch zum Bildnis der Himmelskönigin weiß eine Sage zu berichten, daß einst ein Fuhrwerker mit schwerer Ladung von Krain über den Seeberg zog, eine Madonnenstatue eines unbekannten Stifters im Gepäck mit dem Auftrag, diese erst dort abzuladen, wo die Pferde erstmals aus eigenem Willen anhalten würden. Der Fuhrmann staunte, als die Pferde an ihren gewohnten Stallungen vorbeizogen und erst bei der Kirche Maria Dorn anhielten.

■ ***Zufahrt:*** Jetzt aber zur Oistra (1577 m) auf der Straße in den Lobniggraben, die mit ihren Kurven auf eine Geländeterrasse über dem Markt Eisenkappel führt, um dann den Gehöften im „Lobnig“ zuzustreben. Beim Mikej (= Micke, 1049 m), einem ansehnlichen Hof auf der Sonnseite, ist dann für den Pkw Endstation.

■ ***Aufstieg:*** Zieht der Weg hinter dem Mikej vorerst in beschwingten Bögen bergan und läßt das Gipfelkreuz über den Baumkronen im Osten auftauchen, ändert sich dieses Bild bald grundlegend. Nach der großen Weide unmittelbar am Preverniksattel (1171 m, Holzkreuz) und den federnden Böden eines flachen, bewaldeten Rückens, holt der Steig in einem steilen Zick-Zack die längst fälligen Höhenmeter rasch auf.

■ ***Abstieg:*** In umgekehrter Folge talwärts.

■ ***Winter:*** Mögliche Kurztour, Lawinengefahr im Steilbereich möglich.

**✓ kurz gesagt**

***Schwierigkeit*** Sommer und Winter leicht, Gipfelanstieg steil

***Dauer*** Aufstieg 2 Std., Abstieg 1 1/4 Std.

***Talort*** Bad Eisenkappel

***Ausgangspunkt*** Gehöft Mikej ☎ 0 42 38/82 02, Familie Sadolschek, im Lobniggraben (wegen Parkplatz bitte fragen)

***Stützpunkte*** keine

***Hinweis*** von Eisenkappel über Teutschmann (Deutschmann) und Sabodinalm auch zum Gipfel 4 Std.

***Karten*** ÖK 1:50.000, Blatt 204 (Völkermarkt) und Blatt 213 (Eisenkappel)

*Maria Dorn*

# 88 Das Eiserne Kreuz am Gertrusk

■ ***Sommer:*** Auf der Saualpe, nur ein paar Steinwürfe nördlich des Gertrusk, rückt eine in Metall gegossene Inschrift am Sockel des Eisernen Kreuzes (1958 m) unversehens europäische Geschichte ins Blickfeld: „Errichtet von seiner kaiserlichen Hoheit Erzherzog Franz Ferdinand und ihrer Durchlaucht Fürstin Sophie Hohenberg 1906“ steht dort zu lesen. Von jenem Erzherzog gestiftet, dem mit seiner Sophie Chotek die Schüsse von Sarajewo am späten Sonntagvormittag des 28. Juni 1914 des Gavrilo Princips galten. Sie waren das Ergebnis einer von Belgrad geschürten Verschwörung, der die österreichische Schlamperei dabei bestens entgegenkam. Denn bereits eine gute Stunde zuvor hatte ein Mitverschwörer eine Bombe in die Autokolonne des Thronfolgers Franz Ferdinand geworfen, das Ziel zwar verfehlt, dabei aber 20 Personen verwundet. Dennoch wurden die Sicherheitskräfte für die Rückfahrt vom Rathaus nicht verstärkt, obwohl Soldaten aus dem gerade zu Ende gegangenen Manöver leicht verfügbar waren!

Auch spielte der Zufall Geschichte. Denn auf den Tag genau, beinahe zur gleichen Stunde, hatte Franz Ferdinand am 28. Juni 1900 in der sogenannten Geheimen Ratsstube in der Hofburg in Wien vor seinem Onkel Kaiser Franz Joseph und vor höchsten Würdenträgern der Monarchie aus Liebe zu seiner nicht ebenbürtigen Gräfin

*Bei Diex*

Sophie auf alle königlichen Rechte für Frau und Kinder verzichtet.
Neben der Leidenschaft für seine „Soph“ trieb den Thronfolger noch eine zweite: die Jagd. Die Jagdleidenschaft brachte den unersättlichen Nimrod auch nach Kärnten, nach Lölling. Auf seine Pirschgänge auf der Saualpe dürfte das Kreuz wohl zurückzuführen sein.

■ ***Zufahrt:*** Kurz nach dem Feuerwehrhaus in Wieting beginnt rechts die schmale Straße zur Weißbergerhütte (1607 m).

■ ***Aufstieg:*** Über den Rücken, der die Umkehrschleife des oberen Liftes trägt, wird das Eiserne Kreuz auf einem Steiglein, später einem Karrenweg, angesteuert. Von dort ist es auf die felsige Kanzel des Gertrusk (2044 m) im Süden nicht mehr weit. Ladinger Spitz (2079 m – südlich) und Kienberg (2050 m – nördlich) wären die nächsten Ziele.

■ ***Abstieg:*** Bei Nebel ein Problem!

■ ***Winter:*** Bei geräumter Straße ein kurzer, leichter Leckerbissen!

**✔ kurz gesagt**

***Schwierigkeit*** Sommer und Winter leicht, Kurztour
***Dauer*** Aufstieg Gertrusk 1 1/2 Std., Ladinger Spitz 2 Std.; Abstieg 1 bzw. 1 1/2 Std.
***Talort*** Wieting, Görtschitztal
***Ausgangspunkt*** Weißbergerhütte, witterungsabhängig (auch im Winter). bewirtschaftet; Fam. Felfernig ☎ 0 42 64/27 32 bzw. 0 42 64/300 77 (Iris Simma)
***Stützpunkte*** keine
***Karte*** ÖK 1:50.000, Blatt 187 (Bad St. Leonhard i. L.)

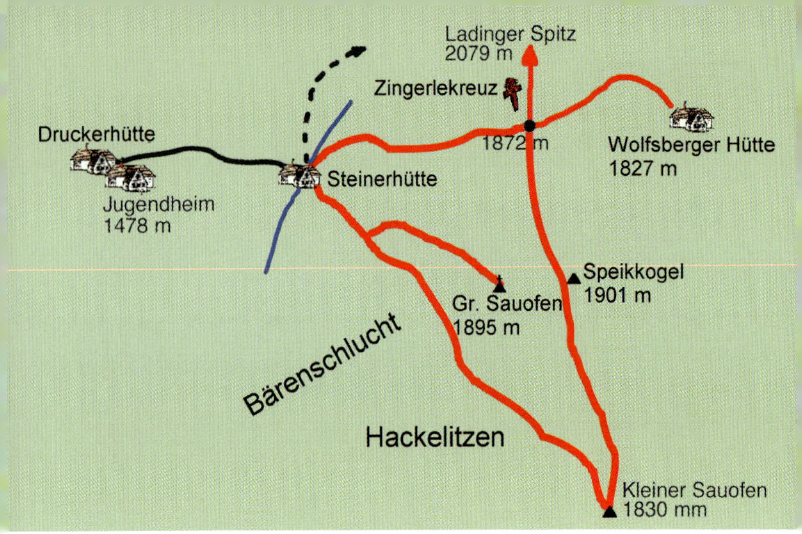


# 89 Der Speikkogel mit den Sauöfen

■ ***Sommer:*** Dieses Wandergebiet stellt eine Einladung an alle Wanderbegeisterten dar. Weder kräfteraubende, stundenlange Anstiege noch gefahrvolle, Trittsicherheit verlangende Steige schrecken ab. Aufziehende Gewitterwolken sollten dagegen jedenfalls als Gefahrenzeichen gewertet und eine nahe Schutzhütte rechtzeitig aufgesucht werden. So besehen steht dem Vergnügen, über die federnden Almböden – selbst bei knöcheltiefer Schneelage – zu wandern, nichts im Wege!

■ ***Zufahrt:*** Im Ortskern von Eberstein darf die Abzweigung nach St. Oswald und zur Druckerhütte nicht übersehen werden. Die Serpentinen reichen weit über das Görtschitztal hinaus. Die Steinerhütte ist zu Fuß oder mit dem Pkw zu erreichen.

■ ***Aufstieg:*** Der Weg führt dort am kleinen Lifthäuschen vorbei zum Bach, überschreitet diesen und strebt danach noch in der Waldzone einem Wegweiser zu, der die Wege zum Großen Sauofen (li.) und zum Kleinen Sauofen (re.) einteilt. (Im Winter auf den Kahlstellen an die höchste Stelle halten, denn die Markierungen sind meist schneebedeckt). Trotzdem dürfte die Orientierung keine Probleme bereiten, wenn nur die grobe Ostrichtung eingeschlagen wird: Der Große Sauofen, ein aus der Landschaft ragender Felsklotz, ist mit seinem Gipfelkreuz nicht zu übersehen.

In unmittelbarer Nähe des Großen Sauofens (1895 m) liegt der

*Nebelmeer über dem Lavanttal*

unscheinbare Gipfel des Großen Speikkogels (1901 m) und südsüdöstlich davon der Kleine Sauofen (1830 m). In entgegengesetzter Richtung trifft man auf einen Wegweiser, das Zingerle Kreuz und die darunter (ostseitig) auf einem Buckel stehende Wolfsberger Hütte (1827 m).

■ ***Abstieg:*** Vom Wegweiser (Vermessungspunkt: 1872 m) entlang der Markierung 342 zurück.

■ ***Winter:*** Leicht, kaum Lawinen.

**✓ kurz gesagt**

***Schwierigkeit*** Sommer und Winter leicht, auch für Kinder geeignet, Vorsicht bei Nebel
***Dauer*** Höhenrücken 1 Std., Kleiner Sauofen – Wolfsberger Hütte 1/2 Std., Abstieg zum Parkplatz 1/2 Std., Runde 3 Std.
***Talort*** Eberstein
***Ausgangspunkt*** Steinerhütte (Hermi und Toni Jernej, ☎ 0 664/58 63 526 und 0 66 4/28 24 203
***Stützpunkte*** Wolfsberger Hütte (ÖAV Wolfsberg) ☎ 0 67 6/ 313 69 83, Saisonbetrieb; Druckerhütte: ganzjährig geöffnet ☎ 0 42 64/84 40, Steinerhütte Saisonbetrieb.
***Karte***: ÖK 1:50.000, Blatt 187 (Bad St. Leonhard i. L.)

# 90 Vom Klippitztörl zur Forstalpe

■ ***Sommer:*** Der langgezogene Rücken der Saualpe verspricht Naturliebhabern aller Altersstufen ungetrübtes Wandervergnügen und ein Gefühl der unendlichen Weite, wenn das Wetter mitspielt. Die sanften Höhen, die aus dem Waldgürtel herausragen, weisen keine besonderen Höhenunterschiede auf. Von ihren Felskanzeln, den Sauöfen, gewähren sie aber Aussichten weit ins Lavanttal und Görtschitztal hinein und darüber hinaus bis an die Grenze des Horizontes. Tobt aber der Sturm um diese Öfen und fährt er heulend zwischen den Steinklötzen einher, dann wachsen der Fantasie Flügel.

■ ***Zufahrt:*** Das Klippitztörl (1644 m) zwischen den Seetaler Alpen und der Saualpe ist auf kurvenreichen Straßen aus dem Lavanttal und dem Görtschitztal (über Lölling) erreichbar.

■ ***Aufstieg:*** Gleich beim Parkplatz werden der Wanderlust keine Fesseln mehr auferlegt und entlang des Lavanttaler Höhenweges, Teil des Eisenwurzen-Weitwanderweges 08 (auch 308) geht es im Wald vorerst einmal 150 Höhenmeter hinan. Zwischendurch bleibt der Weg (gelb-rot) zur Primushütte links liegen. Oberhalb einer größeren Lichtung erheben sich die Felsen des Geierkogels (1917 m), die fast weglos erklommen werden können. Der markierte, ebene Steig umgeht diese und es entsteht der Eindruck, als würden die Höhen dem Wanderer entgegenkommen; der Abstand vermindert sich zusehends. Der

Auf der Saualpe

Wald tritt zurück und ein Zaun liefert schließlich den Beweis, daß der Höhenrücken erreicht ist. Die 230 Höhenmeter, die zur „Steinernen Hochzeit" und zur Forstalpe (2034 m) noch fehlen, bringen den Puls auf Trab. Zwischen den Felsbrocken der „Steinernen Hochzeit" sollte auch ein Kontrollstempel zu finden sein, falls nicht „Souvenirjäger" schneller waren.

■ ***Abstieg:*** Der Weg könnte nach Süden hin beliebig fortgesetzt werden. Angesichts der geringen Höhenunterschiede ist für den Rückweg nahezu die Anstiegszeit einzuplanen. Bei Nebel sollte von den deutlichen Markierungen (auch der Höhenzaun ist ein Anhaltspunkt) nicht abgewichen werden.

■ ***Winter:*** Auch nicht schwer.

**✓ kurz gesagt**

***Schwierigkeit*** Sommer und Winter leicht, auch für Kinder geeignet, Vorsicht bei Nebel

***Dauer*** Aufstieg „Steinerne Hochzeit", Forstalpe 2 bis 2 1/4 Std., Kienberg (2050 m) 2 3/4 Std., Gertusk (2044 m) 3 1/4 Std. Abstieg Forstalpe bis Paßhöhe 1 3/4 Std.

***Talorte*** Hüttenberg bzw. Bad St. Leonhard i. Lav.

***Ausgangspunkt*** Parkplatz auf Paßhöhe/Klippitztörl

***Stützpunkte*** keine

***Karte*** ÖK 1:50.000, Blatt 187 (Bad St. Leonhard im Lavanttal)

# 91 Genußtour zum Ladinger Spitz

■ ***Sommer:*** Siehe Winter.

■ ***Winter:*** Mit 2079 Metern ist der Ladinger Spitz die höchste Erhebung der Saualpe. Die sanften Höhen vermitteln leichte Anstiege, reizvolle Abfahrten und ein Gefühl der Sicherheit. Während in anderen Gebieten vor Schneebrettlawinen gewarnt wird, ist hier in aller Regel von einer gefährlichen Schneeschichtung weit und breit nichts zu bemerken.

Die schöne Bergstraße rundet die Eindrücke von einer leichten Schitour in lieblicher Landschaft mit Aussicht über das malerische Lavanttal ab. Sie beginnt in St. Michael, erreicht in vielen Windungen die wehrhafte Kirche von Lading (1011 m) und endet erst bei einem großen Parkplatz nach der Gießlhütte (1347 m). Bis zur Zechhütte (1512 m) schließt ein gemütlicher Spaziergang auf einer Rodelbahn an.

■ ***Zufahrt:*** Aus Klagenfurt kommend wird die Südautobahn (A2) über die Ausfahrt Wolfsberg-Süd verlassen und St. Michael und danach der Bergort Lading angesteuert. Die Beschilderung könnte besser sein, der Heimvorteil für Wolfsberger, St. Andräer und Nachbarn liegt klar auf der Hand. Bei der Hinweistafel „Waldfriedhütte“ führt die Straße links zur Gießlhütte und zum Ausgangspunkt der Tour auf den Ladinger Spitz.

■ ***Aufstieg:*** Bei der Zechhütte wird die „Rodelbahn“ nach rechts verlassen. Vorerst übernimmt eine Forststraße die

Führung, bis eine rot-weiß-rote Markierung die nächsten Kehren abschneidet und freies Gelände (Privathütte und Blick zur Wolfsberger Hütte) erreicht wird. Die in den breiten, sanften Rücken eingebettete Offnerhütte (1668 m) wird passiert.
Wenige Minuten oberhalb des Weichensteinerofens, dem felsigen Kontrast zu den sanften Weiten der Saualpe, wird durch den Ladinger Graben direkt zum Gipfelkreuz angestiegen. Nur bei unsicheren Verhältnissen – und die gibt es hier lediglich nach großen Schneeverfrachtungen – erfolgt der Anstieg in großem Rechtsbogen über den linksbegrenzenden Höhenzug.

■ ***Abfahrt:*** Die beliebteste führt durch den breiten Graben zum „Ofen".

**✓ kurz gesagt**

***Schwierigkeit*** Sommer und Winter leicht, selten Lawinengefahr
***Dauer*** Parkplatz bis Gipfel 2 1/2 bis 3 Std., retour 2 Std.
***Talort*** Wolfsberg
***Ausgangspunkt*** Gießlhütte ☎ 0 43 52/612 50 (ganzjährig bewirtschaftet) bzw. Parkplatz
***Stützpunkte*** Zechhütte – zeitweise offen – ☎ 0 65 0/ 754 18 81 (Monsberger), Offnerhütte, Wolfsberger Hütte ☎ 0 67 6/31396 83 bzw. 0 43 52/34 03, Saisonbetrieb
***Karte*** ÖK 1:50.000, Blatt 187 (Bad St. Leonhard im Lavanttal)

*Kurz vor der Abfahrt*

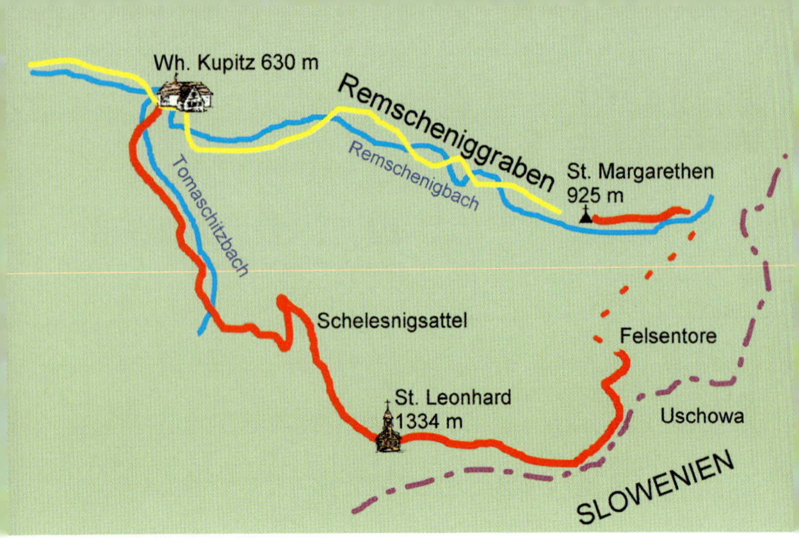


# 92 Die Glocken von St. Leonhard

■ ***Sommer:*** Dort, wo sich der Tomaschitzbach in jahrtausendelanger Arbeit einen Weg durch das Kalkgestein schuf, beginnt eine Rundtour, welche die Kupitzklamm mit St. Leonhard und den (versicherten) Felsentoren an der Uschowa verbindet. Die Klamm macht bald einem schattigen Forstweg Platz. Später wecken meist verlassene Einschichthöfe die Vorstellung wach, wie hier das Leben einst ablief.

Die Überlieferung besagt, daß eine Horde berittener Türken, durch einen mutigen Einsiedler irregeleitet, bei Nebel in den Abgrund stürzte und zerschmettert liegenblieb. Die Hufeisen der Pferde wurden später an der Kirche befestigt. Noch etwas hat die 1334 Meter hoch gelegene Kirche zu bieten: Zum Läuten der Glocken (erlaubt!) bodenlange Stricke! Im ausklingenden „Wummern" der Glocken wird zu guter Letzt (wieder) ein Stück des Kärntner Grenzweges begangen.

Was hat es überhaupt mit dem Kärntner Grenzweg auf sich? Die ersten konkreten Schritte gehen auf das Jahr 1983 zurück, als Karl Preininger daranging, die Voraussetzungen für den 800 Kilometer langen Weg zu schaffen. Für die Begehung der grenznah angelegten 45 Tagesetappen mit 62 Kontrollstellen werden Leistungsabzeichen vergeben (Führer ÖAV Klagenfurt, Kärntner Sparkasse).

■ ***Zufahrt:*** Das Wh. Kupitz (630 m) befindet sich im Remscheniggraben südöstlich von Eisenkappel.

■ ***Aufstieg:*** Viel bleibt nicht mehr zu berichten. Waldwege und Forststraßen (Markierungen!) wechseln einander ab, bis auf dem Kreuzungspunkt Schelesnigsattel (links 1 Std. nach St. Margarethen) ein steiler Pfad ansetzt, der bis an ein Holzkreuz (Straße) führt. Nach der Kirche trifft der Steig auf die geweihte Quelle und den Kärntner Grenzweg, der an der Staatsgrenze Richtung Uschowa fortsetzt.

■ ***Abstieg:*** Die drei Felsentore sind im Abstieg (steil) zu erreichen. Danach folgt ein beschwerliches Stück mit Rollschotter und Schmalstellen. Günstig wäre ein nahe St. Margarethen (925 m) abgestelltes Zweit-Fahrzeug.

■ ***Winter:*** Nicht sinnvoll.

*Mittagspause*

**✓ kurz gesagt**

***Schwierigkeit*** Sommer bis Grenze leicht, für Kinder; Abstieg über Felsentore, Schmalstellen, Trittsicherheit erforderlich, Kinder sichern, im Winter abzuraten
***Dauer*** Kupitz bis Kirche 2 bis 2 1/2, zurück 1 1/2 Std. Heiligengeistsattel (Grenze) 30 Min., Felsentore ab Kirche 1 1/2 Std., Felsentore – Tal 1 1/2 Std., alles 5 1/2 Std.
***Talort*** Eisenkappel
***Ausgangspunkt*** Wh. Kupitz/Remschenig
***Stützpunkte*** keine
***Hinweis*** Höchster Punkt ca. 1550 m, Grenzdokument mitführen
***Karte*** ÖK 1:50.000, Blatt 213 (Eisenkappel)

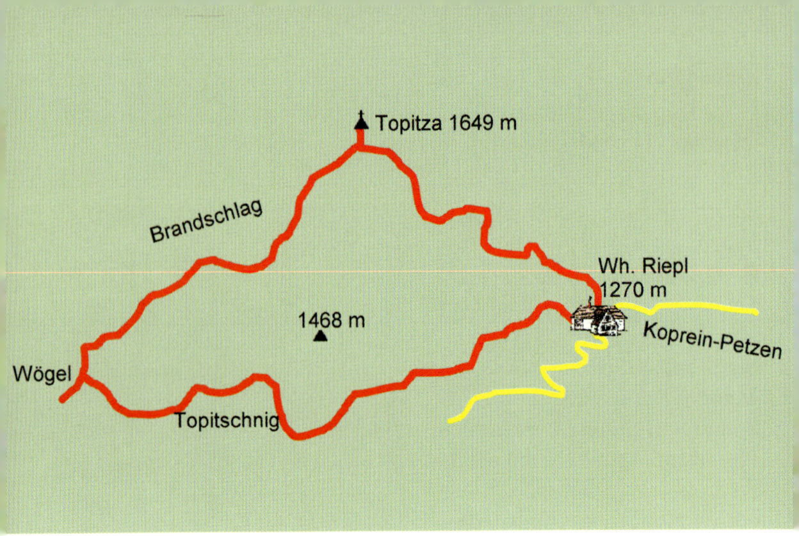


# 93 Die Topitza – ein Aussichtsberg

■ ***Sommer:*** Die Topitza, mit 1649 Metern nicht sehr hoch, ist dennoch ein hervorragender Aussichtsberg!
Sind einmal die vielen Serpentinen am Ende des Leppengrabens überwunden, wird die Landschaft weiträumiger. Das alte Wh. Riepl (1270 m) am Zugang zur Topitza wie auch zur Luschaalm trotzt den Jahren. Bereits jetzt ist der Gipfel leicht zu erkennen, nur ein kurzer Aufstieg steht bevor. Die **Rundtour** – vom Gipfel mit Abstieg über die Südwestschulter zu den Orientierungspunkten Almhütte, Gh. Wögel, Gehöfte Topitschnig und Peternel und schließlich Gegenanstieg zum Wh. Riepl – setzt gute Kondition voraus. Die letzten 150 Höhenmeter, in einem Bachbett aufwärtskeuchend, bringen Erfolgserlebnisse.

■ ***Zufahrt:*** Direkt vor der Brücke über die Vellach biegt die Straße nach Osten in den Leppengraben ab.

■ ***Aufstieg:*** Beim Wh. Riepl weisen die rot-weiß-roten Markierungen erst auf breiter Forststraße (nach Nordenwesten), später auf Forstwegen an den Rand eines Kares. Am Rande der Abbrüche werden die Steigkehren beachtlich steil und es ist ein Gebot der Vernunft, hier auf Kinder besonders zu achten. Bereits vom Gipfel aus bietet sich ein herrlicher Rundblick. Wählt man aber die Rundtour, dann wird die Aussicht während des Abstieges noch um einiges weitläufiger. Der Blick schweift über die

Steiner Alpen bis zu den Hohen Tauern.

■ ***Abstieg:*** Auf dem markierten Steig Nr. 641 wieder zum Wh. Riepl.

■ ***Rundtour:*** Der beim Wegweiser unterhalb des Gipfelkreuzes nach rechts führende Weg gelangt an eine Almhütte (Wasser) und nach einer Viehhütte sofort linksabzweigend bis an ein Gatter, das durchschritten wird (die rechts weisenden Markierungen zum Gh. Wögel bedeuten einen Umweg). Beim Gatter wird also die Richtung beibehalten und kurz darauf trifft man auf den Weg 603 bzw. Weitwanderweg 03, der hier beim Topitschnig leicht ansteigt. Beim unbewohnten Gehöft Peternel wird Höhe verloren, die (leider) im Schlußanstieg zum Riepl wieder auszugleichen ist.

■ ***Winter:*** Kurztour bei sicherer Schneesituation, dann leicht.

**✔ kurz gesagt**

***Schwierigkeit*** Sommer und Winter leicht, auch für Kinder, im Bereich des Kares abseits des Weges Absturzgefahr

***Dauer*** Riepl – Gipfel 1 1/2 Std., zurück 1 Std., Rundtour: 3 1/2 bis 4 Std., mit Umweg über Gh. Wögel 4 1/2 Std.

***Talort*** Eisenkappel

***Ausgangspunkt*** Wh. Riepl, (Koprein-Petzen) privat

***Stützpunkte*** während der Tour keine; Gh. Wögel ☎ 0 42 38/580

***Karte*** ÖK 1:50.000, Blatt 204 (Völkermarkt)

*Kärntner Haus*

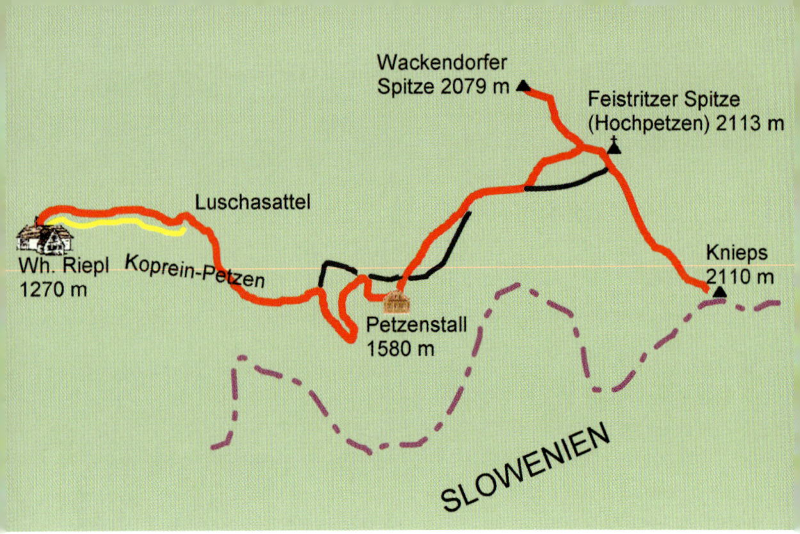


# 94 Reizvolle Tour zur Hochpetzen

■ ***Sommer:*** Wie im Winter.

■ ***Winter:*** Abgesehen von extremer Wetter- oder Schneelage ist diese Tour auch mit Überschreitung zum Knieps-Sattel (2012 m) und Fortsetzung zu den Petzenliften „ganzjahrtauglich“. Etwas Bergerfahrung sollte aber schon vorhanden sein.

■ ***Zufahrt:*** Im Süden von Eisenkappel zweigt die Straße in den Leppen-Graben direkt bei der Vellach-Brücke nach Osten ab, nach 12 km werden das Wh. Riepl (1270 m) und der Fahrweg zur Luschaalm erreicht.

■ ***Aufstieg:*** Bei der Luschaalm ist der links bergwärts führende Güterweg einzuschlagen, und nach etwa 1 km weist die rot-weiß-rote Markierung mit den Ordnungsnummern 603 bzw. 03 (Weitwanderweg Karnische Alpen – Karawanken – Radkersburg, bzw. Kärntner Grenzweg) direkt in einen schmalen Waldweg nach Norden. Dieser wird bis zur Jagdhütte Petzenstall (ca. 1580 m) beibehalten, falls man nicht die Abkürzung aus der Kehre im Graben entlang einer steilen Lichtung vorzieht.

Nach der Jagdhütte wird der breite Güterweg bereits nach wenigen Schritten bergwärts verlassen und im Hochwald (Markierungen beachten) geht es gemütlich dahin bis der Latschengürtel anschließt. Am Rande der Mulden, im Sommer auch darin, wird der Aufstieg zum bereits sichtbaren Gipfelkreuz fortgesetzt. Die Feistritzer Spitze, vielerorten Hochpetzen (2113 m) genannt, weist nach Osten, zur Oberen Krischa hin, oft stark überwächtete Stellen auf. Es ist gefährlich, sich zu weit vorzuwagen!

Hoch über der Petzen

■ **Abfahrt:** Soll die Aussicht über die sanftgeneigten Höhen des Kärntner Unterlandes oder die jenseits der Staatsgrenze liegenden Steiner Alpen aus mehreren Perspektiven erfolgen, könnten noch der Knieps (2110 m) im Südosten oder die Wackendorfer Spitze (2079 m) im Nordwesten in die Tour eingebunden werden. Aber Vorsicht, denn beide Gipfel weisen überwächtete Abbrüche auf. Bei schlechter Witterung stellt die Orientierung ein ebenfalls nicht zu unterschätzendes Problem dar.
Die Abfahrt erfolgt entlang der Aufstiegsspur durch den schütteren Hochwald und später entlang der Lichtungen.

**✓ kurz gesagt**

***Schwierigkeit*** Sommer und Winter leicht bis mittel, Ausdauer; nach starken Schneefällen in Steilbereichen ev. Lawinengefahr
***Dauer*** Aufstieg Hochpetzen 2 1/2 bis 3 Std., zurück 2 Std.; Abstecher Knieps, Wackendorfer Spitze zusätzlich je 45 Min.
***Talort*** Eisenkappel
***Ausgangspunkt*** Straße zur Luschaalm
***Stützpunkte*** keine
***Hinweis*** bei Rundtour Grenzdokumente
***Karte*** ÖK 1:50.000, Blatt 204 (Völkermarkt), und ev. 213 (Eisenkappel)

# 95 Wandern ums Kleinalpl

■ ***Sommer:*** Bis zum Winterbeginn werden es im Soboth-Speicher an die 22 Millionen Kubikmeter sein, die dann in den Wintermonaten zur Deckung des erhöhten Strombedarfes genutzt werden. Gespeist wird der Stausee durch die Feistritz mit ihren Nebenbächen. In einem naturbelassenen, nur in kritischen Bereichen ausgekleideten Stollen wird auch das Wasser des Krumbaches samt Umgebung aus fünfeinhalb Kilometern beigeleitet. Und mit Überschuß-Energie wird dazu noch über eine 1350 m lange Rohrleitung Wasser aus dem Einzugsgebiet des Höllgrabens in den See hinaufgepumpt.

■ ***Zufahrt:*** St. Vinzenz liegt am hintersten Ende des Sees.

■ ***Aufstieg:*** Auf dem Weg 1, der sich zwischen einigen Objekten durchzwängt, lange Zeit vom Schwarzenbach begleitet, vorerst einmal zur Dreieckhütte (1452 m). Hier an der Schnittstelle mehrerer Höhenwege steht eine malerische Kapelle. Nunmehr hat der STLRWW (Steirischer Landes-Rund-Wander-Weg) mit seinen rot-weißroten Markierungen das Sagen: Hinter der Hütte sofort nach Norden, vorbei an Heuhütte, Holzkreuz bei einer Lichtung und Quelle neben dem Pfad. Zur Steinberger Halt sind es mehr als 40 Minuten, da ist der Kleinschneiderkogel (1663 m) mit seiner Sicht auf die Kuppeln der Goldhaube eine wahre Erlösung: Weglos hinauf aufs Kleinalpl (1759 m) oder nur herum zum Lavanttaler Höhenweg.

■ ***Abstieg:*** Ohne große Höhenunterschiede umgeht der Weg 560 das Kleinalpl im Os-

Goldhaube auf der Koralpe

ten und trifft dann auf den Lavanttaler Höhenweg (594). Auf diesem nach Süden zum Gh. Brandl (hierher auch Straße aus St. Paul/Lavanttal). Nun bei leichtem Gefälle zum Kreuz beim Goßeck (1312 m, Straßenverbindung nach Lavamünd) und dort links, abenteuerlich durch den Wald hinunter, obwohl es sich dabei um einen „Rechtsweg“ (Wegerecht für die Bewohner beiderseits des Berges) handelt, und zum Zangl (Stromleitungen, Kreuz). Abschließend hinunter zum Feistritzbach, über die Brücke nach Hause.

■ **Winter:** Kleinalpl nördlich lohnend.

**✓ kurz gesagt**

**Schwierigkeiten** Sommer leicht, Vorsicht bei Nebel, Winter s.o.
**Dauer** ab St. Vinzenz: Dreieckhütte 1 1/2 Std., Kleinalpl 3 1/4 Std., Rückweg 3 Std.
**Talorte** Lavamünd, St. Paul, dadurch auch kürzere Teilstrecken
**Ausgangspunkt** z. B. St. Vinzenz
**Stützpunkte** Alpengh. Brandl, ☎ 0 43 57/32 45, A. Kronthaler
**Karte** ÖK 1:50.000, Bl. 205 (St. Paul im Lavanttal)

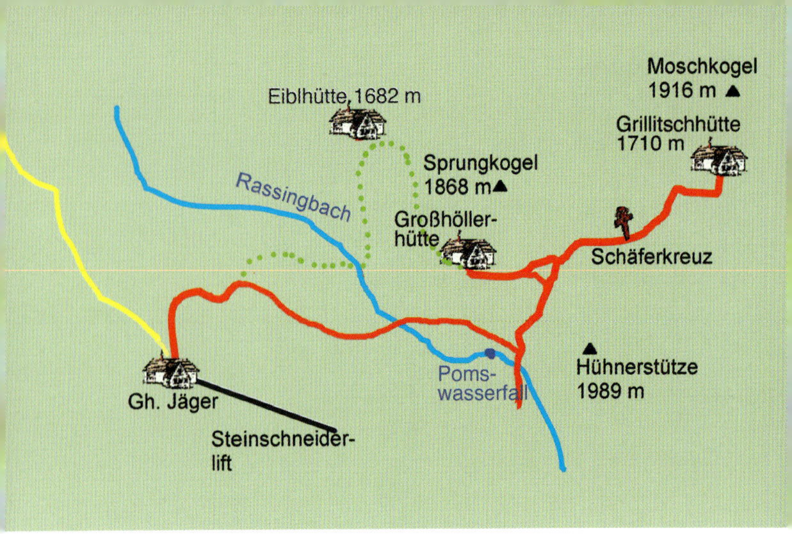


# 96 Pomswasserfall auf der Koralpe

■ ***Sommer:*** Aus der Ferne erscheint die Koralpe als ungegliederter Bergrücken. Das täuscht! Aus der Nähe betrachtet zerfurcht eine Vielzahl von Gräben und Übergängen den Hausberg der Wolfsberger. Almrücken wechseln mit Karlandschaften, die sich an Felswände pressen. Eine bezaubernde Landschaft zu jeder Jahreszeit, besonders faszinierend aber im Frühling, nach der Schneeschmelze, wenn die zu Eis erstarrten Wasserfälle noch in voller Pracht und Mächtigkeit zu bestaunen sind. Die Route verläuft unter dem aufmerksamen Auge der Luftraumüberwachungsstation, einem mit einem Riesenroboter vergleichbaren Ungeheuer auf Stelzen.

■ ***Zufahrt:*** Von St. Johann südlich von Wolfsberg über Pailldorf und Rieding bis zum großen Parkplatz am Steinschneiderlift, unmittelbar beim Gh. Jäger.

■ ***Aufstieg:*** Entlang der rot-weiß-roten Markierungen vorerst zu einer Forststraße hinunter, zwischendurch wird ein kleiner Bach gequert. Bald danach nicht mehr weiter zum Rassingbach mit seiner begleitenden Märchenlandschaft hinunter, sondern auf einer abzweigenden Forststraße in östliche Richtung bis der Weg den Bach weiter flussaufwärts überschreitet. Am Rande mooriger Wiesen trifft der Steig auf den Rest des alten Weges. Dann ist der Fuß des Wasserfalles (Hinweispfeile) erreicht. Später, die

Kaskaden links (nördlich) umgehend, treffen auf dem breiten Almboden bei einem großen Weidezaun zwei Wanderwege aufeinander: Nr. 593 zum Koralpenhaus und Nr. 591 zur Großhöllerhütte.
Bald nach dem Schäferkreuz (1800 m) taucht der kuppelartige Bau der Grillitschhütte (1710 m) in einer Geländemulde auf. Die Tour läßt sich beliebig erweitern, Moschkogel und Hühnerstütze sind leichte Ziele (jeweils + 45 Min.).

■ ***Abstieg:*** Beim Wegweiser nächst des Schäferkreuzes wird die Richtung zur Großhöllerhütte eingeschlagen. Danach folgt der Rückmarsch zum Wasserfall; der Rest ist bekannt.

■ ***Winter:*** Über die Großhöllerhütte möglich.

**✓ kurz gesagt**

***Schwierigkeit*** Sommer und Winter leicht, abenteuerlich für Kinder
***Dauer*** Parkplatz zur Grillitschhütte 2 Std.; zurück über Großhöllerhütte 1 1/2 Std.
***Talort*** Wolfsberg
***Ausgangspunkt*** Parkplatz bei Talstation Steinschneiderlift
***Stützpunkte*** Grillitschhütte, Großhöllerhütte, Sommerbetrieb; Eiblhütte privat! Gasthaus am Parkplatz Saisonbetrieb
***Hinweis*** Die Eiblhütte samt Zugängen dient nur noch privaten Interessen
***Karte*** ÖK 1:50.000, Blatt 188 (Wolfsberg)

*Seite 216/217: Sommerfrische über dem Wörthersee*

*„Riesenroboter auf Stelzen“*

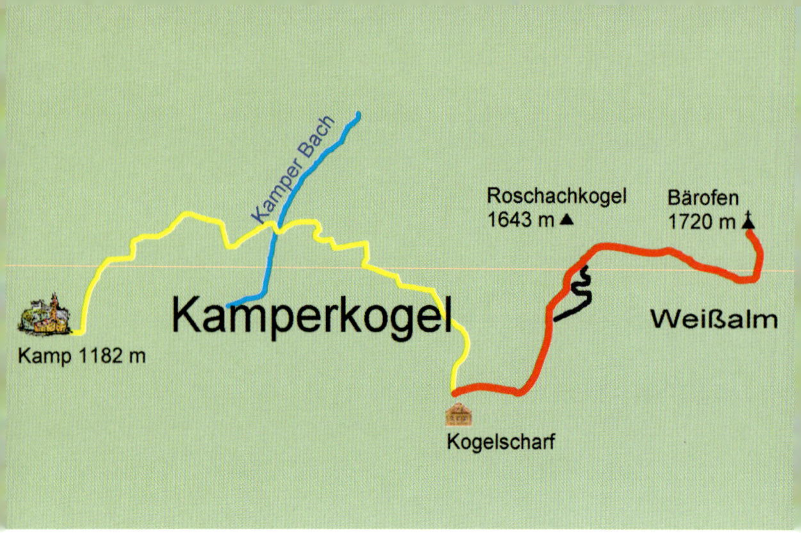


# 97 Ohne Lawinen zum Bärofen

■ ***Sommer:*** Wie im Winter.
■ ***Winter:*** Suchen Sie eine Schitour, leicht, kurz und ohne Lawinengefahr? Vielleicht wollen Sie Ihren Sprößling endlich auf das versprochene, langersehnte Abenteuer „Tourenschilauf" mitnehmen? Dann kommt der Bärofen (1720 m) im Koralpengebiet gelegen.

Leicht ansteigend führt die Spur durch lichte Wälder an den Gipfel heran, der samt seinem hölzernen Kreuz überraschend zwischen den Baumkronen auftaucht. Für diesen gut zwölf Meter hohen und steilen Gipfelaufbau gibt es eine kleine Einschränkung: Nach Schneefällen ist hier ein Abgleiten des Schnees nicht gänzlich auszuschließen: bitte um erhöhte Aufmerksamkeit.

Wie Lawinen entstehen, ist leicht erklärt. Der Schneedeckenaufbau ist nach größeren Neuschneemengen und stürmischen Winden vorerst noch labil. Das bessert sich erst mit der allmählichen Durchwärmung und Setzung des Schnees zusammen mit Nachtfrösten. Entscheidend ist aber auch der Unterbau der Schneedecke, denn auf eingeschneiten Reifschichten oder bodennahem, zudem bindungslosem (nicht zu Bällen formbarem) Schwimmschnee gleiten darüberliegende Schichten (Schneebretter) ab. Und noch etwas: Nicht selten können auf engstem Raume sehr unterschiedliche Verhältnisse herrschen, da zählt die Erfahrung.

Bei unserer Tour auf den Bärofen darf die Lawinengefahr als bedeutungslos abgehakt werden (einzige Ausnahme: der Gipfelaufbau).

*Leicht, kurz und ohne Lawinengefahr*

■ ***Zufahrt:*** St. Gertraud im Lavanttal, Fraß, die Abzweigung Fotzbrücke nach Kamperkogel (nicht Kamp!) und dort das Gehöft Kogelscharf (1260 m) sind unsere Zielpunkte.

■ ***Aufstieg:*** An der Wegkreuzung etwa 100 Meter vor dem Kogelscharf beginnt der rotgelb gekennzeichnete Aufstieg zum Bärofen, dabei wird anfangs die große Wiese beim Gehöft umgangen. Am Rande von Hohlwegen (im Sommer auch darin) geht es bis zu einer Forststraße, auf dieser relativ flach in freies Gelände nordwestlich der Weißalm und dort nordwärts zum Gipfel mit dem Kreuz der Singgemeinschaft Theißenegg.

■ ***Abfahrt:*** Bei tiefem, sulzigem Frühlingsschnee könnte das Gelände ruhig etwas steiler sein.

**✓ kurz gesagt**

***Schwierigkeit*** Sommer und Winter leicht, keine Lawinengefahr, am Steilgipfel Schneerutscher möglich
***Dauer*** Aufstieg 2 Std., retour 1 1/4 Std. (mit Schi kürzer)
***Talort*** St. Gertraud/Lavanttal
***Ausgangspunkt*** Wegkreuzung 100 m vor Kogelscharf
***Stützpunkte*** keine
***Karte*** ÖK 1:50.000, Blatt 188 (Wolfsberg)

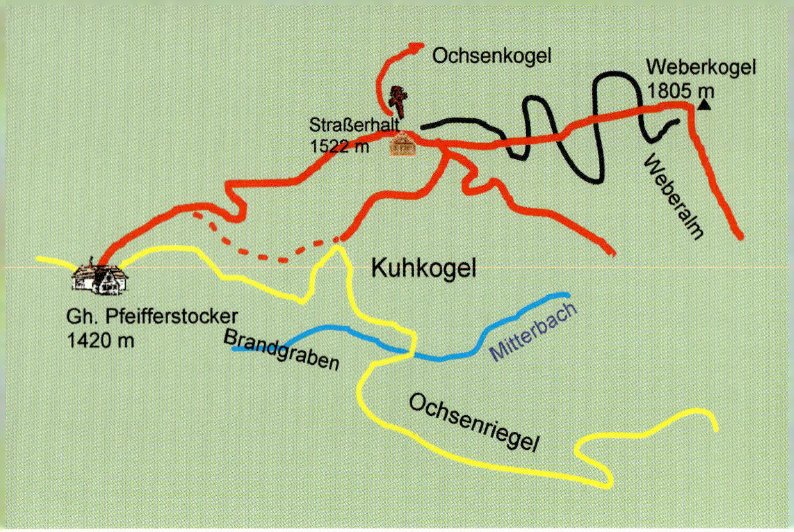


# 98 Leicht und kurz: Weberkogel

■ ***Sommer:*** Markierte Variante über Straßerhalt, fast eben (im Westen, dann im Norden) um den Ochsenkogel herum und beim Wildbachsattel (1580 m) aufwärts Richtung Süden.

■ ***Winter:*** Der Weberkogel in jenem Teil der Koralpe, der noch zur Weinebene zählt, ist wie geschaffen für Halbtagstouren, ideal für Kinder, wenig Geübte oder Neueinsteiger.

Da nur leicht geneigte Hänge, sieht man von den wenigen unbedeutenden Bachgräben ab, den Weberkogel (1805 m) umfassen, besteht kaum Lawinengefahr. Bis zum breiten Gipfel, der von einem Durcheinander an Gesteinsbrocken gebildet wird, liegt meist genug Schnee. Der Aufstieg ist kurz und in den schütter bestockten Wäldern bis zum Ziel überschaubar (teilweise weglos auch im Sommer).

■ ***Zufahrt:*** Von St. Gertraud im Lavanttal zieht eine kurvige Straße den satten Höhen der Weinebene zu. Beim Gasthaus Pfeifferstocker (1420 m) stehen Parkplätze zur Verfügung.

■ ***Aufstieg:*** Hinter der Langlaufloipe, deren Rundkurs nur mehr 15 Kilometer (gratis) beträgt, steigt eine Waldstraße zum eigentlichen Gehöft Pfeifferstocker (1474 m) an. Der oberste Zwickel am Ostrand des breiten Wiesengrundes (Loipe wird gequert) ist das nächste Ziel. Nur für Augenblicke wird die Loipe in den Wald begleitet, dann weist ein Schild einen Weg nach rechts, der gemächlich ansteigend zum Rücken mit langgezogenen Weiden und zum Holzkreuz oberhalb (Nordwesten) der Straßerhalt führt. Zu diesem Punkt gelangt man auch über eine Forststraße, die beim

*Auch für Telemarker geeignet*

Kuhkogel von der Weinebene-Straße abzweigt, diesen im Nordwesten umgeht und beim Jagdhaus Straßerhalt endet.
Der Gipfel des Weberkogels taucht zwischen den kahlen Lärchen auf und spornt an. Über die nach Osten ansteigende Wiese und den nachfolgenden Rücken, eingezäunte Jungkulturen dabei umgehend, wird das zusehends baumfreie Gelände erreicht, bis der über die Höhen fegende Wind das nahe Ziel ankündigt.
Genießen Sie die Muße, zurück in die lichten Wälder oder weiter hinaus über die geschwungenen Böden und schneebedeckten Almen des Lavanttales und hinüber zur Saualm zu blicken.

■ ***Abfahrt:*** Vor allem bei Nebel sollte stets Augenmerk auf die zum Gipfel führende Spur gerichtet werden.

**✓ kurz gesagt**

***Schwierigkeit*** Sommer und Winter leicht, kaum Lawinengefahr
***Dauer*** Aufstieg 2 Std., Sommer 2 1/2, retour 2 Std.
***Talort*** St. Gertraud im Lavanttal
***Ausgangspunkt*** Gh. Pfeifferstocker, ☎ 0 43 52/717 51, Paul Dohr, Straße zur Weinebene
***Stützpunkte*** keine
***Karte*** ÖK 1:50.000, Blatt 188 (Wolfsberg)

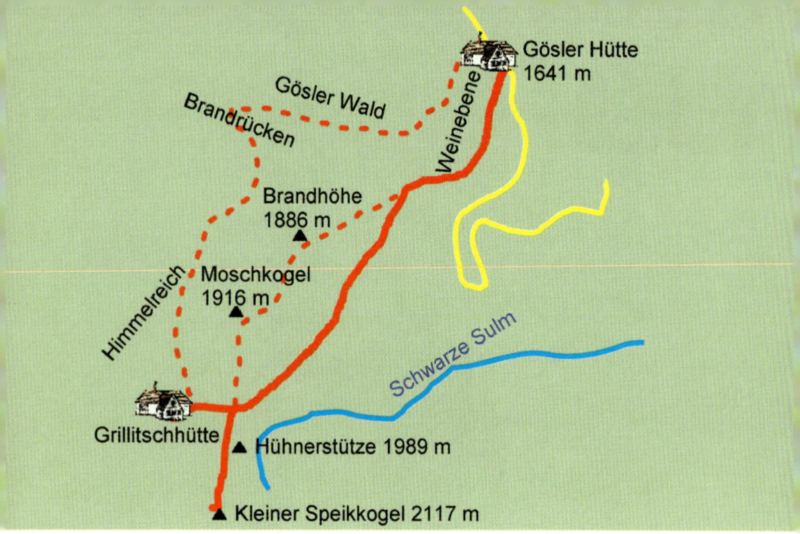


# 99 Weinebene – Tor zum Schilcher

■ ***Sommer:*** Hügelartig breiten sich die Ausläufer der Koralpe nach Norden zur Weinebene hin aus. Eine Landschaft, maßgeschneidert für Kinder, die hier ihren Bewegungsdrang frei auskosten können. Felsgebilde lassen sich wie Raubritterburgen erobern oder nur als Aussichtskanzeln über federnden Almböden beziehen. Die sanftgeschwungenen Almen an der kärntnerisch-steirischen Grenze weisen alle diese Vorzüge auf.

Was wäre aber die Weinebene ohne den Schilcher, einen herben hellroten Tropfen aus der Weststeiermark? Ein Wein, von Liebhabern hochgeschätzt, von Andersgläubigen als „weststeirische Rabiatperle" abfällig abgetan. Serviert zur Kärntner Käsespezialität, dem „Glundnen", ergibt das aber eine abgerundete Sache auf den Schutzhütten dieser Berglandschaft.

Wem die breiten Wege, eher schon Fahrstraßen, nicht behagen, der kann über die leicht ersteigbaren Gipfel ausweichen. Brandhöhe, Moschkogel, Hühnerstütze, Seespitz – mit 2066 Meter bereits über der Zweitausendermarke – und Großer Speikkogel heißen die Gipfel aneinandergereiht. Dazwischen liegt die Grillitschhütte (1710 m) mit ihrem eigenwilligen Rundbau. Sie ist vergleichbar mit einem Zylinder, über den ein kegelförmiges Dach gestülpt wurde. Nur der Holzzubau der ehemaligen Veranda stört den Vergleich. 1976 mußte dem aus dem Jahre 1845 stammenden Rundbau ein eisernes Korsett verpaßt werden, andernfalls wäre das von Rissen durchzogene Gemäuer unweigerlich auseinandergebrochen und aus der 150-Jahr-Feier nichts geworden. Die sechs Eisenringe bleiben dem Betrachter nicht verborgen.

Voll Stolz blickt die bereits dritte Generation einer Familie auf rund 50 Jahre der Bewirtschaftung dieser privaten Schutzhütte des Grafenhofgutes zurück. Auf die 15 Jahre der „Berger“ folgten 17 Jahre der „Jöbstl“ und dann folgten die Jahre der „Taferner“. Neben der Bewirtung der Bergwanderer gibt's noch genug Arbeit mit der Sennwirtschaft, die nebenherläuft.

■ ***Zufahrt:*** Zwischen St. Gertraud im Lavanttal und der Weinebene (1668 m) liegen 18 Kilometer mit vielen Kehren und überraschenden Ausblicken.

■ ***Aufstieg:*** Rechtshaltend wird der Höhenzug mit den Felskronen von Brandhöhe (1886 m) und Moschkogel (1916 m) bestiegen. Dem kurzen Abstieg zur Grillitschhütte folgt der Aufschwung zu Hühnerstütze (1989 m) und Speikkogel (2140 m).

■ ***Abstieg:*** Der Rückweg dauert ebenso lang.

■ ***Winter:*** Leicht, Vorsicht in steileren Hängen.

**✓ kurz gesagt**

***Schwierigkeit*** Sommer und Winter leicht, Vorsicht bei Nebel
***Dauer*** Grillitschhütte 1 Std. bzw. 1 1/2 Std.; Hühnerstütze, Speikkogel weitere 1 1/2 Std.
***Talort*** St. Gertraud/Lav.
***Ausgangspunkt*** Weinebene
***Stützpunkte*** Grillitschhütte, Sommer-Sennbetrieb
***Hinweis*** Rundweg Nr. 20: Grillitschhütte – Hühnerstütze – Grünangerhütte – Weinebene: 3 Std.
***Karte*** ÖK 1:50.000, Blatt 188 (Wolfsberg)

*In der Schilchergegend*

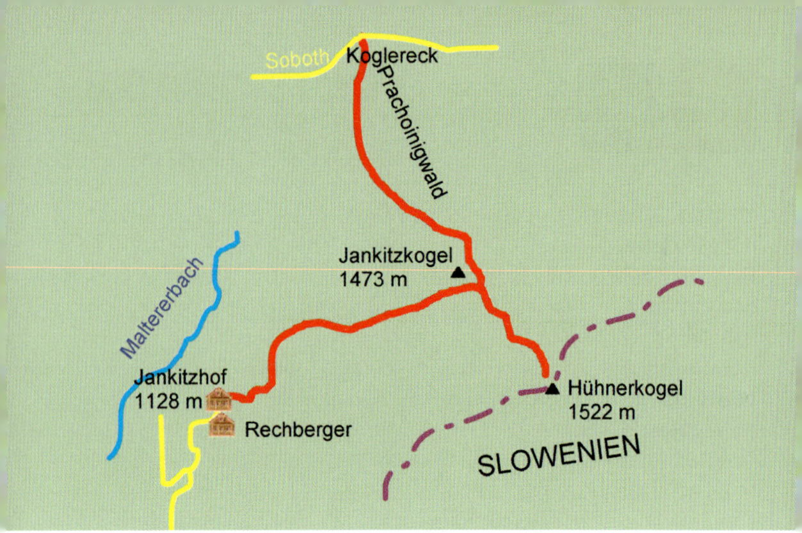


# 100 Die Roßhütte am Hühnerkogel

■ ***Sommer:*** Dort, wo der Weitwanderweg 03 (Radkersburg/Steiermark) auf der Weintratte beim Jankitzkogel vom Lavanttaler Höhenweg, alias Weitwanderweg 06 (Mariazell), Abschied nimmt, findet man einen schönen Wanderstempel vor. Der, kaum im Tourenbuch verewigt, Fragen aufwirft, was es mit der in Klammer angefügten ehemaligen Roßhütte für eine Bewandtnis hatte.

Vor rund 30 Jahren wurde die baufällige Roßhütte im Auftrag des Eigentümers niedergebrannt – bei den Behörden gemeldet und unter den nötigen Sicherheitsvorkehrungen, versteht sich. Der Gutsverwaltung Staudacher zur Last geworden, mußte sie weg, zumal sich dort auch allerlei Gelichter einnisten wollte.

Vor dem Ersten Weltkrieg war darin neben Unterkünften ein Gasthaus untergebracht, und Fuhrleute, Glasarbeiter und Holzknechte waren die häufigsten Gäste.

Damals nahm die von Köhlern erzeugte Holzkohle auch einen anderen Stellenwert ein als heute, da sie höchstens mit sommerlichen Grillfreuden in Verbindung gebracht wird. Aus den umliegenden Wäldern wurde die in Meilern gewonnene Kohle zur Roßhütte herangekarrt und auf größere Gespanne umgeladen. Die Kohle fand nicht nur in der Glas- und Eisenerzeugung sondern auch bei den Schmieden in Unterdrauburg reißenden Absatz.

Doch mit den Jahren sank deren Bedeutung und mit der

Landflucht war das Ende der Hütte vorgezeichnet.

■ ***Zufahrt:*** Auf dem Weg von Lavamünd zur Soboth, vor der Kirche St. Magdalen, zweigt eine Straße nach St. Lorenzen beziehungsweise zum Rechberger darüber (1100 m) ab.

■ ***Aufstieg:*** Ober dem Jankitz-Hof verschwindet der Lavanttaler Höhenweg (03 oder 06) in Hohlwegen (Wasserquelle), bis er bei einer Forststraßen-Kreuzung den geradewegs ansteigenden Ast beschreitet. Bunte Schilder weisen rechts zum Hühnerkogel (1522 m), dessen Anstieg nach einer Jagdhütte im Forst und ab der Staatsgrenze am West-Rande des baumfreien Niemandslandes verläuft.

■ ***Abstieg:*** Zum Rechberger retour – oder auf dem Weg 594 zur Soboth.

■ ***Winter:*** Leicht, teilweise aber Waldfahrten.

**✓ kurz gesagt**

***Schwierigkeit*** Sommer und Winter leicht
***Dauer*** Rechberger-Gipfel 2 Std.; Kirche bis Gipfel 2 1/2 Std., Abstieg 1 1/4 bzw. 1 1/2 Std. – Soboth (Koglereck) 1 Std. je Richtung zusätzlich
***Talorte*** Lavamünd
***Ausgangspunkt*** Kirche St. Lorenzen (924 m) bzw. Rechberger
***Stützpunkte*** keine
***Hinweis*** Grenzdokument mitführen
***Karte*** ÖK 1:50.000, Blatt 205 (St. Paul im Lavanttal)

*Nachdenken über nächste Wanderungen …*

## Register Seite


A

Aineck 94
Almfriedhütte 86
Almspitz 68
Alpenrose Hotel 134
Alpl Ghf. 148
Alter Pocher 28
Alt-St.-Michael 154
Amberger Alm 104
Ambos Alm 56
Anderlesee 106
Anlaufbach 46
Annakapelle 178
Anna-Schutzhaus 26
Arkerkopf 112
Arlhöhe 62
Arlscharte 62
Arnoldhöhe 54
Asten 32
Auerlingsee 176
Auernig 48

B

Bärenaunock 98
Bärensattel 158
Bärental 154
Bärentaler Kotschna 158
Bärofen 218
Bergfried Ghf. 102
Bertahütte 144, 146
Blutige Alm 106
Bodenbach 170
Bodenbauer 162
Bodental 166
Bonner Hütte 94, 106
Brandhöhe 222
Brandl Gh. 212
Brennernock 60
Brennkogel 18
Brunnachhöhe 120
Brunnkogel 62
Bürstelböden 72

D

Deckerhütte 150
Dieslingsee 140
Dobratsch 96
Döllach/Mölltal 34
Dörerköpfl 100
Dörfler Forst 148
Dr.-Josef-Mehrl-Hütte 106, 122, 124
Dreieckhütte 212
Druckerhütte 200
Deutscher Peter Ghf. 166, 170, 172

E

Ebene Gries 90
Ebeneck 40
Eckwand 68
Ederalm 26
Ederplan 26
Eduard-Pichl-Hütte 20
Egger Alm 70
Eggeralmsee 70
Eibl(er)hütte 214
Eisenhut 140
Eisenkappler Hütte 186
Eisernes Kreuz 198
Eistumpf 178
Elfer 96
Elschesattel 54
Emberger Alm 44
Engeleriegel 138
Erlacher Bockalmhütte 112
Erlacher Bock-Scharte 112
Erlacher Hütte 110
Erlachgraben 88
Erlenwände 34
Eselsattel 172

F

Falkertscharte 128
Falkertschutzhaus 120
Färberkaser 34
Feistritzer Alm 74
Feldpannalm 126
Felsentore Uschowa 206
Ferlacher Horn 172, 174
Ferlacher Spitze 146
Forstalpe 202
Fragant 38
Franz(i) Bauer 172, 174
Fratelli-Nordio-Hütte 74
Freiberg 84
Frido-Kordon-Hütte 80
Friesenhals See 124

G

Gaipahöhe 106
Garnitzenberg 58
Garnitzenklamm 64
Gartnerkofel 58
Geierkogel 202
Geißrücken 166
Gerlitzen 134
Gerloutz 174
Gertrusk 198
Gesgeralm 138
Gießlhütte 204
Gipssattel 154
Giramondopass 20
Gitschtal 52
Glanzer Alm 92
Glocknerhaus 18
Gmeinnock 106
Goldeck 68
Goldeckhütte 72
Goldenes Brünnl 170
Goli vrh 192
Gontal, Gantal 86
Gontalscharte, Gantalscharte 86
Göritzer Törl 32
Gösler Hütte 222
Gösseberg 164
Goßeck 212
Graben 164
Grebenzen 176
Gregerlnock 130
Grillitschhütte 214, 222
Grögerlenock 130
Große Zirknitz 34
Großer Rosennock 110
Großer Speikkofel 142
Großes Reißeck 66
Großsee 34
Gruft 132, 136

Grundalm 118
Grünleitennock 124
Grünleitenscharte 124
Grünsee 132, 136
Gugga 58
Gunzenbergalm 176
Gupf 102
Gusenalm 68

H
Hadersdorfer Alm 78
Hagener Hütte 40
Halbingsattel 168
Hannebauer 140
Hannover Haus 54
Hansenruhe 178
Hasslacher Alm 56
Hiasen Alm 56
Hintere Asten 32
Hirneck 82
Hochalmblick-Hütte 46
Hochalmstraße 62
Hochobir 186
Hochpalfen Nock 84
Hochpetzen 210
Hochrindl 152
Hochsinner 136
Hochtristen 44
Hochweißsteinhaus 20
Hohe Pressing 98
Hoher Sonnblick 28
Hoher Tauern 46
Hörndl 28
Huda jama 180
Hühnerkogel 224
Hühnernock 60
Hühnerstütze 214, 222

I
Im Winkel 162
Ingridhütte 20
Innerfragant 38
Iselsberg 24

J
Jägersteighütte 62
Jamnighütte 40
Jenkalmsattel 192
Johannsenruhe 162

K
Kaiserburg 126
Kalte-Herberg-Scharte 66
Kalteben 152
Kameritzhöhe 106
Kammerhütte 134
Kammleiten 58
Kamperkogel 218
Kamplnock 84
Kaning 116
Kareck 86
Karlhöhe 82
Karl-Volkert-Haus 18
Karnischer Höhenweg 36
Kärntner Riegel 176
Kärntner Storschitz 188
Kaserhöhe 138
Kaserleiten 44
Katschberg 86
Kegelesee 34
Kepp 188
Kienberg 198
Kirchheimer Wolitzen 118
Klagenfurter Hütte 162
Kleinalpl 212
Kleine Zirknitz 34
Kleiner Ankogel 54
Kleiner Pal 36
Kleiner Rosennock 110
Kleiner Speikkofel 142
Kleiner Tauernsee 46
Kleines Fleißtal 28
Kleinfleißkees 28
Kleinschneiderkogel 212
Klippitztörl 202
Klölingnock 122
Klölingscharte 122
Knappenhütte 96
Knieps 210
Kobesnock, Kabesnock 88
Kogelscharf 218
Kölnbreinbach 62
Kölnbreinsperre 62
Königstuhl 124
Korntauern 46
Koschuta 180
Koschutahaus 180, 182
Kosiak 162
Kotschna Bärentaler 158
Krangler Alm 82
Krasserhütte 82
Kroschlhof 178
Kruckenhütte 148
Kruckenspitze 148
Kühberg 186
Kuhkogel 220
Kühweger Törl 58
Kühwegeralm 64
Kumitschkreuz 52
Kupitz Wh. 206
Kupitzklamm 206

L
Lackenkreuz 16
Lading 204
Ladinger Spitz 198, 204
Lahnernock/Mirnock 104
Lambertenghi-Hütte 20
Lammersdorfer Alm 90
Lammersdorfer Hütte 90
Lamprechtalm 92
Langnock 92
Laschgwand 40
Lassacher Kees 54
Latschur 68
Lattersteig 152
Laußnitzhöhe 94
Leckenschober 140
Lenzenhöhe 60
Liemberg 164
Lobniggraben 196
Lomsattel 74
Ludwig-Walter-Haus 96
Luggeralm 22
Luschaalm 210

M

Magernigspitz 38
Makernispitze 38
Malle (Falle) Ghf. 184
Mallnock 120
Maresen Spitze 48
Maria Schnee 74
Martennock 72
Maschinen-
gewehrnase 36
Matschacher Alm 162
Matschacher Gupf 154
Matzen 178
Mejnik 182
Mikej 196
Millstätter Alpe 90
Millstätter Hütte 84
Minibach 140
Mirnock 102, 104
Mittagskogel 144
Mittagsnock 60
Mohar 32
Moosstritzen 80
Moschelitze 128
Moschkogel 214, 222
Mühldorfer Seen 66
Mühlenweg 116
Mühlhauserhöhe 122
Mussen 30

N

Napalnalm 52
Narzissenwiese 158
Naßbodensee 110
Naßfeldpaß 58
Nigglai 56
Nikolaushütte 184
Nitzengraben 30
Nockalmhof 98
Nöringgraben 92
Nöringsattel 84

O

Obere Valentinalm 24
Obermillstätter
Almkreuz 90
Obiralm 186
Ochsenkogel 220
Ochsnerhütte 34
Offnerhütte (Vellacher
Kotschna) 194
Offnerhütte
(Ladinger Spitz) 204
Öfner Joch 20
Oisternig 74
Oistra 196
Oreinzasattel 160
Oswaldeck 120
Oswalder-Bock-
Sattel 118

P

Pacheiner 134
Pagitz 166
Palnock 104
Pasterksattel 188
Penzelberg 22
Pernerhütte 140
Peternel Gehöft 208
Petodnighaus 110
Petzenstall
Jagdhütte 210
Pfannock 118
Pfannseen 118
Pfeifferstocker 220
Plareit 106
Plautz 154
Pletschagraben
(Pleccia) 74
Plöckenpaß 36
Plösnoutz 166
Poludnig 70
Poludniger Alm 70
Pomswasserfall 214
Possegger Ghf. 102
Predigerstuhl 112
Priedröf 114

R

Radeckscharte 54
Raggaalm 42
Raggaschlucht 42
Rauchkofel 24
Rechberger Gehöft 224
Reißeckhütte 66
Ridoutzsäge 180
Riebenkofel 16
Riekentörl 66
Riepl ehem. Gh. 208
Rindernock 104
Rio Fleons 20
Rodresnock 128
Rosaninsee 124
Rosentaler Alm 130
Rosentalmarsch 178
Roßbach 116
Roter Riegel 106
Röten 30
Rottörl 44
Rupetschkaser 34
Ruppenhöhe 106

S

Sadnighaus 32
Salzkofel 56
Salzkofelhütte 56
Sampl 94
Sanntaler Sattel 194
Sattelnock 52
Sattlegger Gh. 44
Sauöfen 200
Saureggen 136
Schäferkreuz 214
Schaidasattel 186
Scharfes Eck 176
Schatzbühel 30
Schelesnigsattel 206
Schilcheralm 122
Schloßhüttensattel 70
Schneegrubensattel 130
Schoberriegel 132
Schobertörl 38
Schönebennock 136
Schöngelitzhöhe 94
Schrallkaser 34
Schulteralm 100
Schwarzenbach 212
Schwarzsee (-Hütte) 104
Schwarzsee 132, 138
Schwarzstein 44
Schwarzwand 106
Seeländer Sattel 194
Seenock 124
Seetal Ghf. 72
Sereinig Ghf, 166, 170
Simon-Rieger-Steig 186
Sinacher Gupf 160
Singerberg 168

Soleck 16
Speikkogel
(Saualpe) 200
Speikkogel
(Koralpe) 222
Spielmann 18
St. Benedikt 22
St. Jakob/Lesachtal 30
St. Leonhard 206
St. Oswald Bach 120
St. Urban(i) 64
St. Vinzenz 212
Stangscharte 130
Steinerhütte 200
Steinerne Hochzeit 202
Steinhauserhütte 104
Steinschneiderlift
(Parkplatz) 214
Steinwenderhütte 134
Steringeralm 150
Stifterboden 134
Stifters Gipfelhaus 134
Stileck 92
Stinze 162
Steir. Landes-Rund-
Wander-Weg 212
Stosia 68
Stouhütte 158
Straganzalm 22
Straßerhalt 220
Straßkopf 22
Strugariach Wh.
Alpenruhe 160
Stubeck 80
Südl. Pfandl-
schartenkees 18
Surtmannhütte 148

T

Tauernalpenbach 46
Tauernkreuz 40
Techendorf 60
Techendorfer Alm 68
Teuerlnock 94
Teufelsbrücke 170
Thomannbauerhütte 92
Thun-Formaneck-
Hütte 128
Tonnerhütte 190
Topitschnig 208
Topitza 208
Törl 84
Trangonihütte 126
Treffling 84
Trögern 188
Tschaneck 86
Tschaukofall 166, 170
Tschekelnock 78
Tscheppaschlucht 170
Tschiernock 84
Tuffbad 16
Türkenkopf 144
Turnerhütte 134
Turrach 132
Turracher Höhe 132
Turrachsee 138

U

Untere Pfandlscharte 18
Untere Valentinalm 24
Unterkaser 34
Uqua 74
Urch 172
Ursulaquelle 148
Uschnikkreuz 184

V

Valentintörl 20, 24
Veidlhütte 110
Veitsberg 164
Vellacher
Kotschna 192, 194
Verditz 104
Vie della pace 36
Villacher Alpe 96

W

Wackendorfer
Spitze 210
Wandaler 176
Weberkogel 220
Wegerhütte 126
Weichensteinerofen 204
Weinebene 222
Weißalm 218
Weißbergerhütte 198
Weißensee 68
Weißes Kreuz 152
Weißscharte 98
Weitentalgraben 138
Weitentalsattel 132, 138
Wertschacher Alm 88
Wildensenderbach 16
Windische Höhe 78
Winklbauer 176
Winkler Alm 22
Wintertalerhütte 150
Wintertalernock 150
Wirchegger 120
Wirnsberg 82
Wögel Gh. 208
Wolayer See 20
Wolfsberger Hütte 200
Wöllaner Nock 126
Wolligger Hütte 48

Z

Zahlstein 34
Zangl, Gehöft 212
Zebernock 88
Zechhütte 204
Zehner 96
Zell-Pfarre 184
Zingerlekreuz 200
Zirbitzkogel (Stmk.) 190
Zirbitzkogelhütte 190
Zirknitztal 34
Zirmsee 28
Zittelhaus 28
Zlan 68
Zmolnigboden 148
Zunderwand 110, 112
Zweisee 44
Zweiseetörl 44
Zwischenberger
Sattel 26
Zwoadwieskopf 48
Zwölfer 96

## Büchertipps aus dem Verlag Carinthia

Marion Unterkircher/
Martin Assam

### Kärnten
**Bilder einer Landschaft**

*128 Seiten, Hardcover*
*Format: 24 x 21 cm*
*€ 22,–*
*ISBN: 3-85378-563-8*

**Kärnten-Bildband in kleinerem Format, altbekannte Motive – neu gesehen.**

Das bewährte Fotografen-Team hat bereits drei großformatige Bildbände veröffentlicht. Die Texte sind in Deutsch, Englisch, Italienisch und Slowenisch.
Über den Inhalt: alle wichtigen Motive wie Hochosterwitz, Großglockner, Maria Wörth etc., Übersichtskarte.

Martin Assam/Marion Unterkircher

### Der Wörthersee
**Ein Bilderbuch**

*Texte in Deutsch, Englisch, Italienisch, Slowenisch*
*156 Seiten durchgehend farbig, Hardcover mit Schutzumschlag*
*Format 30 x 30 cm, € 42,–*
*ISBN 3-85378-530-1*

**Der Wörthersee in seinen stimmungsvollsten Momenten!**

Sehenswerte Ansichten von Kärntens berühmtesten See, geprägt durch den liebevollen Blick des Fotografen-Duos: Dem Alltag am See ist dabei ebenso ein Kapitel gewidmet wie den Künstlern, die hier ihre Seelenlandschaft fanden (Brahms, Mahler, Berg, Bachmann, Hofmann) oder der berühmten „Wörthersee-Architektur“ der Jahrhundertwende.

Renate Pfeiffer (Hrsg.)

## *Servus. Srečno. Ciao:*
# 100 Orte
### *Ausflugstipps in Kärnten, Friaul und Slowenien*

*208 Seiten, franz. Broschur*
*Format: 11,5 x 20,5 cm,*
*€ 18,–*
*ISBN 3-85378-556-5*

**Wohin am Wochenende im Dreiländereck Kärnten–Friaul–Slowenien?**

Vom Schinkenfest in San Daniele bis zum Mittelalter-Spektakel in Friesach, vom Weltkriegs-Museum in Slowenien bis zum Käsefest in Kötschach-Mauthen, ... 100 Orte stellen sich vor, mit Kulturangebot, touristischen Adressen, Lokaltipps usw.

Evelyn Rupperti

# *Kärnten für Schlaue*
### *Ausflugtipps und Wissenswertes für die ganze Familie*

*272 Seiten*
*franz. Broschur*
*Format: 11,5 x 20,5 cm*
*€ 18,–*
*ISBN 3-85378-560-3*

**Familien-Reiseführer und zeitgemäße Heimatkunde zum Nachlesen. Mit vielfältigem Quizteil**

Dieses Buch ist durchgehend illustriert mit Bildern der Fotografen Marion Unterkircher und Martin Assam – ein junger Blick auf Alt-Bekanntes. Über den Inhalt: 100 Stichworte zum Thema Kärnten – von der Adlerwarte Landskron bis zum Zwergenpark Gurktal. Die Themenbereiche sind Natur, Geschichte, Erlebnis und große Namen. Ein Quizteil mit 300 Fragen: Wissen lässt sich auf spielerische Art überprüfen.